KB049887

강윤지, 박찬규, 강성웅, 김원유, 심재민, 김연구,
홍성용, 김경상, 정인재 지음 | 박광현 감수

YoungJin.com Y.
영진닷컴

엔트리 인공지능 with 햄스터 로봇 개정판

ISBN 978-89-314-7666-8

독자님의 의견을 받습니다.
이 책을 구입한 독자님은 영진닷컴의 가장 중요한 비평가이자 조언가입니다. 저희 책의 장점과 문제점이 무엇인지, 어떤 책이 출판되기를 바라는지, 책을 더욱 알차게 꾸밀 수 있는 아이디어가 있으면 팩스나 이메일, 또는 우편으로 연락주시기 바랍니다. 의견을 주실 때에는 책 제목 및 독자님의 성함과 연락처(전화번호나 이메일)를 꼭 남겨 주시기 바랍니다. 독자님의 의견에 대해 바로 답변을 드리고, 또 독자님의 의견을 다음 책에 충분히 반영하도록 늘 노력하겠습니다.

이메일 : support@youngjin.com
주 소 : (우)08507 서울특별시 금천구 가산디지털1로 128 STX-V 타워 4층 401호 (주)영진닷컴 기획1팀
파본이나 잘못된 도서는 구입하신 곳에서 교환해 드립니다.

STAFF
저자 강윤지, 박찬규, 강성웅, 김원유, 심재민, 김연구, 홍성용, 김경상, 정인재
총괄 김태경 | **기획** 최윤정 | **디자인·편집** 신혜미
영업 박준용, 임용수, 김도현, 이윤철 | **마케팅** 이승희, 김근주, 조민영, 김민지, 김진희, 이현아
제작 황장협 | **인쇄** 예림

머리말

지능정보사회란 4차 산업혁명이라는 커다란 변화 속에서 빅데이터, 인공지능(AI), 로봇 기술 등이 결합된 지능정보기술이 우리 삶의 모든 분야에 활용되며 새로운 가치를 만들고 발전시키는 사회를 뜻합니다. 이러한 지능정보사회를 살아갈 우리 학생들을 위해 2025년부터 초 · 중 · 고에 적용되는 새 교육과정에 '인공지능(AI)' 교육이 정식 도입된다고 합니다.

이제는 너무도 익숙한 인공지능(AI) 시대. 우리는 지금 인공지능(AI)으로 무엇을 할 수 있을까요? 여러분 스스로 인공지능(AI)을 활용해 재미있고 유익한 프로그래밍 창작 활동을 해 볼 수 있도록 이 책을 마련하였습니다.

이 책은 짧은 스토리텔링을 기반으로 인공지능(AI)과 관련 있는 실생활 문제 상황을 제시한 뒤, 공감을 통해 문제 상황을 인식하고 블록형 프로그래밍 언어인 엔트리에서 제공하는 인공지능 블록을 활용하여 문제 해결 프로그래밍을 해 볼 수 있도록 내용을 구성하였습니다. 함께 문제 해결 프로그래밍을 한 뒤에는 심화 활동으로 코드를 창의적으로 재구성해 볼 수 있도록 하였습니다.

또한, 인공지능(AI)과 함께 중요한 '데이터' 관련 프로그래밍도 다뤄 볼 수 있도록 하였습니다. 재미있는 문제 상황을 제시하고 인공지능 이해와 데이터 분석을 바탕으로, 인공지능 블록과 데이터 블록을 함께 이용하여 문제 해결 프로그래밍을 해 볼 수 있습니다.

한발 더 나아가, 인공지능(AI) 프로그래밍에서 끝나는 것이 아니라 인공지능(AI)과 햄스터 로봇을 연계한 인공지능 기반 피지컬 컴퓨팅 활동 내용도 포함하였습니다. 컴퓨터 안에서 작성한 인공지능(AI) 프로그램을 통해 컴퓨터 밖, 햄스터 로봇을 제어함으로써 눈앞에 펼쳐지는 인공지능(AI)을 체험할 수 있는 재미있는 내용으로 구성하였습니다.

주어지는 대로 끌려가는 것이 아니라 남들보다 한발 앞서 주도적으로 다양하고 유익한 인공지능(AI) 프로그래밍 활동을 하며 인공지능(AI) 시대 주역으로서 성장하길 응원합니다.

– 저자 일동 –

이 책의 구성

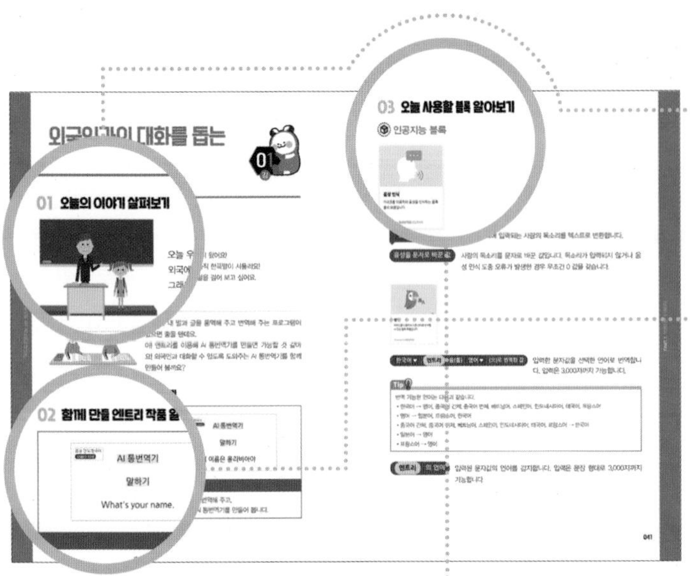

01 오늘의 이야기 살펴보기

오늘 배울 내용이 무엇인지 상황 예시를 통해 설명합니다.

02 함께 만들 엔트리 작품 알아보기

학습 문제와 함께 직접 만들어 볼 엔트리 작품에 대해 알아봅니다.

03 오늘 사용할 블록 알아보기

엔트리 작품에서 사용되는 핵심 엔트리 블록에 대해 설명합니다.

04 프로그램 살펴보기

엔트리 작품의 장면과 완성된 작품의 QR 코드를 함께 제공합니다. 또한, 작품에 사용되는 오브젝트 종류와 해야 할 일을 설명합니다.

05 함께 프로그래밍하기

처음부터 함께 프로그래밍하며 엔트리 작품을 완성해 봅니다.

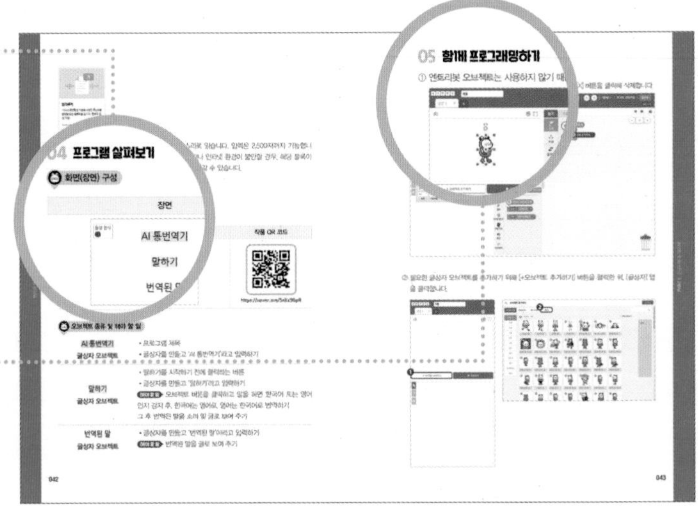

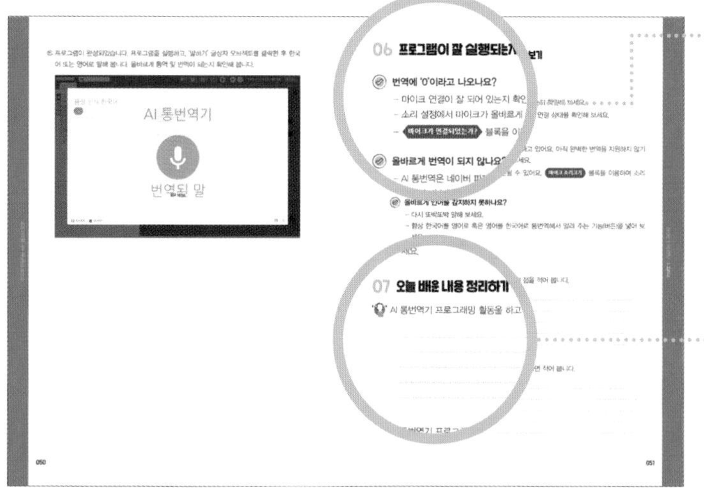

06 프로그램이 잘 실행되는지 확인해 보기

프로그램이 잘 실행되는지 확인해 보고, 실행하면서 발생하는 여러 문제 상황에 대해 답변해 줍니다.

07 오늘 배운 내용 정리하기

프로그래밍 활동을 통해 알게 된 점과 프로그램 중 바꾸고 싶은 부분이 있는지 이야기해 봅니다.

08 더 알아보기

오늘 배운 내용 속 기술에 대해 생활 속 사례를 중심으로 더 알아봅니다.

09 심화 활동하기

앞서 만들어 본 프로그래밍 활동에 심화 내용을 곁들여 응용해 봅니다.

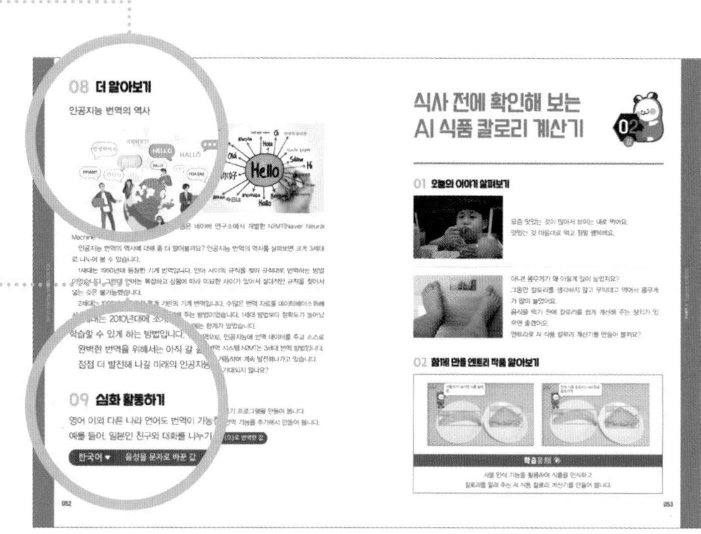

엔트리 소개

엔트리는 소프트웨어를 통해 미래를 꿈꾸고 함께 성장하는 창작 플랫폼입니다. 엔트리에서는 생각하고, 만들고, 공유하는 과정을 통해 즐겁게 창작하며 미래사회에 필요한 힘을 키워 나갈 수 있습니다.

〈생각하기〉에서는 소프트웨어를 통해 넓은 세상을 만나고 자신의 재능을 발견할 수 있습니다. 인공지능부터 데이터 분석까지 다양한 미래 기술도 만나 볼 수 있습니다. 〈만들기〉에서는 블록 코딩을 통해 상상하던 게임, 예술 작품, 생활 도구 등을 직접 만들어 볼 수 있습니다. 〈공유하기〉에서는 내 작품으로 많은 친구를 만나고 이야기를 나눠 볼 수 있습니다. 다른 친구들의 다양한 작품들을 보며 영감을 얻을 수도 있습니다.

엔트리의 특징으로는 SW 교육 의무화 시대에 누구나 무료로 소프트웨어 교육을 받을 수 있도록 다양한 학습 콘텐츠를 제공한다는 점과 명령이 블록으로 구성되어 있어 누구나 쉽게 조립해서 프로그래밍을 할 수 있다는 점이 있습니다.

엔트리 홈페이지 주소 https://playentry.org/

엔트리 가입하기

엔트리는 회원가입 및 로그인이 없어도 작품 만들기가 가능하지만, 만든 작품을 저장하고 다른 사람들과 공유하기 위해서는 회원가입이 필요합니다. 아래의 단계를 따라 회원가입을 해 보도록 하겠습니다.

① playentry.org로 이동하여 오른쪽 상단의 [로그인]을 클릭합니다.

② 로그인 화면의 하단에 있는 [회원가입하기]를 클릭합니다.

로그인

아이디 입력

아이디를 입력해 주세요.

비밀번호 입력

비밀번호를 입력해 주세요.

아이디 저장 자동 로그인

아이디로 로그인

네이버로 로그인 웨일 스페이스로 로그인

아이디와 비밀번호 찾기 › 회원가입하기 ›

③ 엔트리 이용약관, 개인정보 수집 및 이용에 동의한 후 새로운 아이디를 만들어 회원가입을 할지, 기존에 가지고 있는 NAVER 아이디를 활용할지 또는 웨일 스페이스로 회원가입을 할지 선택합니다.

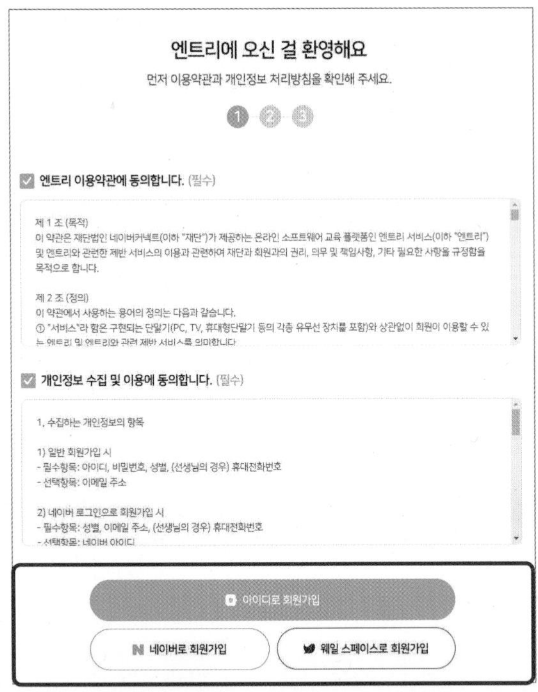

④ [아이디로 회원가입]을 선택했다면 원하는 아이디와 비밀번호를 입력한 후 [다음]을 클릭합니다. [네이버로 회원가입]을 선택했다면 기존의 NAVER 아이디, 비밀번호를 입력한 후 [로그인]을 클릭합니다. [웨일 스페이스로 회원가입]를 선택했다면 학교 또는 스페이스 이메일 계정으로 로그인합니다.

▲ 네이버로 회원가입 을 클릭했을 때

◀ 아이디로 회원가입 을 클릭했을 때

▲ 웨일 스페이스로 회원가입 을 클릭했을 때

Tip

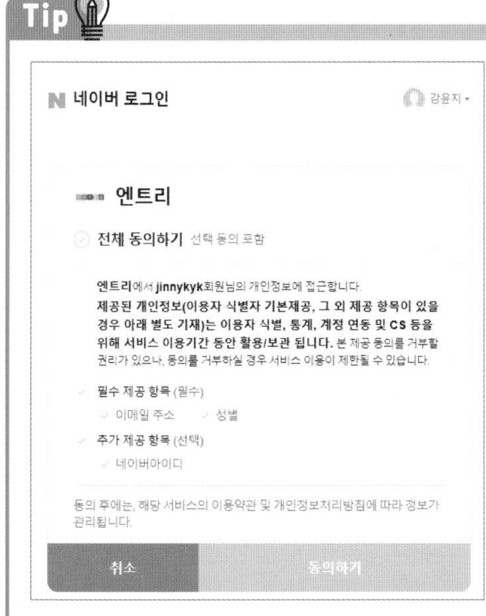

[네이버로 회원가입]에서 아이디와 비밀번호를 입력하여 [로그인]을 한 후에는 서비스 이용약관 및 개인정보처리방침에 [동의]를 해야 회원가입 단계를 진행할 수 있습니다. 이때, 전체 동의하기를 하거나 필수 제공 항목만 선택해서 동의하기를 할 수 있습니다.

⑤ 회원 유형(일반, 선생님 중 선택), 성별, 닉네임, 출생연도, 이메일 주소 등을 입력한 후 [확인]을 클릭합니다. 만약 회원 유형을 선생님으로 선택했다면 휴대폰 인증 과정을 거쳐야 합니다. 자주 사용하는 이메일 주소를 적는다면 더 편리하게 가입 인증을 할 수 있습니다.

Tip

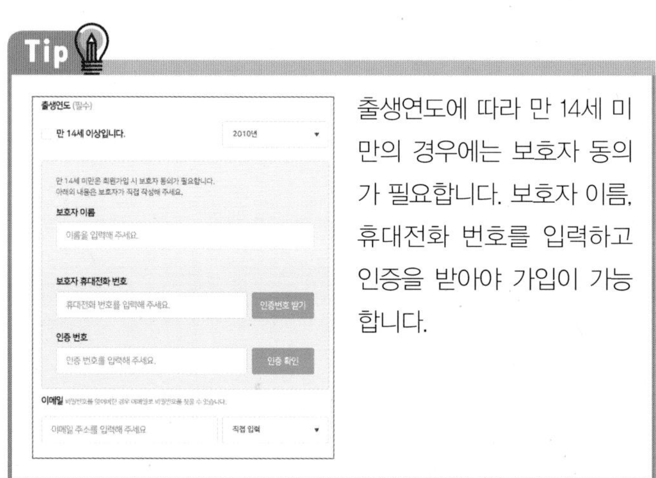

출생연도에 따라 만 14세 미만의 경우에는 보호자 동의가 필요합니다. 보호자 이름, 휴대전화 번호를 입력하고 인증을 받아야 가입이 가능합니다.

⑥ 회원가입이 마무리됐습니다. 회원정보에 입력한 이메일 주소로 도착한 인증 메일을 통해 인증을 한 후 로그인합니다. 앞으로 작품을 만들고 저장하여 공유하는 경험을 가져 보겠습니다.

엔트리 화면구성 & 상단 메뉴

01 엔트리의 만들기 메뉴

엔트리의 만들기 메뉴는 크게 작품 만들기, 교과형 만들기, 스터디 만들기로 나뉩니다. 일반적으로는 [작품 만들기] 메뉴에서 작품을 만듭니다. [교과형 만들기]에서는 실과 교과서에 나오는 블록들을 사용할 수 있습니다.

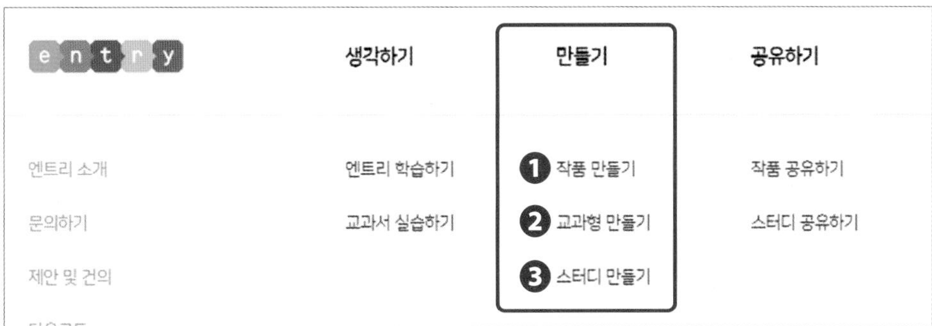

02 엔트리 화면구성

엔트리의 만들기 화면에서 ①은 실행화면, ②는 오브젝트 목록, ③은 블록 꾸러미, ④는 상단 메뉴, ⑤는 블록조립소입니다.

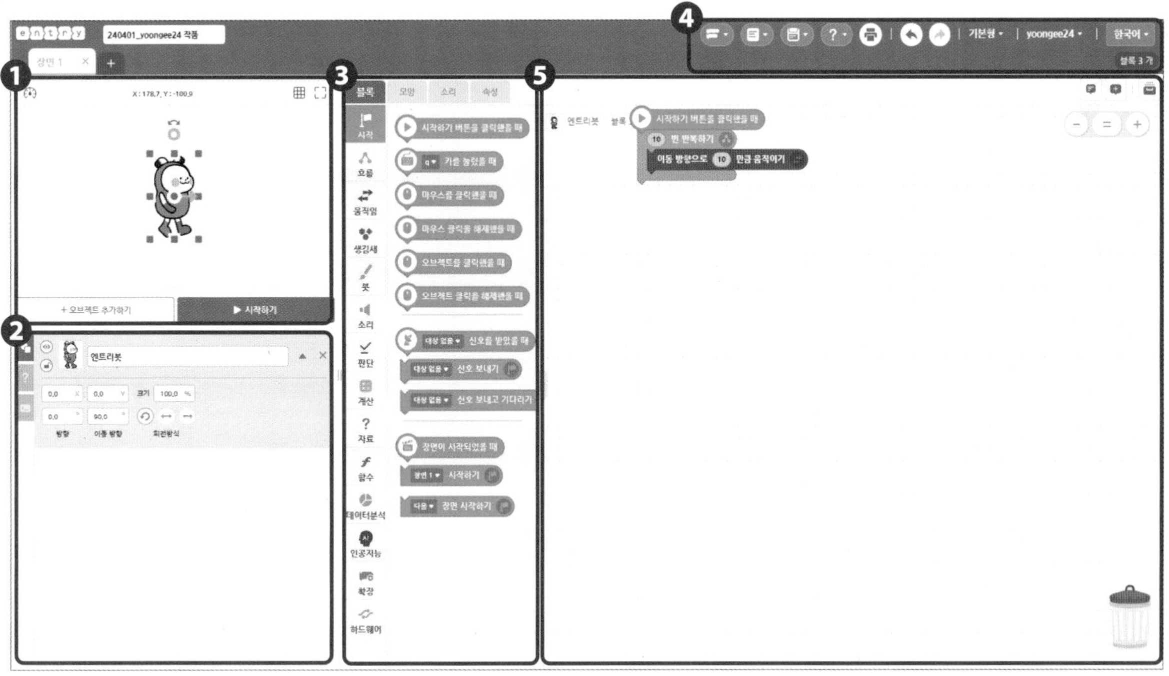

03 엔트리의 상단 메뉴

엔트리의 상단 메뉴는 작품을 저장하거나 프로그램 언어 형식을 블록에서 텍스트인 엔트리 파이썬으로 바꿀 때 사용합니다. 도움말 메뉴에서는 블록에 대한 설명이나 교구 연결 등에 대한 도움을 받을 수 있습니다.

블록 코딩 엔트리 파이썬	새로 만들기 작품 불러오기 오프라인 작품 불러오기	저장하기 복사본으로 저장하기 내 컴퓨터에 저장하기	블록 도움말 엔트리 위키

만든 내용을 인쇄하거나 되돌리기, 앞으로 가기, 기본형과 교과형 블록의 전환, 마이 페이지로 이동 등의 메뉴도 활용할 수 있습니다.

		기본형 ▾	dnjsdb ▾
만든 작품의 장면, 오브젝트, 속성, 코드를 나눠 인쇄	작품 만든 과정을 앞뒤로 되돌리기가 가능	기본형 교과형	마이 페이지 회원 정보 수정 로그아웃

04 블록조립소 메뉴

블록조립소 메뉴는 작품에 도움이 되는 메모를 남기거나, 자주 쓰는 코드를 보관했던 보관함에서 블록을 가져와서 사용하거나, 블록의 크기를 확대/축소합니다. 필요가 없어진 블록은 휴지통을 이용하여 삭제할 수 있습니다.

모든 메모 보이기/ 숨기기	메모 추가하기	나의 보관함	블록 크기의 확대/축소	휴지통

실행화면, 오브젝트 목록창

01 엔트리 작품 실행화면 알아보기

엔트리 화면 왼쪽 상단에는 여러분이 만든 작품을 확인할 수 있는 실행화면 창이 있습니다.

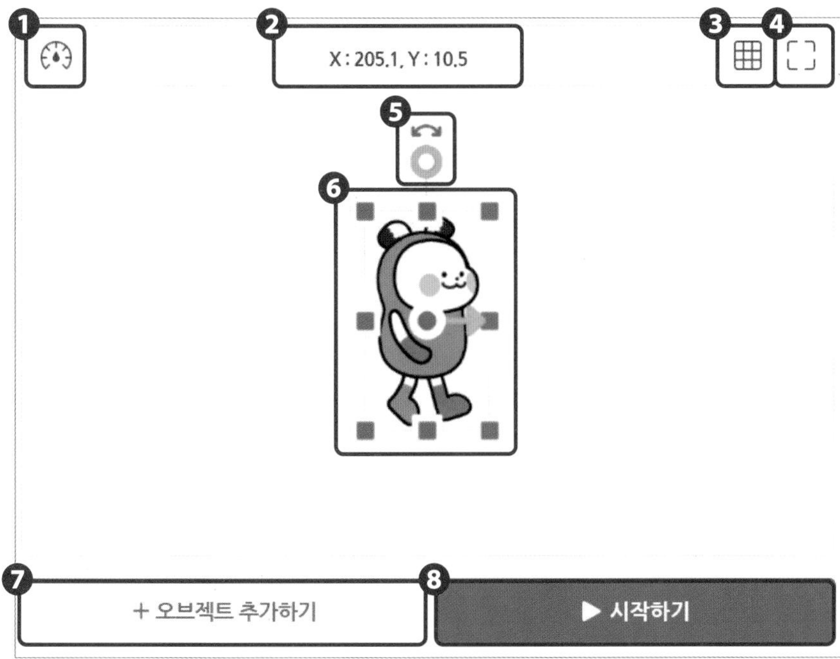

❶ 작품의 실행 속도를 조절할 수 있습니다.

❷ 마우스 커서의 X좌푯값과 Y좌푯값이 나타납니다.

❸ 실행화면 뒤에 좌푯값이 있는 격자 무늬를 표시합니다.

❹ 실행화면을 큰 화면으로 나타냅니다.

❺ 오브젝트를 회전합니다.

❻ 오브젝트 테두리의 사각형 점을 이동하여 오브젝트 크기를 조절할 수 있습니다.

❼ 오브젝트를 추가합니다.

❽ 만든 작품을 실행합니다.

02 오브젝트 목록 알아보기

현재 작품에 추가된 오브젝트들이 표시되는 목록입니다.

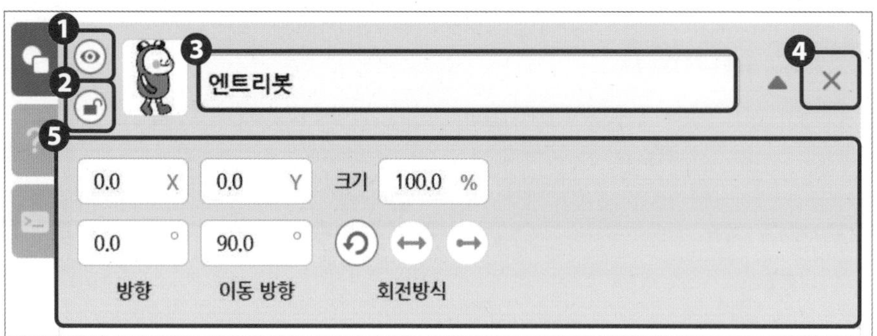

❶ 오브젝트를 실행화면에서 보이게 하거나 사라지도록 만들 수 있습니다.

❷ 오브젝트의 크기 또는 방향, 위치 등이 바뀌지 않도록 잠글 수 있습니다.

❸ 오브젝트의 이름이 표시됩니다. 오브젝트의 이름은 원하는 대로 바꿀 수 있습니다.

❹ 오브젝트를 삭제합니다.

❺ 오브젝트의 위치, 크기, 방향, 이동 방향, 회전 방식 등을 바꿀 수 있습니다.

블록 꾸미기, 블록 조립소, 삭제, 햄스터 로봇 블록

01 블록 꾸러미 알아보기

블록 꾸러미에는 [블록], [모양], [소리], [속성] 탭이 있습니다.

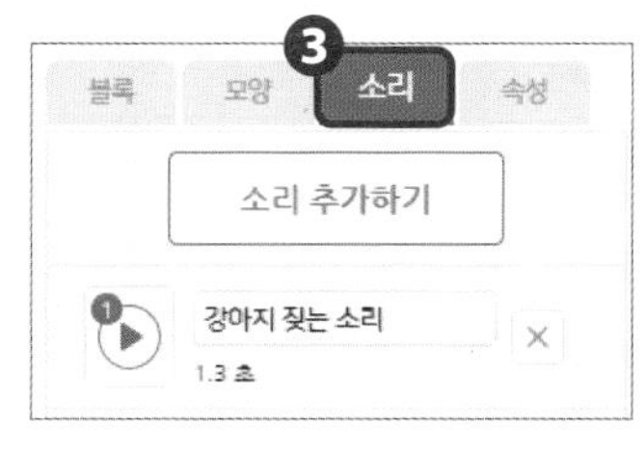

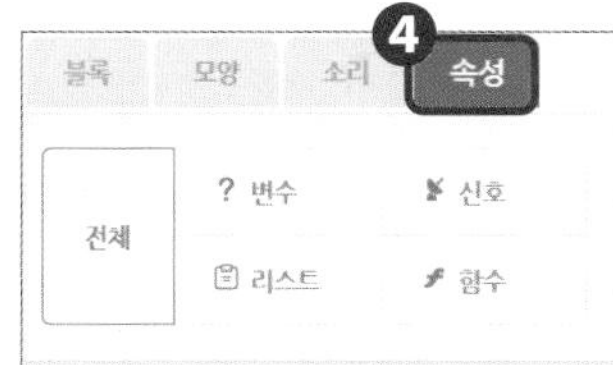

❶ [블록] 탭은 14개의 카테고리로 구성되어 있고, 각각의 카테고리 안에는 비슷한 유형의 블록들이 정리되어 있습니다. 블록은 카테고리에 따라 색깔이 구분되어 있기 때문에 색깔만 보고도 손쉽게 카테고리나 블록을 찾을 수 있습니다.

❷ [모양] 탭에는 오브젝트의 다양한 모양이 포함되어 있습니다. 주어진 모양 중에서 선택해도 좋지만, 주어진 모양을 편집하거나 새로 그리기 기능을 통해 직접 그려 넣거나 새로운 모양 파일(5MB 이하의 jpg, png, bmp, svg 형식)을 업로드하면 개성 넘치는 나만의 오브젝트를 사용할 수 있습니다.

❸ [소리] 탭에는 다양한 소리(효과음 등)가 포함되어 있습니다. 주어진 소리 중에서 선택해도 좋지만, 프로젝트에 맞는 소리 파일(10MB 이하의 mp3 형식)을 등록하면 재미있는 나만의 오브젝트를 완성할 수 있습니다.

완성한 프로젝트를 모두에게 공개할 예정이라면, 등록하려는 프로젝트의 모양이나 소리의 저작권 등에 주의하세요. 폭력적이고 잔인하지 않은지, 선정적이지 않은지, 불쾌감이나 혐오감을 주지 않는지 등에 대한 고민이 필요합니다.

❹ [속성] 탭은 〈변수〉, 〈신호〉, 〈리스트〉, 〈함수〉로 구성되어 있습니다. [속성] 탭에 있는 기능은 더 복잡하고 어려운 엔트리 프로젝트를 완성할 수 있도록 도와줍니다. 엔트리의 기초 기능을 모두 배우고 익숙하게 사용할 수 있다면 〈변수〉, 〈신호〉, 〈리스트〉, 〈함수〉를 활용한 프로젝트에 도전해 보세요.

명령 블록의 다양한 기능을 정확하게 알고 있지 못하다면, 엔트리의 도움을 받아 보세요.

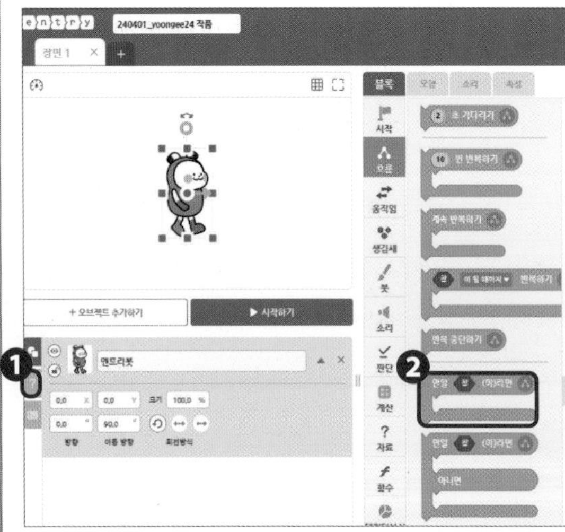

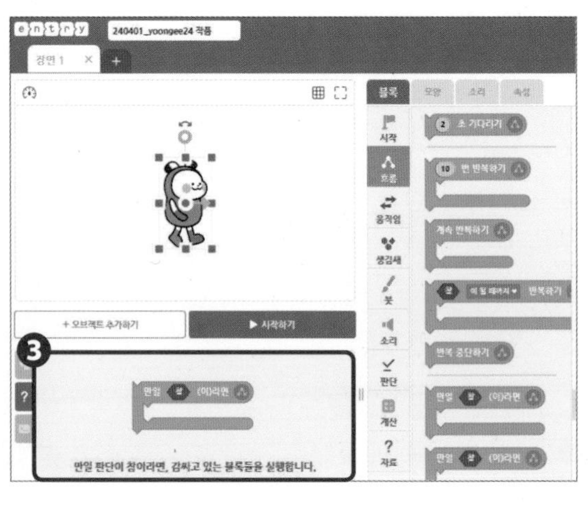

물음표(?)를 클릭한 후, 기능을 알아보고 싶은 명령 블록을 클릭하면 블록에 대한 정보를 엔트리가 설명해 줍니다.

02 블록조립소 알아보기

블록조립소는 블록 꾸러미에 있는 블록을 가져와 놓는(드래그 앤 드롭) 방식으로 블록을 조립하는 공간을 의미합니다. 블록을 순서대로 위에서 아래로 연결하면, 위에 있는 블록부터 순서대로 실행됩니다.

Tip

학생들이 많이 하는 실수 중 하나가 오브젝트를 확인하지 않고 명령 블록을 조립하는 것입니다. 오브젝트별로 각각의 블록조립소를 가지고 있기 때문에 오브젝트에 맞는 정확한 블록조립소에서 블록을 조립하지 않으면, 등장인물이 아닌 배경이 말을 하는 신기한 경험을 하게 됩니다.

03 블록 삭제 알아보기

블록조립소에서 블록을 삭제하는 방법은 두 가지가 있습니다. 블록 꾸러미로 블록을 가져가거나, 블록조립소에 있는 휴지통으로 블록을 가져가면 블록이 삭제됩니다.

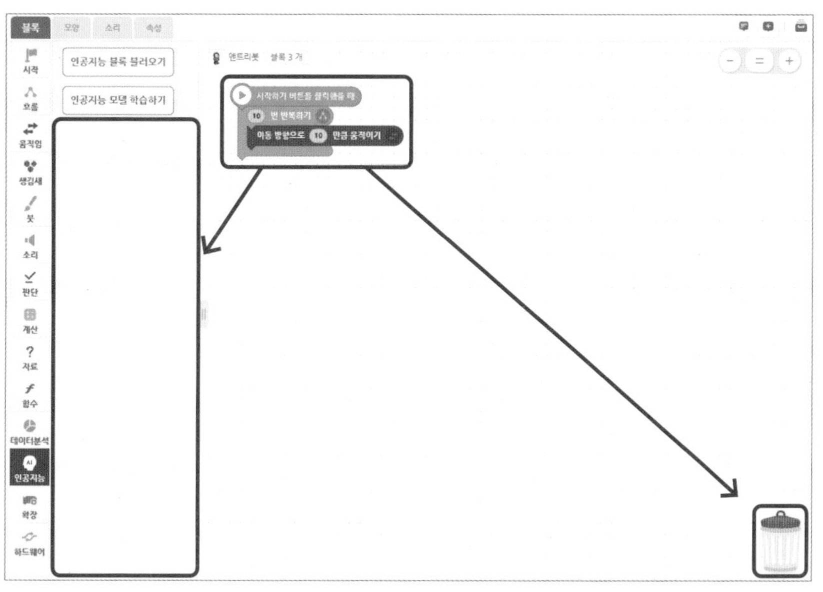

블록을 삭제하는 또 다른 세 가지 방법으로는 (1) Delete 누르기, (2) Back Space 누르기, (3) 블록 위에서 마우스 오른쪽 버튼 클릭 후 '코드 삭제' 클릭 등이 있습니다. 나에게 익숙하고 간편한 방법을 찾아 사용해 보세요.

04 햄스터S 블록 알아보기

엔트리는 다양한 하드웨어와 연결할 수 있습니다. 햄스터S를 엔트리와 연결하는 방법을 확인해 봅시다. 연결 프로그램을 통해 연결하거나, 연결 프로그램 없이 브라우저 열기로 연결이 가능합니다. 여기서는 연결 프로그램을 통해 연결해 보겠습니다. 블루투스 연결을 위해 우선 햄스터 로봇 USB 동글을 컴퓨터에 연결한 후, 다음 순서를 따라서 연결합니다.

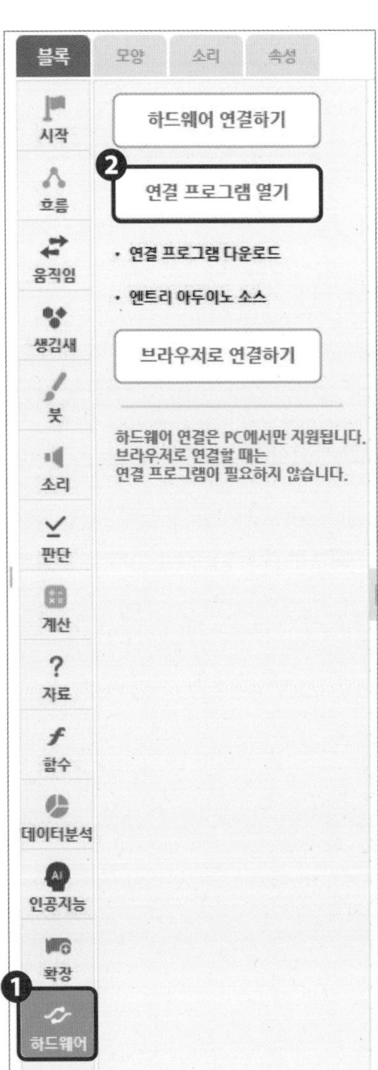

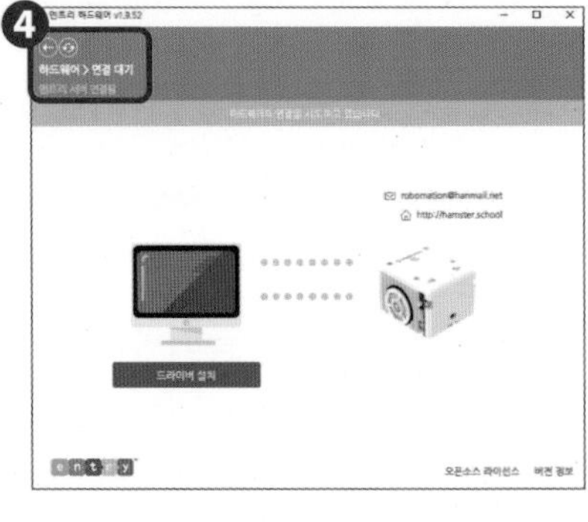

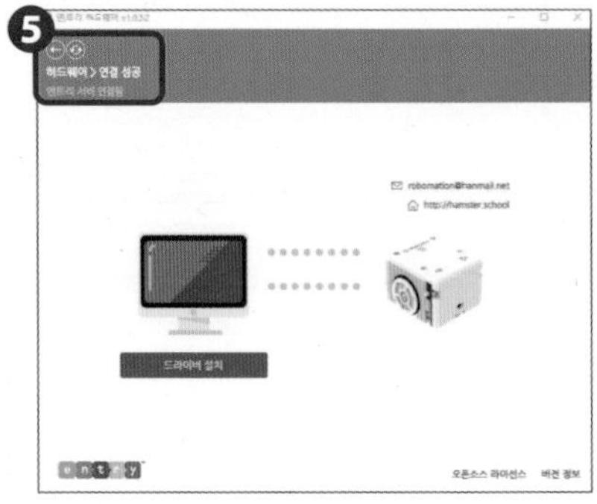

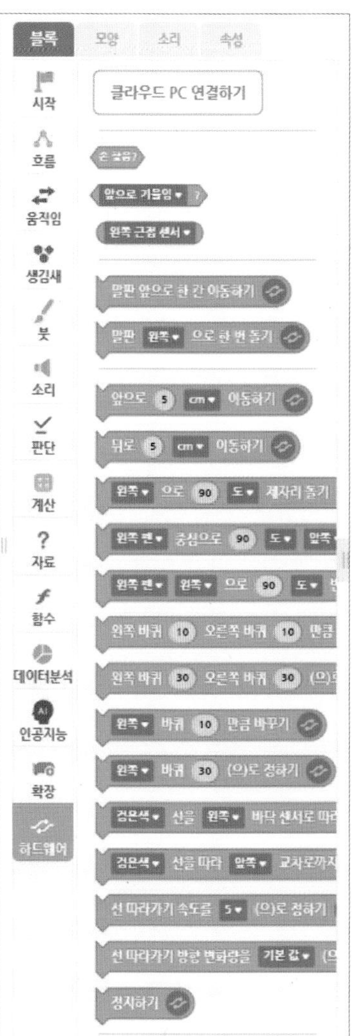

[하드웨어] 카테고리에 그림과 같이 햄스터S 블록이 보인다면, 엔트리와 햄스터S가 정확하게 연결된 것입니다. 햄스터S 명령 블록은 센서 블록, 움직임(이동, 회전 등) 블록, LED 블록, 소리 블록, 확장(포트, 집게, 시리얼 등) 블록 등으로 구성되어 있습니다.

센서 블록	움직임(이동, 회전 등) 블록	LED 블록

소리 블록	확장(포트, 집게, 시리얼 등) 블록

그림에 나온 햄스터S 블록은 엔트리에서 사용할 수 있는 블록 중 일부이며, 실제로는 더 많은 블록을 사용할 수 있습니다. 햄스터S의 다양하고 많은 블록은 엔트리와 햄스터S를 사용하여 직접 확인해 봅니다.

인공지능 블록, 확장 블록

01 인공지능 블록

엔트리의 블록 중 인공지능(AI, Artificial Intelligence) 기능이 들어간 블록 모음입니다. 인공지능 블록을 사용하기 위해선 다음과 같이 [인공지능] 카테고리에서 [인공지능 블록 불러오기]를 클릭하여 블록을 불러와야 합니다.

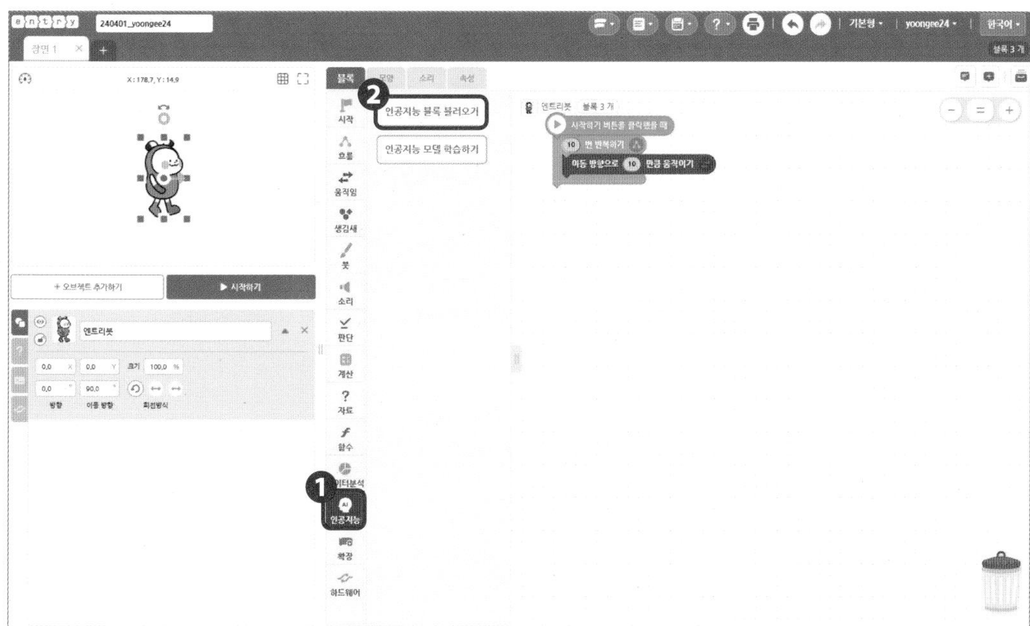

인공지능 블록은 크게 다음과 같이 번역, 읽어주기, 비디오 감지, 오디오 감지 4개로 구성되어 있습니다. 그리고 비디오 감지에는 사람 인식, 사물 인식, 손 인식, 얼굴 인식 블록이 있고, 오디오 감지에는 음성 인식을 하는 블록이 있습니다.

あA
번역
파파고를 이용하여 다른 언어로 번역할 수 있는 블록 모음입니다.
Powered by NAVER

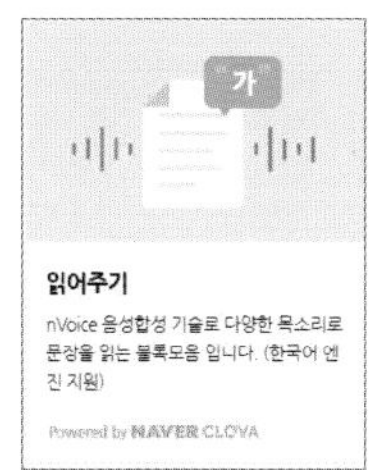

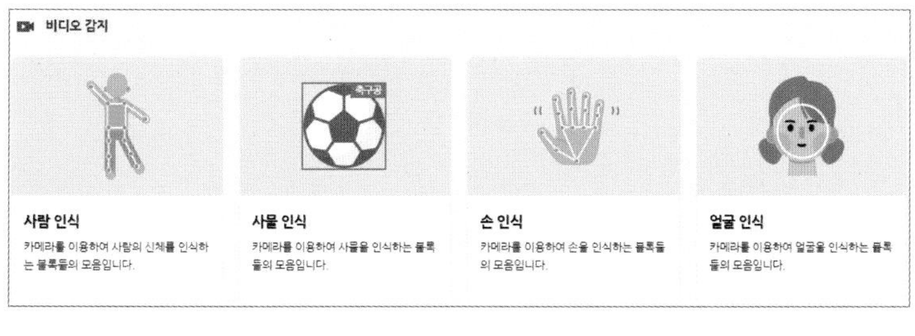

비디오 감지
축구공
사람 인식
카메라를 이용하여 사람의 신체를 인식하는 블록들의 모음입니다.
사물 인식
카메라를 이용하여 사물을 인식하는 블록들의 모음입니다.
손 인식
카메라를 이용하여 손을 인식하는 블록들의 모음입니다.
얼굴 인식
카메라를 이용하여 얼굴을 인식하는 블록들의 모음입니다.

오디오 감지
음성 인식
마이크를 이용하여 음성을 인식하는 블록들의 모음입니다.
Powered by NAVER CLOVA

인공지능 블록은 인터넷에 연결되어 있어야 정상적으로 동작합니다. 더 자세한 내용은 다음 챕터에서 살펴보도록 합시다.

02 확장 블록

확장 블록은 인터넷에서 구할 수 있는 특수한 정보들을 활용할 수 있는 블록 모음입니다. 날씨 혹은 행사 일정, 국민 행동 요령들을 가져올 수 있습니다. 확장 블록을 사용하기 위해선 다음과 같이 [확장] 카테고리에서 [확장 블록 불러오기]를 클릭하여 블록을 불러와야 합니다.

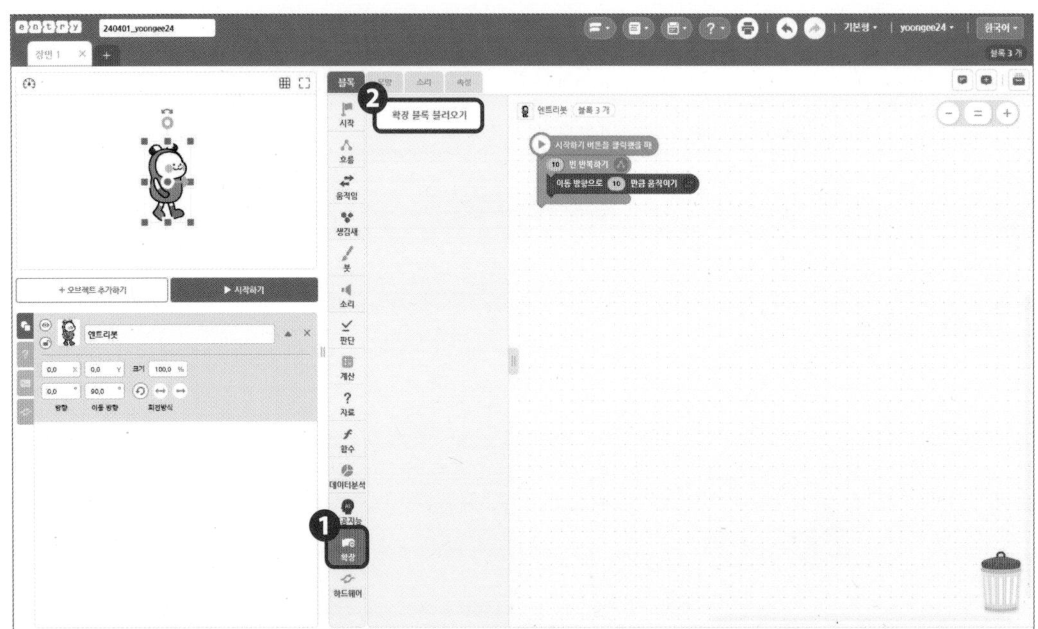

확장 블록은 다음과 같이 날씨, 생활안전 국민행동요령, 자연재난 국민행동요령, 행사 4개로 구성되어 있습니다.

날씨
기온, 강수량, 미세먼지 농도 등 한국의 날씨와 관련된 블록 모음입니다. [웨더아이 제공]
생활안전 국민행동요령
생활 속 안전을 위해 국민이 지켜야 하는 행동요령에 대한 블록 모음입니다. [국민안전처 제공]
자연재난 국민행동요령
자연재난 발생 시 국민이 지켜야하는 기본적인 행동요령에 대한 블록들의 모음입니다. [국민안전처 제공]
행사
국내 지역별 다양한 행사 및 축제와 관련된 블록 모음 입니다. [한국관광공사 제공]

인공지능 모델 학습 블록

01 인공지능 모델 학습 블록이란?

엔트리 프로그램에서 이미지, 텍스트, 음성, 숫자 등 인공지능(AI, Artificial Intelligence) 기능이 들어간 블록을 직접 만들 수 있습니다. 다음과 같이 [인공지능] 카테고리에서 [인공지능 모델 학습하기]를 클릭하여 모델 학습을 하면 인공지능 모델 학습 블록이 만들어집니다.

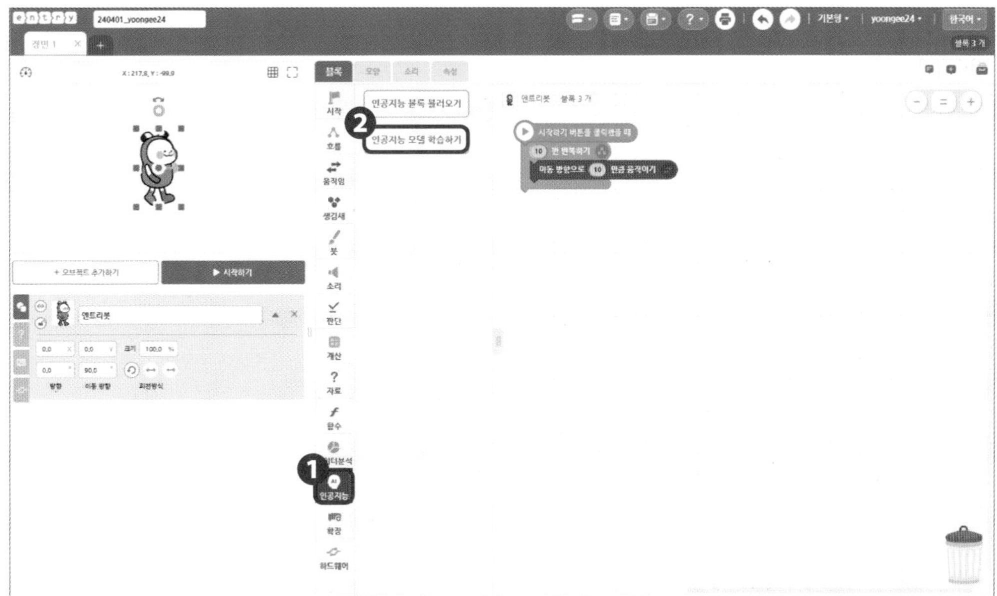

인공지능 모델 학습의 종류는 이미지, 텍스트, 음성, 숫자 등이 있습니다. '분류'는 인공지능 모델 학습을 할 때 비슷한 데이터를 찾아 구분해 놓는 것을 의미합니다. 이러한 '분류'의 결과는 새로운 데이터를 입력받았을 때 어떤 '분류'에 해당하는지 예측해서 찾아주는 역할을 합니다. '분류'는 지도 학습(Supervised Learning)과 비지도 학습(Unsupervised Learning)으로 나눌 수 있습니다.

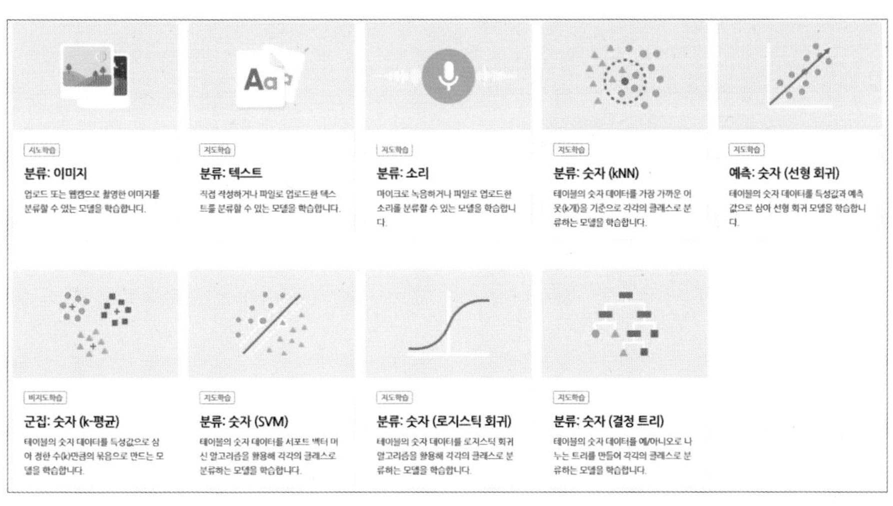

02 인공지능 모델 학습 과정

클래스는 이미지 데이터를 묶어 주는 공간으로 일종의 분류 폴더입니다. 각 클래스에는 일정 수량 이상의 데이터를 입력해야 합니다. 데이터의 양이 많을수록 데이터의 유형과 데이터 간의 공통점 등을 정확하게 분석하는 데 유용합니다.

데이터를 모은 후 [모델 학습하기]를 클릭하면 데이터를 학습해 분류합니다. 학습이 끝난 후 새로운 데이터를 입력하면 인공지능이 분석을 통해 기존의 분류 결과와 비교하여 가장 근접한 예측 결과를 내 놓습니다.

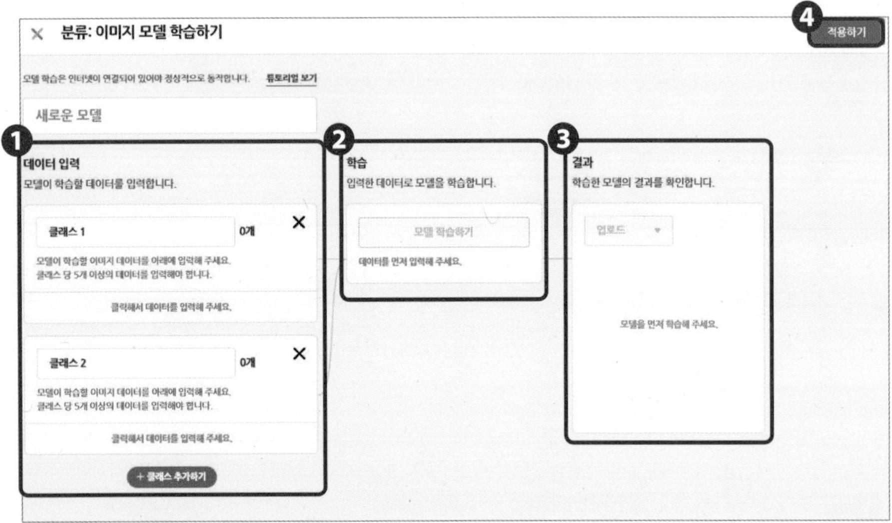

03 인공지능 모델 학습 저장소

모델 학습한 결과는 [나의 모델]에 저장되며, [인공지능] 카테고리에 가면 인공지능 모델 학습 블록이 활성화됩니다.

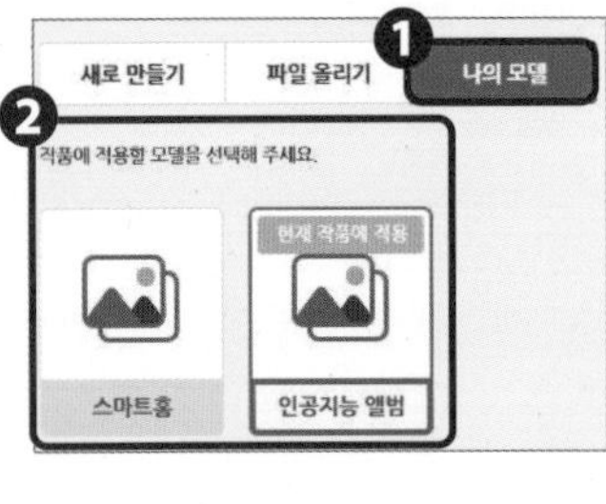

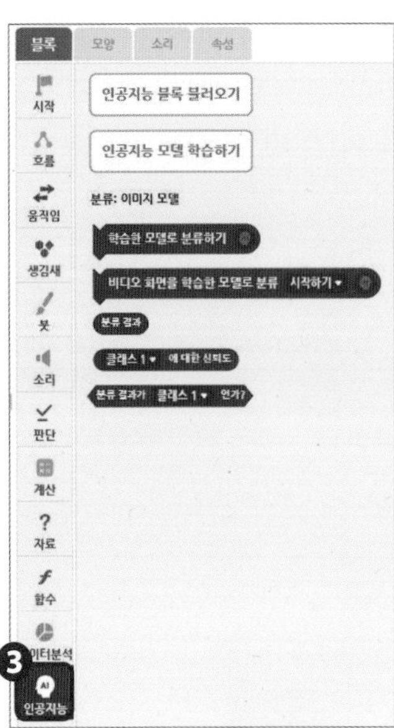

데이터 블록

01 데이터란?

데이터는 문자, 숫자, 소리, 그림, 영상, 단어 등과 같은 모습으로 이루어져 있습니다. 우리 주변에는 많은 데이터가 있습니다. 책장에 꽂혀 있는 수많은 책, 우리를 괴롭게 하는 미세먼지 지수, 내가 좋아하는 연예인의 사진, 내가 좋아하는 유튜브 영상 등과 같은 모습으로 말이죠. 이러한 데이터를 여러 가지 방법으로 의미 있게 정리하면 정보가 됩니다.

02 데이터 분석이란?

데이터를 수집하고, 가공하고, 분석하고, 표현하는 과정을 '데이터 분석'이라고 합니다. 엔트리는 데이터 분석 기능을 제공합니다. 엔트리에서 제공하는 데이터, 우리가 직접 수집한 데이터, 공공데이터 등을 활용해 우리가 일상생활에서 마주하는 문제들을 해결해 볼까요?

03 엔트리에서 제공하는 데이터 테이블

엔트리에서는 다양한 데이터 테이블을 제공하고 있습니다. 어떤 데이터 테이블이 있는지 살펴보겠습니다.

① '작품 만들기'에서 [데이터분석] – [테이블 불러오기] – [테이블 추가하기]를 클릭합니다.

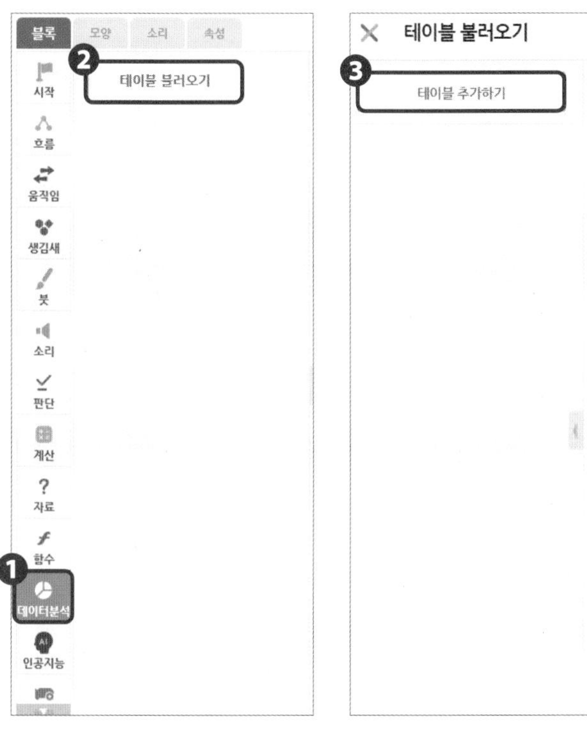

② 엔트리에서 현재(24년 05월 01일)까지 제공하는 데이터 테이블의 종류는 총 31개입니다. 여러분이 원하는 데이터 테이블이 있는지 확인해 봅니다.

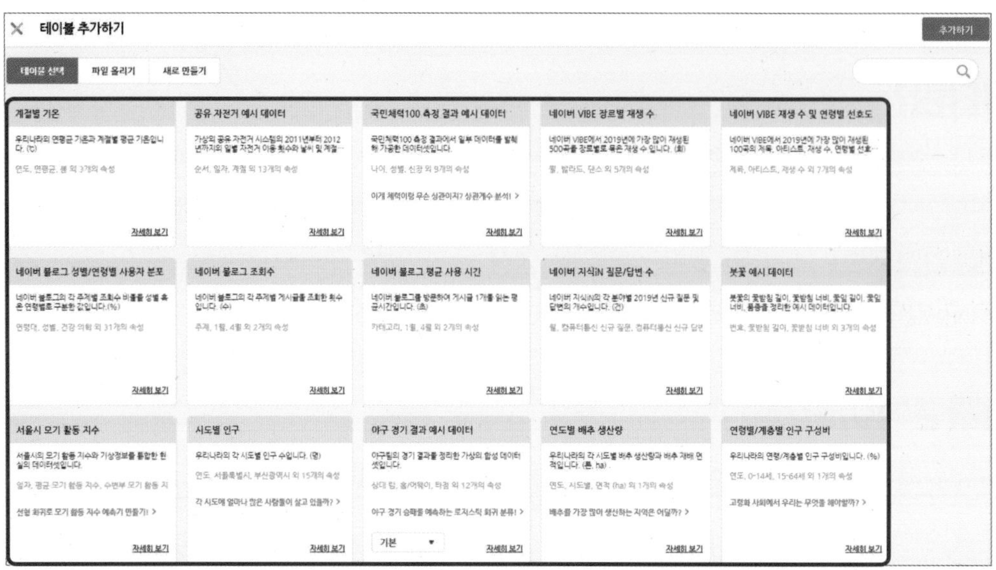

엔트리에서 제공하는 데이터 테이블에는 계절별 기온, 공유 자전거 예시 데이터, 국민체력100 측정 결과 예시 데이터, 네이버 VIBE 장르별 재생수, 네이버 VIBE 재생 수 및 연령별 선호도, 네이버 블로그 성별/연령별 사용자 분포, 네이버 블로그 조회수, 네이버 블로그 평균 사용 시간, 네이버 지식iN 질문/답변 수, 붓꽃 예시 데이터, 서울시 모기 활동 지수, 시도별 인구, 야구 경기 결과 예시 데이터, 연도별 배추 생산량, 연령별/계층별 인구 구성비, 월전체 강수량, 월평균 기온, 월평균 미세먼지농도, 일평균 스마트폰 이용 횟수, 전국 고등학교 위치, 전국 중학교 위치, 전국 초등학교 위치, 주택 가격 예시 데이터, 지진 발생 정보, 체감온도, 총 인구, 코로나19 국내 일일 현황, 타이타닉 예시 데이터, 티셔츠 사이즈 예시 데이터, 펭귄 예시 데이터, 품목별 소비자물가지수 등이 있습니다.

04 데이터 테이블 직접 만들기

내 키와 몸무게, 친구들과 가족 수, 내가 받은 수학 점수 같은 데이터는 직접 데이터 테이블을 만들어야 합니다.

① [새로 만들기]를 클릭합니다.

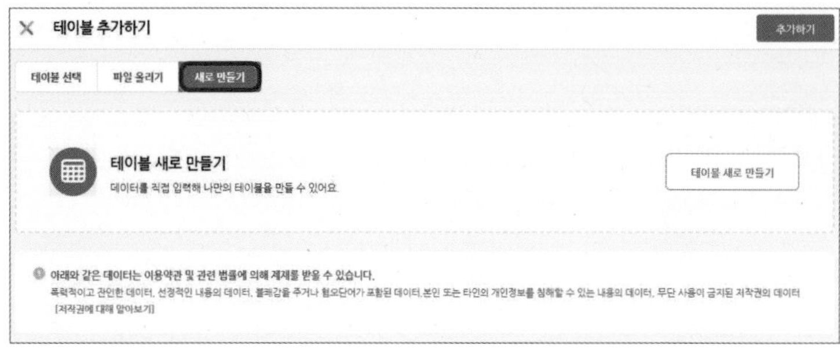

② [추가하기]를 클릭합니다.

③ 테이블에 내가 입력하고자 하는 값을 입력합니다. 이때, 첫 번째 행에는 데이터값의 의미를 알려 주는 '열의 이름'을 입력해야 합니다.

	A	B	C	D	E	F	G	H	I	J
1	이름	키	몸무게							
2	다람쥐	50	5							
3	고양이	120	15							
4	강아지	130	30							
5										

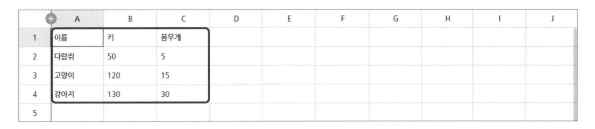

Tip

테이블은 셀, 열, 행으로 이루어져 있습니다. 각각의 의미를 알아볼까요?

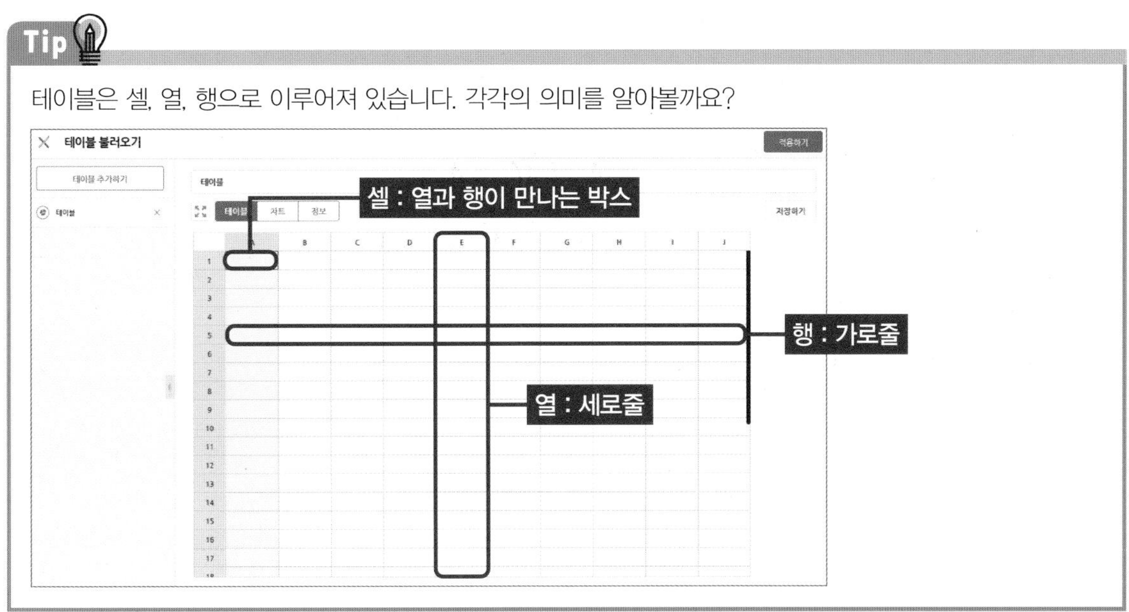

④ 테이블을 모두 작성하였으면 테이블의 이름을 변경하고, [저장하기]를 클릭합니다.

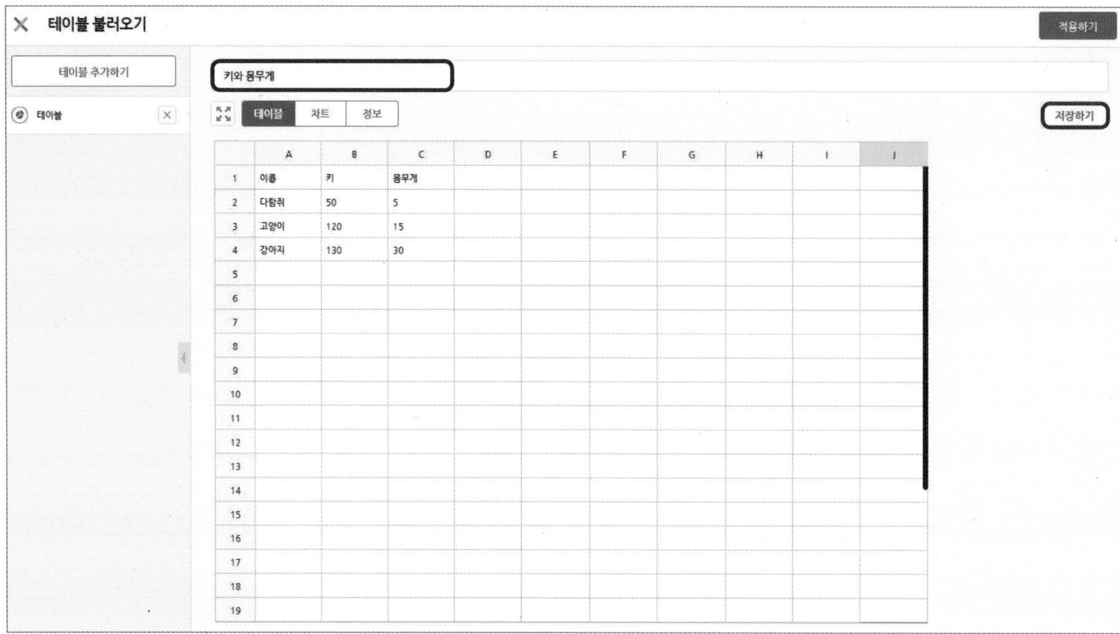

05 외부 데이터 파일 가져오기

다른 사람들이 이미 만든 데이터 파일(CSV, XLS(X))을 가져와 데이터 테이블로 만드는 방법을 알아보겠습니다.

① [테이블 추가하기] – [파일 올리기] – [파일 선택]을 클릭합니다.

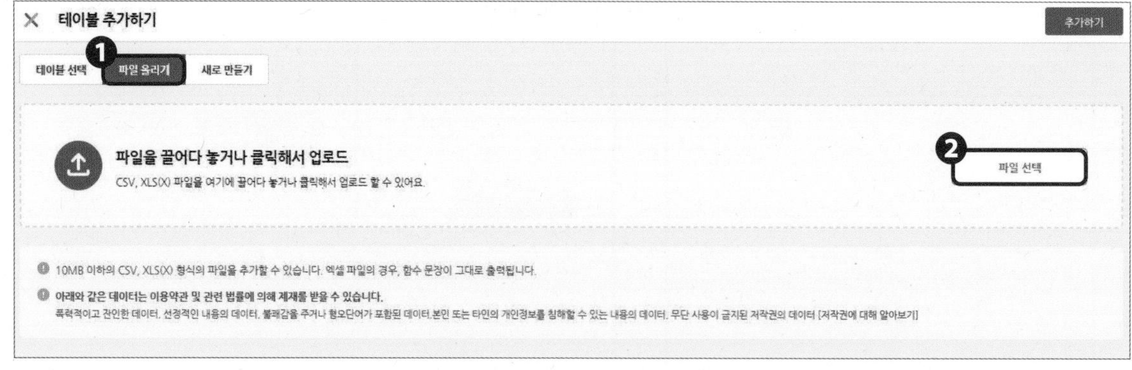

② 가져오고 싶은 파일을 선택한 후 [열기]를 클릭합니다.

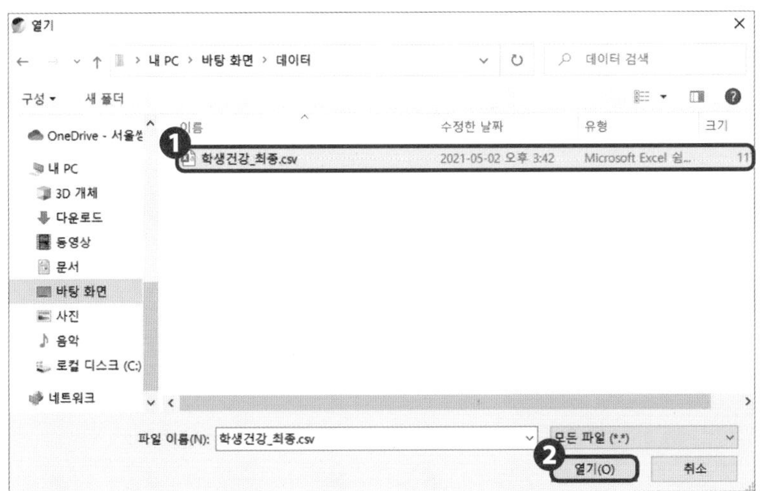

③ 파일이 제대로 업로드 되었다면 [추가하기]를 클릭합니다.

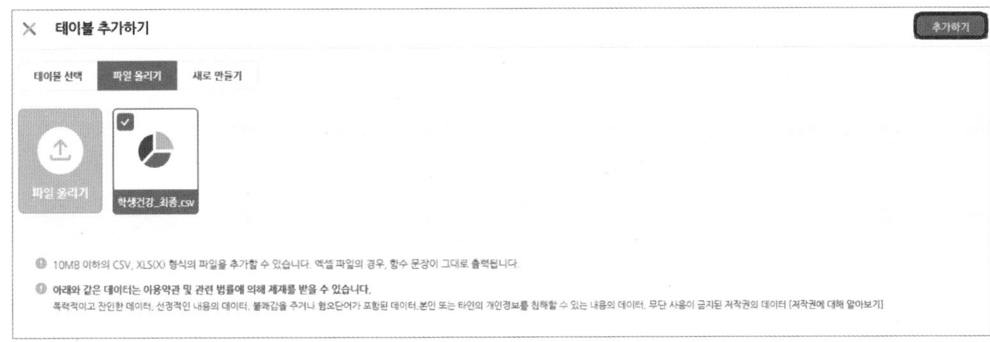

06 데이터 테이블 정보 확인하기

여러분이 만들거나 가져온 데이터 테이블의 정보를 확인해 보겠습니다. 아래의 예시로 사용한 데이터 테이블은 엔트리에서 제공하는 '계절별 기온'입니다.

① 데이터 테이블을 생성한 후 [정보]를 클릭합니다.

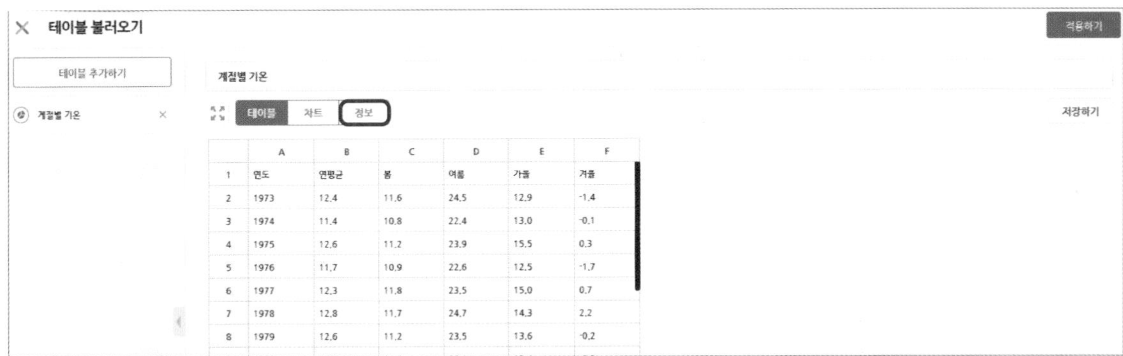

	A	B	C	D	E	F
1	연도	연평균	봄	여름	가을	겨울
2	1973	12.4	11.6	24.5	12.9	-1.4
3	1974	11.4	10.8	22.4	13.0	-0.1
4	1975	12.6	11.2	23.9	15.5	0.3
5	1976	11.7	10.9	22.6	12.5	-1.7
6	1977	12.3	11.8	23.5	15.0	0.7
7	1978	12.8	11.7	24.7	14.3	2.2
8	1979	12.6	11.2	23.5	13.6	-0.2

② 데이터 테이블의 '평균', '표준 편차', '최댓값', '중앙값', '최솟값'을 확인할 수 있습니다.

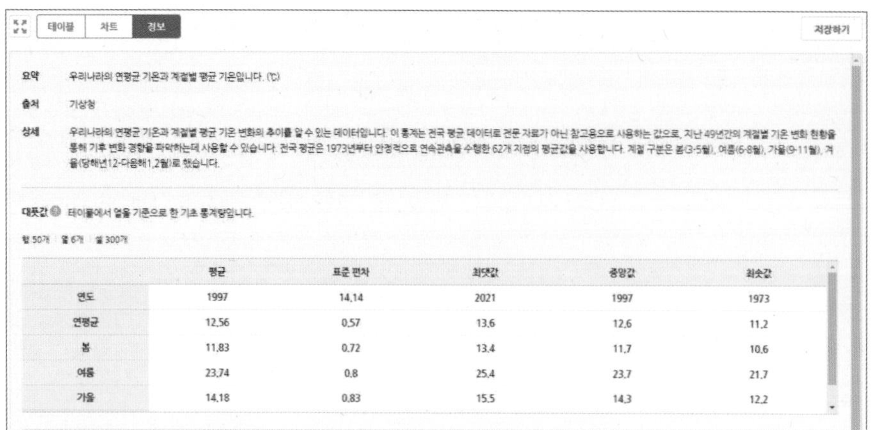

	평균	표준 편차	최댓값	중앙값	최솟값
연도	1997	14.14	2021	1997	1973
연평균	12.56	0.57	13.6	12.6	11.2
봄	11.83	0.72	13.4	11.7	10.6
여름	23.74	0.8	25.4	23.7	21.7
가을	14.18	0.83	15.5	14.3	12.2

Tip

평균 : 주어진 수의 합을 수의 개수로 나눈 값

표준 편차 : 자료가 얼마나 퍼져 있는지를 나타내는 수치. 표준 편차가 작을수록 자료가 평균 주변에 존재하며, 표준 편차가 클수록 자료가 평균으로부터 멀리 퍼져 있다.

최댓값 : 가장 큰 값

중앙값 : 자료의 중간에 위치하는 값. 1, 5, 10, 15, 29의 평균은 8이고, 중앙값은 10이다.

최솟값 : 가장 작은 값

07 데이터 테이블 차트 만들기

여러분이 만들거나 가져온 데이터 테이블은 표로 나타납니다. 이 표는 우리가 한눈에 데이터를 살펴보기 어려운 단점이 있습니다. 데이터 분석 결과를 쉽게 이해할 수 있도록 차트를 만들어 시각적으로 표현해 보겠습니다. 아래의 예시로 사용한 데이터 테이블은 엔트리에서 제공하는 '계절별 기온'입니다.

① 테이블을 생성한 후 [차트]를 누릅니다.

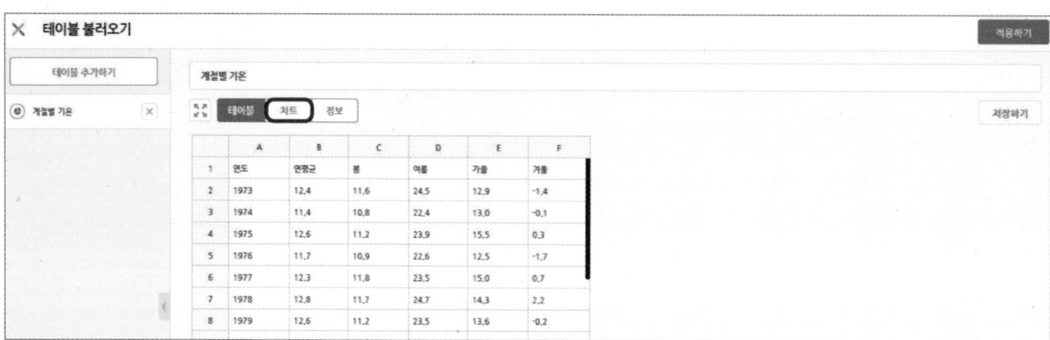

	A	B	C	D	E	F
1	연도	연평균	봄	여름	가을	겨울
2	1973	12.4	11.6	24.5	12.9	-1.4
3	1974	11.4	10.8	22.4	13.0	-0.1
4	1975	12.6	11.2	23.9	15.5	0.3
5	1976	11.7	10.9	22.6	12.5	-1.7
6	1977	12.3	11.8	23.5	15.0	0.7
7	1978	12.8	11.7	24.7	14.3	2.2
8	1979	12.6	11.2	23.5	13.6	-0.2

② [+]를 누르면 원하는 차트를 선택할 수 있습니다. 이번엔 [선]을 클릭해 선 그래프를 만들어 봅시다.

③ '가로축'에는 [연도] 열을, '계열'에는 [연평균, 봄, 여름, 가을, 겨울]을 클릭하면 계절별 기온을 나타내는 선 그래프가 생성됩니다.

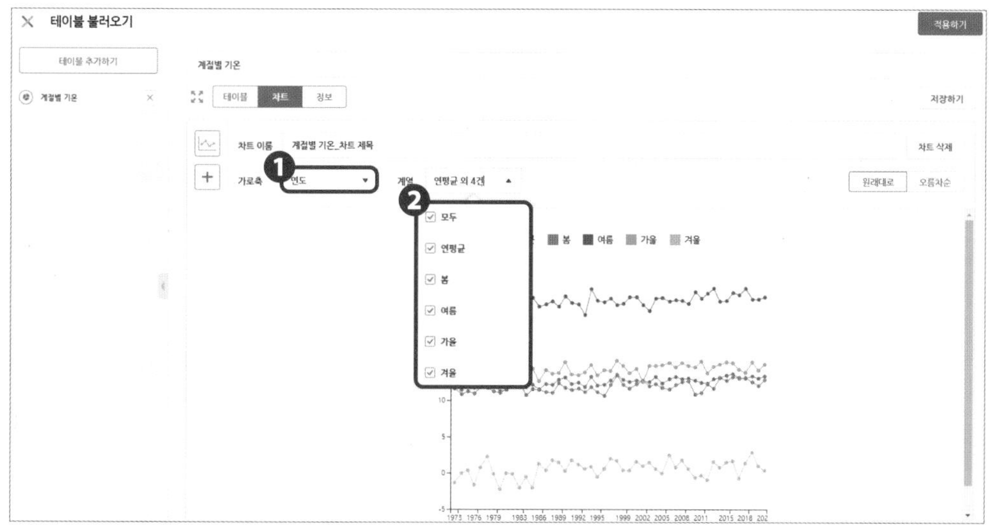

④ 차트 이름을 변경하고 [저장하기]를 클릭합니다.

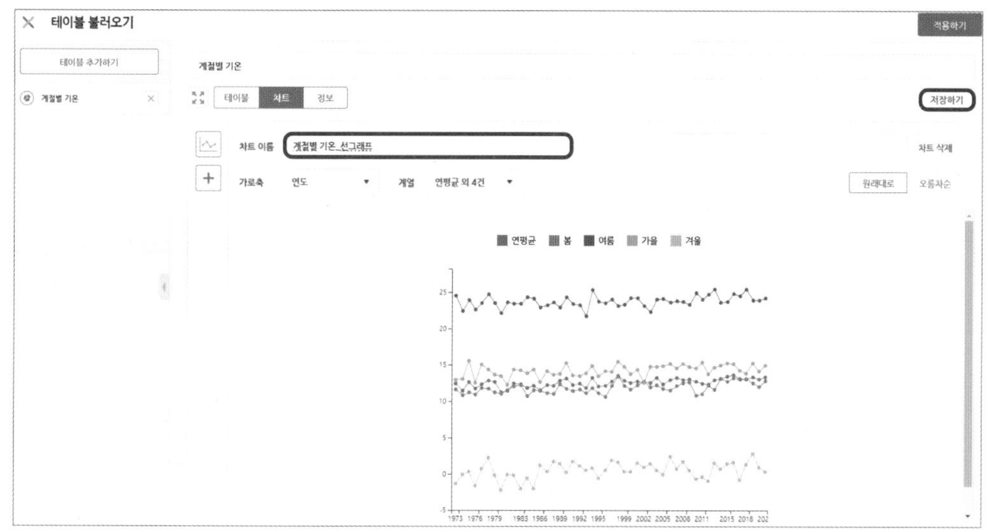

탐험하기(Beta)

01 엔트리 탐험하기(Beta)

엔트리에 새로운 기능이 추가되었습니다. 현재는 Beta 버전인 '탐험하기'는 원하는 공간을 자유롭게 만들고 탐험하는 기능입니다. 나만의 아지트, 파티장, 놀이공원, 캠핑장, 학교, 월드, 미로 등 내가 원하는 세계를 만들고 친구들을 초대하여 교류하는 공간을 만들 수 있습니다. 내가 만든 월드를 공유할 수도 있고 친구들이 만든 월드를 탐험할 수도 있습니다.

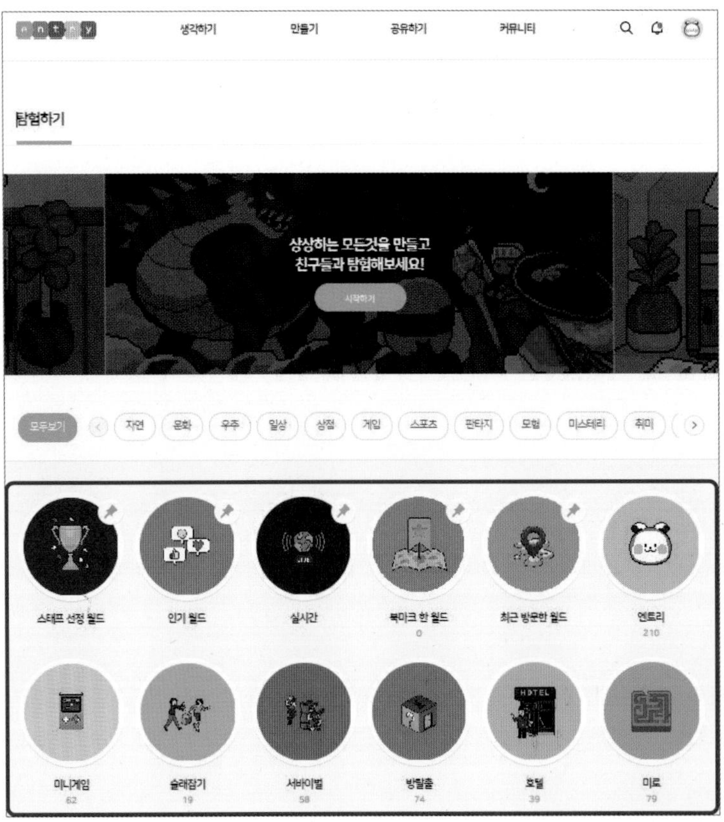

02 엔트리 탐험하기 입장하기

엔트리 로그인을 한 뒤, 엔트리 상단 [커뮤니티] 메뉴에서 [탐험하기(Beta)]를 클릭합니다.

03 엔트리 탐험하기 시작하기

[시작하기]를 클릭합니다. 탐험하기를 하기 위해 아바타를 만듭니다. 아바타 꾸미기가 끝나면, [저장하고 월드 만들기]를 클릭합니다.

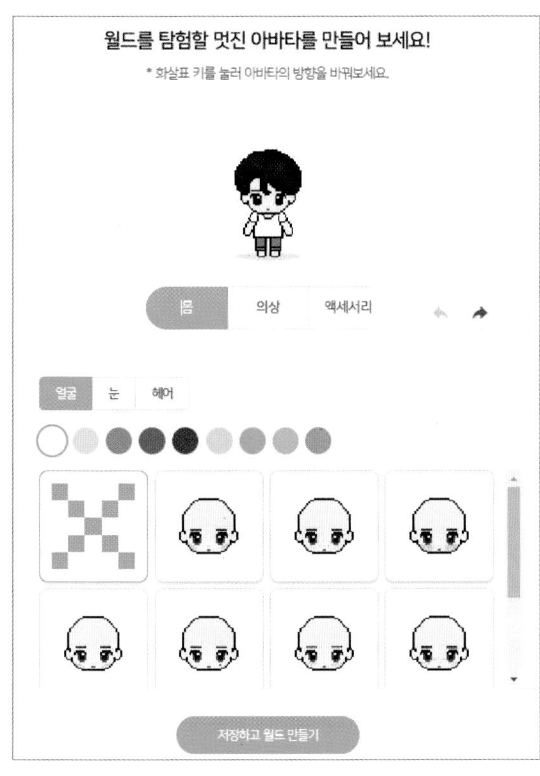

04 튜토리얼 진행하기

탐험하기를 본격적으로 해 보기 전, 엔트리봇을 따라 월드 사용법을 익혀 봅니다. 충분히 익혔다면 상단에 [만들기]를 클릭합니다.

05 월드 만들고 코딩하기

현재는 Beta 버전이라 나만의 월드를 만들고 오브젝트를 코딩해 볼 수 있는 [월드 만들기]만 가능합니다. 이후 오브젝트를 직접 만들거나 아바타 아이템을 만들 수 있는 기능이 추가될 예정입니다. [월드 만들기]를 클릭합니다.

바닥, 벽, 오브젝트, 타일 효과 등 여러 가지 도구를 이용해서 나만의 월드를 만들 수 있습니다. [코딩]을 클릭하면 플레이어(아바타), 오브젝트 등을 코딩할 수 있습니다. 월드를 다 만들면 [저장]을 반드시 눌러 줍니다.

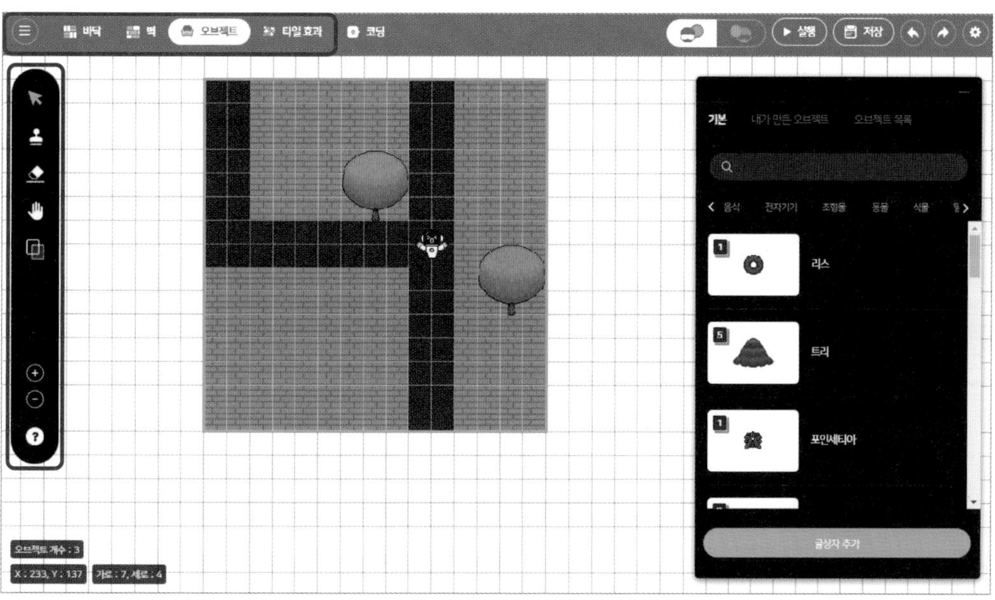

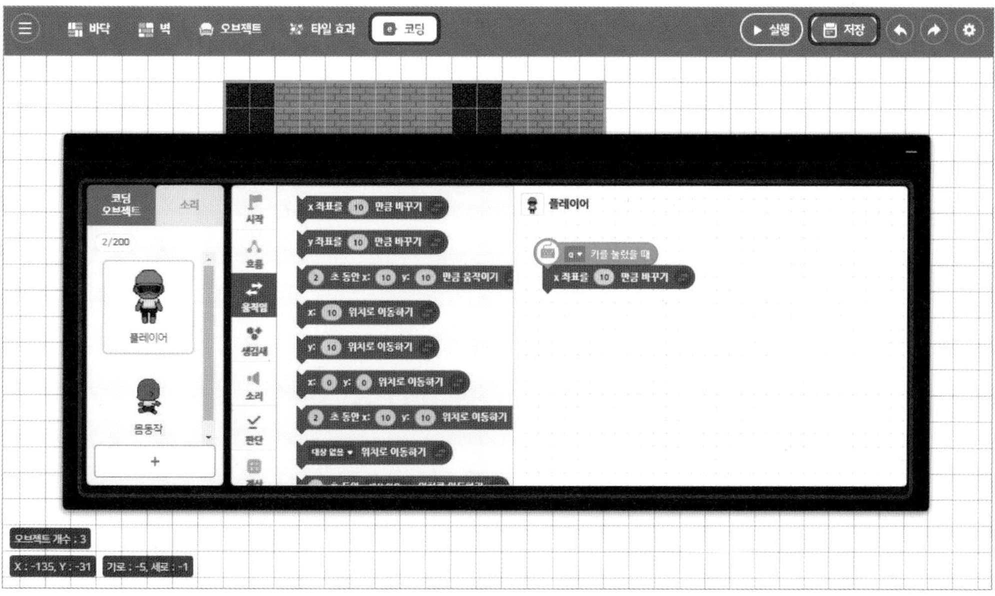

목차

PART 1 인공지능 & 데이터

PART 2 인공지능 & 햄스터 로봇

PART 1

이번 파트는 엔트리 데이터 분석 블록, 인공지능 블록, 인공지능 모델 학습하기 블록을 활용한 생활 속 다양한 문제 해결 프로그래밍 활동으로 구성하였습니다. 현재 인공지능 기술이 사용되고 있는 우리 생활 속 사례를 재구성하여 문제 상황으로 제시한 뒤, 학생들이 데이터 및 인공지능 활용 프로그래밍에 도전해 볼 수 있도록 하였습니다.

인공지능
& 데이터

외국인과의 대화를 돕는 AI 통번역기

01 오늘의 이야기 살펴보기

오늘 우리반에 전학생이 왔어요!
외국에서 온 친구라 아직 한국말이 서툴러요!
그래도 그 친구에게 말을 걸어 보고 싶어요.

이럴 때 내 말과 글을 통역해 주고 번역해 주는 프로그램이 있으면 좋을 텐데요.
아! 엔트리를 이용해 AI 통번역기를 만들면 가능할 것 같아요! 외국인과 대화할 수 있도록 도와주는 AI 통번역기를 함께 만들어 볼까요?

02 함께 만들 엔트리 작품 알아보기

음성 인식:한국어 이름이 뭐야 AI 통번역기 말하기 What's your name.	음성 인식:한국어 my name is olivia AI 통번역기 말하기 내 이름은 올리비아야

학습문제

한국어로 말하면 영어로 통역 및 번역해 주고,
영어로 말하면 한국어로 통역 및 번역해 주는 AI 통번역기를 만들어 봅니다.

03 오늘 사용할 블록 알아보기

인공지능 블록

한국어▼ 음성 인식하기 — 마이크를 통해 녹음된 음성을 인식합니다.

음성을 문자로 바꾼 값 — 사람의 목소리를 문자로 변환한 값입니다. 목소리가 입력되지 않거나 음성 인식 도중 오류가 발생한 경우, 무조건 0값을 갖습니다.

번역
파파고를 이용하여 다른 언어로 번역할 수 있는 블록 모음입니다.
Powered by NAVER

한국어▼ 엔트리 을(를) 영어▼ (으)로 번역한 값 — 입력한 문자값을 선택한 언어로 번역합니다. 입력은 3,000자까지 가능합니다.

번역 가능한 언어는 다음과 같습니다.

- 한국어 → 영어, 중국어 간체, 중국어 번체, 베트남어, 스페인어, 인도네시아어, 태국어, 프랑스어
- 영어 → 일본어, 프랑스어, 한국어
- 중국어 간체, 중국어 번체, 베트남어, 스페인어, 인도네시아어, 태국어, 프랑스어 → 한국어
- 일본어 → 영어
- 프랑스어 → 영어

엔트리 의 언어 — 입력된 문자값의 언어를 감지합니다. 입력은 문장 형태로 3,000자까지 가능합니다.

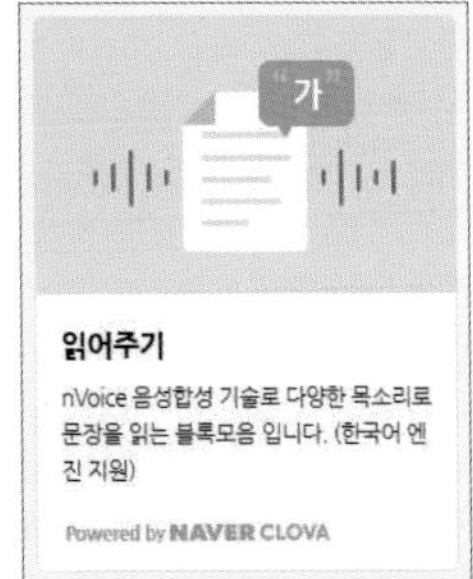
가
읽어주기
nVoice 음성합성 기술로 다양한 목소리로 문장을 읽는 블록모음 입니다. (한국어 엔진 지원)
Powered by NAVER CLOVA

엔트리 읽어주기

입력한 문자값을 설정된 목소리로 읽습니다. 입력은 2,500자까지 가능합니다. 인터넷에 연결되어 있지 않거나 인터넷 환경이 불안할 경우, 해당 블록이 실행되지 않고 다음 블록으로 넘어갈 수 있습니다.

04 프로그램 살펴보기

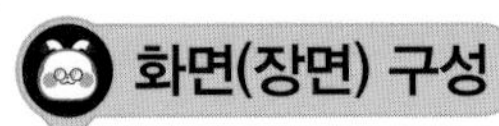

화면(장면) 구성

장면	작품 QR 코드
음성 인식 AI 통번역기 말하기 번역된 말	https://naver.me/5nXx5GpR

오브젝트 종류 및 해야 할 일

AI 통번역기 글상자 오브젝트
- 프로그램 제목
- 글상자를 만들고 'AI 통번역기'라고 입력하기

말하기 글상자 오브젝트
- 말하기를 시작하기 전에 클릭하는 버튼
- 글상자를 만들고 '말하기'라고 입력하기

해야 할 일 오브젝트 버튼을 클릭하고 말을 하면 한국어인지 영어인지 감지 후, 한국어는 영어로, 영어는 한국어로 번역하기
그 후 번역된 말을 소리 및 글로 보여 주기

번역된 말 글상자 오브젝트
- 글상자를 만들고 '번역된 말'이라고 입력하기

해야 할 일 번역된 말을 글로 보여 주기

05 함께 프로그래밍하기

① 엔트리봇 오브젝트는 사용하지 않기 때문에 오브젝트 목록창에서 [X] 버튼을 클릭해 삭제합니다.

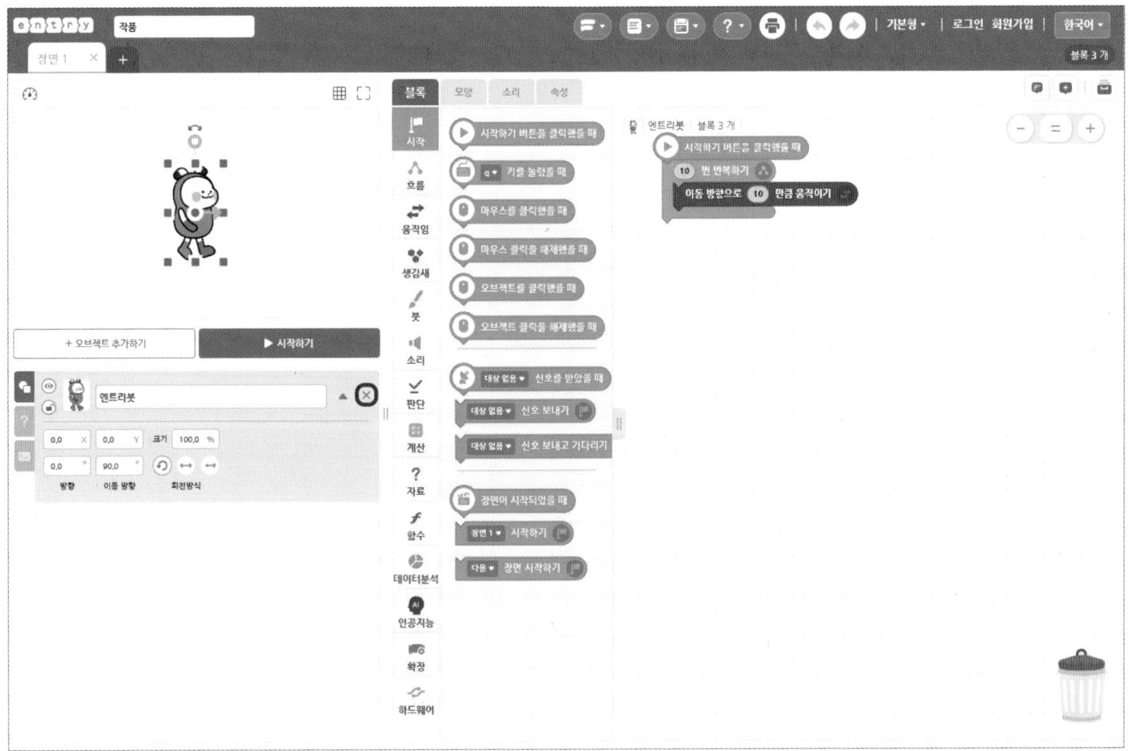

② 필요한 글상자 오브젝트를 추가하기 위해 [+오브젝트 추가하기] 버튼을 클릭한 뒤, [글상자] 탭을 클릭합니다.

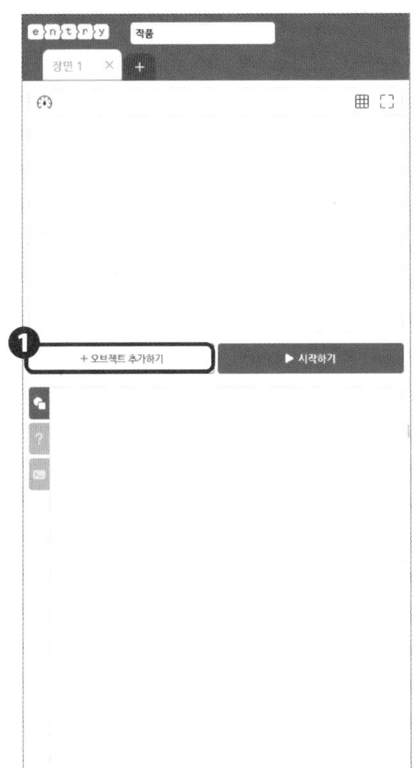

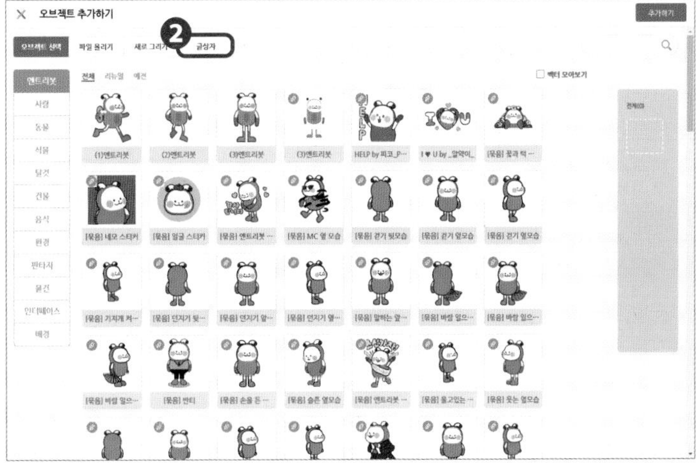

③ 글상자 내용 입력 칸에 'AI 통번역기'라고 입력합니다. 마음에 드는 글자 배경색을 선택합니다. 마지막으로 [추가하기] 버튼을 클릭하면, 글상자 오브젝트가 장면에 추가됩니다.

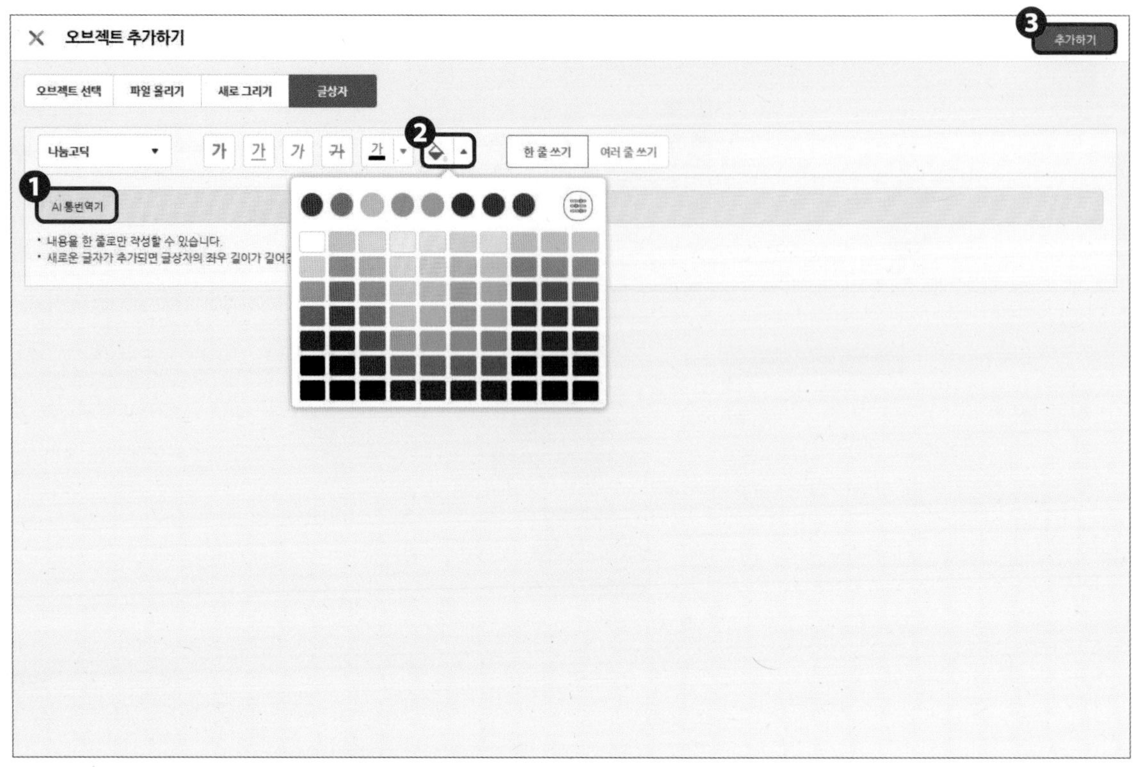

④ 동일한 방법으로 '말하기', '번역된 말' 글상자 오브젝트를 만들고, 적당한 위치에 배치합니다.

오브젝트 이름	글상자	글상자	글상자
모양	AI 통번역기	말하기	번역된 말
배경 색상	연녹색	연노랑색	흰색
기능	프로그램의 제목을 알려 주는 역할	번역될 말을 하기 전에 클릭하는 버튼	번역된 말을 글자로 보여 주기 위한 부분
작품 속 오브젝트 이름	AI 통번역기	말하기	번역된 말

오브젝트(글상자) 이름 및 배경 색상은 취향에 따라 변경할 수 있습니다.

⑤ [인공지능] 카테고리를 클릭하면, 명령어 블록이 하나도 보이지 않습니다. [인공지능 블록 불러오기] 버튼을 클릭하여 인공지능 블록을 추가합니다.

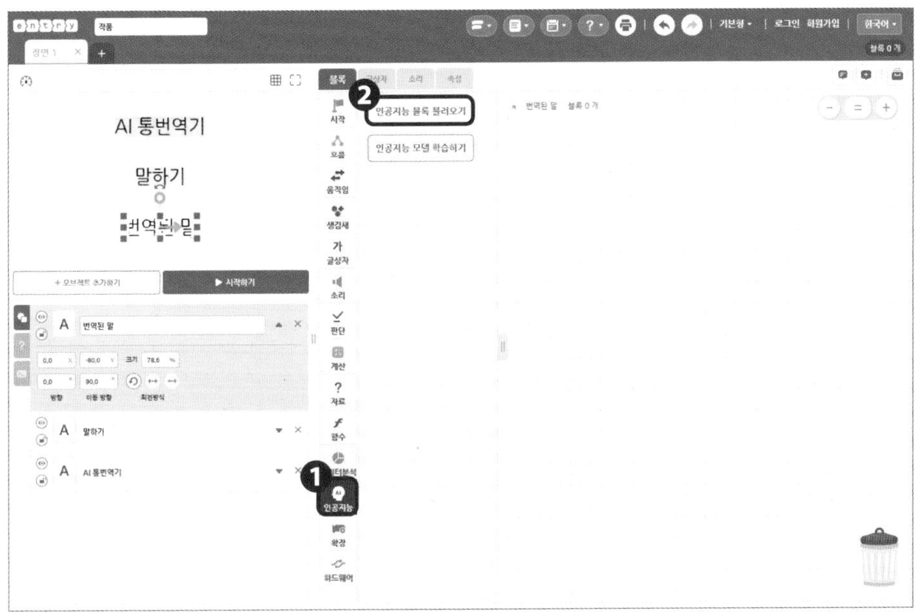

⑥ 이번 프로그래밍에 활용할 [번역], [읽어주기], [음성 인식]을 클릭한 후 [불러오기] 버튼을 클릭합니다.

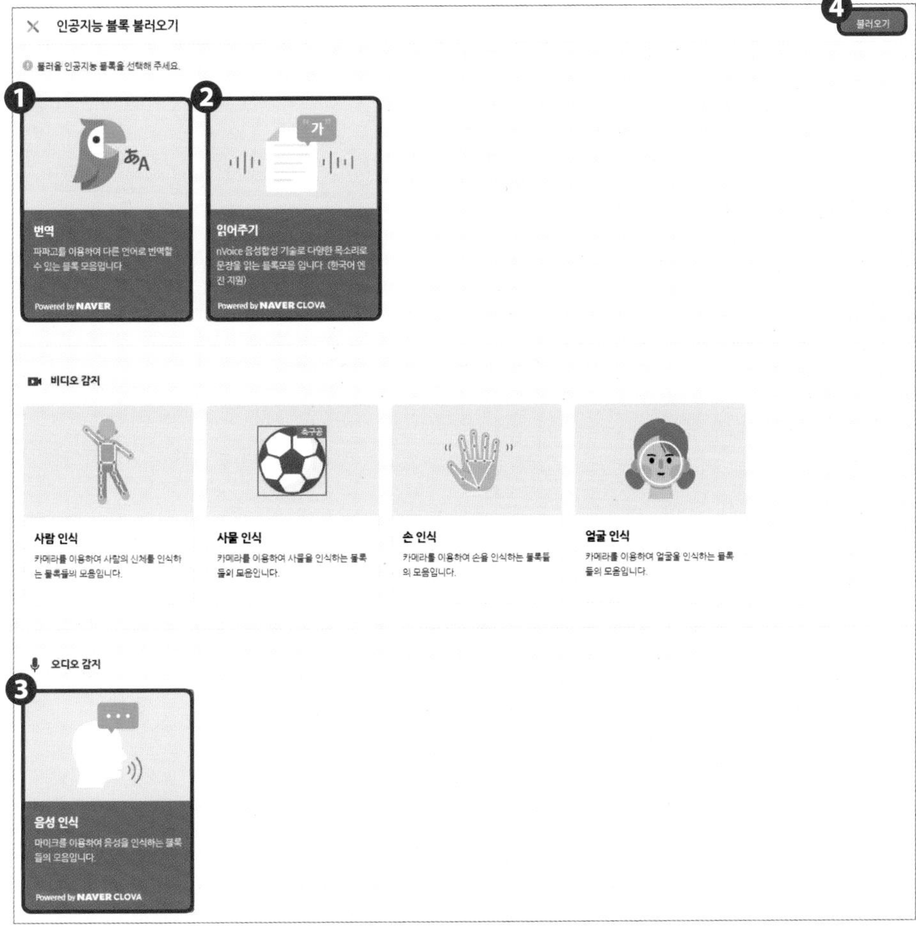

⑦ 다음 그림과 같이 인공지능 블록이 추가된 것을 확인할 수 있습니다.

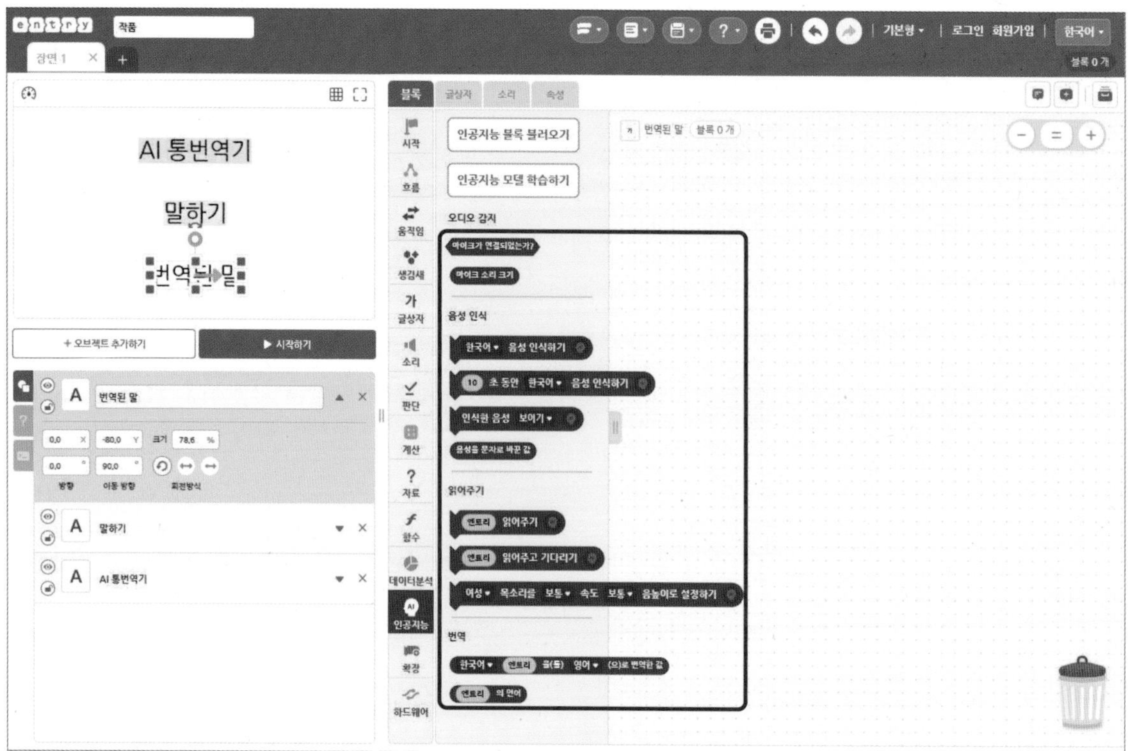

⑧ [속성] 탭에서 '번역' 〈변수〉 1개, '번역된 말' 〈신호〉 1개를 추가합니다.

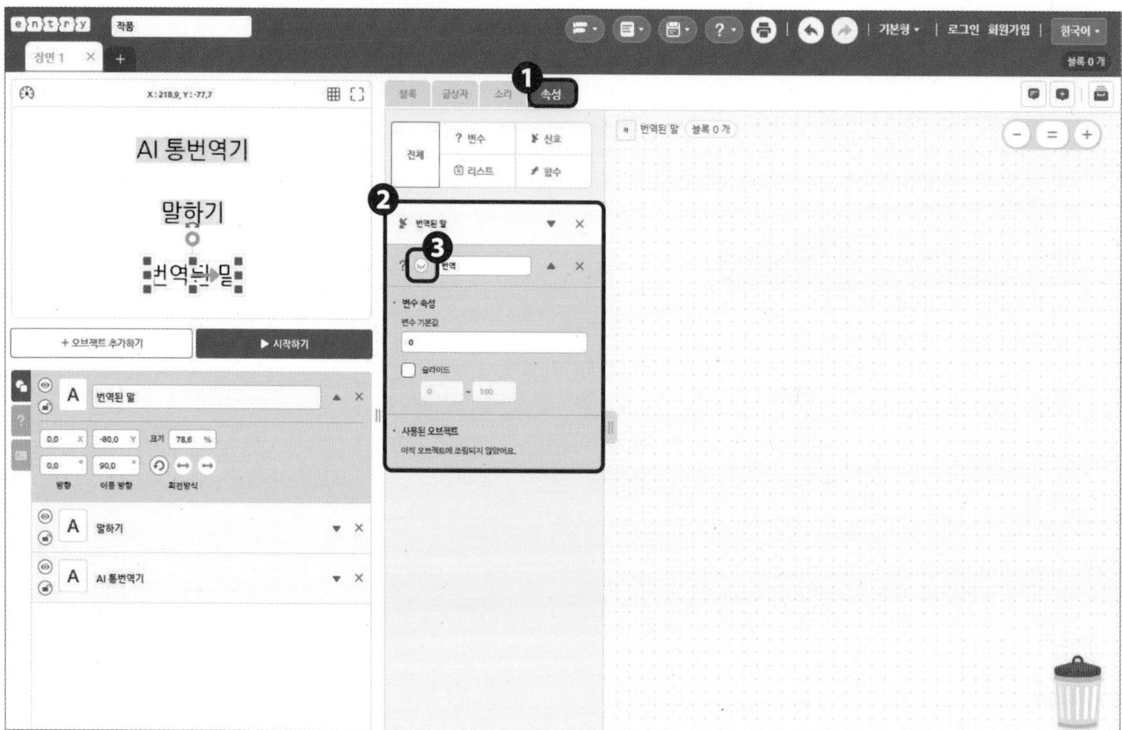

'번역' 〈변수〉를 만드는 이유는 번역된 문장을 저장할 공간을 만들기 위해서이고, '번역된 말' 〈신호〉를 추가하는 이유는 번역 작업이 완료된 것을 '번역된 말' 글상자 오브젝트에 신호로 알려 주기 위해서입니다. 〈변수〉 또는 〈신호〉 이름은 각자 원하는 것으로 변경해도 괜찮습니다.

⑨ '말하기' 글상자 오브젝트를 클릭했을 때 음성 인식을 시작할 수 있도록 명령 블록을 다음과 같이 조립합니다.

말하기
말하기 글상자
오브젝트를 클릭했을 때
한국어 ▾ 음성 인식하기

⑩ 만일 음성 인식한 결과를 문자로 바꾼 값이 한국어라면, 영어로 번역하기 위해 명령 블록을 다음과 같이 조립합니다. 이때, 영어로 번역한 값을 '번역' 〈변수〉로 정해 줍니다.

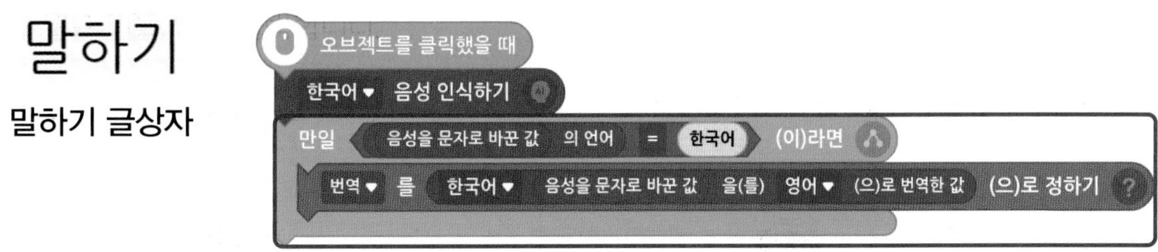
말하기
말하기 글상자
오브젝트를 클릭했을 때
한국어 ▾ 음성 인식하기
만일 음성을 문자로 바꾼 값 의 언어 = 한국어 (이)라면
번역 ▾ 를 한국어 ▾ 음성을 문자로 바꾼 값 을(를) 영어 ▾ (으)로 번역한 값 (으)로 정하기

⑪ 만일 음성 인식한 결과를 문자로 바꾼 값이 영어라면, 한국어로 번역하기 위해 명령 블록을 다음과 같이 조립합니다. 앞에서 완성한 코드를 복사하여 붙여넣은 뒤 '한국어' 부분을 '영어'로, '영어'인 부분을 '한국어'로 고치기만 하면 됩니다.

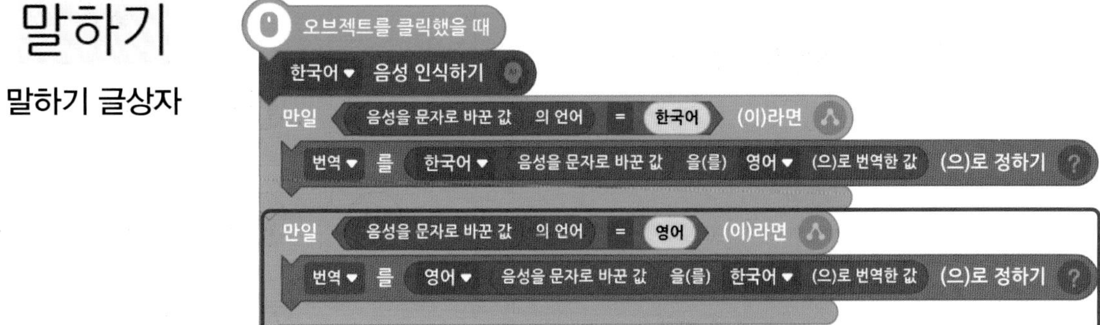
말하기
말하기 글상자
오브젝트를 클릭했을 때
한국어 ▾ 음성 인식하기
만일 음성을 문자로 바꾼 값 의 언어 = 한국어 (이)라면
번역 ▾ 를 한국어 ▾ 음성을 문자로 바꾼 값 을(를) 영어 ▾ (으)로 번역한 값 (으)로 정하기
만일 음성을 문자로 바꾼 값 의 언어 = 영어 (이)라면
번역 ▾ 를 영어 ▾ 음성을 문자로 바꾼 값 을(를) 한국어 ▾ (으)로 번역한 값 (으)로 정하기

비슷하거나 같은 블록이 반복되면 기존 블록을 복사해서 붙여넣어 사용하는 것이 편리합니다. 복사하고자 하는 블록 모음 중 가장 첫 번째 블록에서 마우스 오른쪽 버튼을 클릭하고, [코드 복사 & 붙여넣기]를 선택하면 기존 블록(코드)을 복사해서 붙여넣을 수 있습니다.

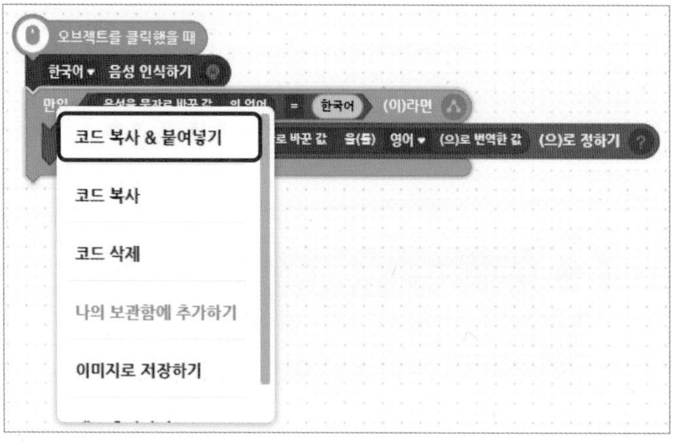
오브젝트를 클릭했을 때
한국어 음성 인식하기
만일
한국어
(이)라면
코드 복사 & 붙여넣기
코드 복사
코드 삭제
나의 보관함에 추가하기
이미지로 저장하기
(으)로 정하기

⑫ '번역된 말' 글상자 오브젝트에 〈신호〉를 보내 '번역된 말' 글상자 오브젝트가 위치한 자리에 번역된 말이 입력되도록 하기 위해 '말하기' 글상자 오브젝트 코드 맨 아래에 [시작] 카테고리에 있는 [번역된 말 신호 보내기] 블록을 가져와서 조립합니다.

말하기

말하기 글상자

오브젝트를 클릭했을 때
한국어 음성 인식하기
만일 음성을 문자로 바꾼 값 의 언어 = 한국어 (이)라면
번역 를 한국어 음성을 문자로 바꾼 값 을(를) 영어 (으)로 번역한 값 (으)로 정하기
만일 음성을 문자로 바꾼 값 의 언어 = 영어 (이)라면
번역 를 영어 음성을 문자로 바꾼 값 을(를) 한국어 (으)로 번역한 값 (으)로 정하기
번역된 말 신호 보내기

⑬ '번역된 말' 글상자 오브젝트에 '번역된 말' 〈신호〉를 받으면 번역된 문장(번역 변숫값)이 글로 입력되도록 명령 블록을 다음과 같이 조립합니다.

번역된 말

번역된 말 글상자

번역된 말 신호를 받았을 때
번역 값 (이)라고 글쓰기

⑭ 동시에 번역된 문장(번역 변숫값)을 음성으로 읽어 주도록 '말하기' 글상자 오브젝트 코드 맨 아래에 명령 블록을 다음과 같이 조립합니다.

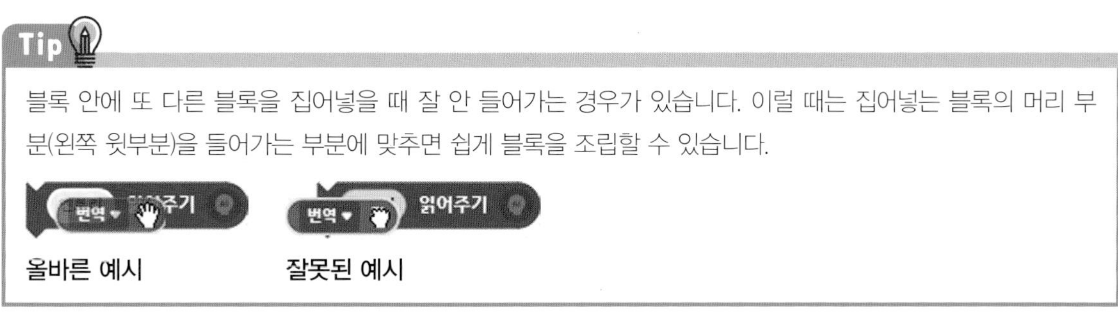

⑮ 프로그램이 완성되었습니다. 프로그램을 실행하고, '말하기' 글상자 오브젝트를 클릭한 후 한국어 또는 영어로 말해 봅니다. 올바르게 통역 및 번역이 되는지 확인해 봅니다.

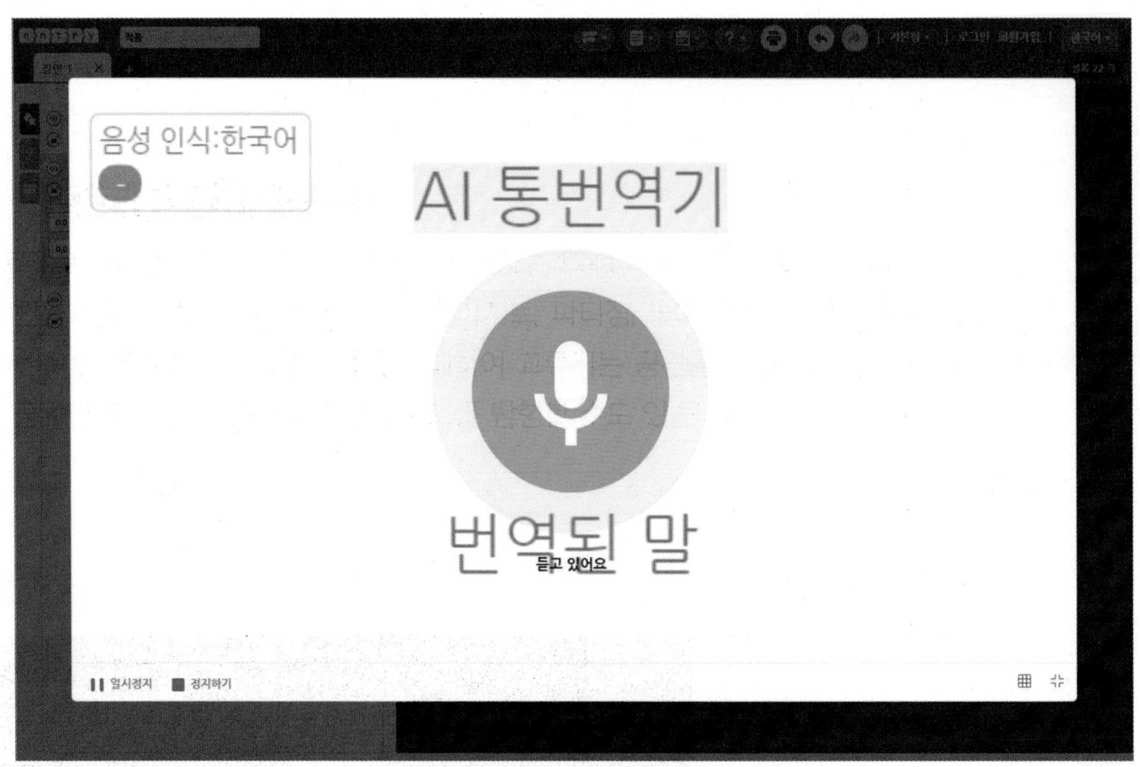

06 프로그램이 잘 실행되는지 확인해 보기

번역에 '0'이라고 나오나요?

- 마이크 연결이 잘 되어 있는지 확인해 보세요.
- 소리 설정에서 마이크가 올바르게 선택되어 있는지 확인해 보세요.
- 마이크가 연결되었는가? 블록을 이용해서 마이크 연결 상태를 확인해 보세요.

올바르게 번역이 되지 않나요?

- AI 통번역은 네이버 파파고 시스템을 이용하고 있어요. 아직 완벽한 번역을 지원하지 않으니, 비슷한 다른 문장을 다시 말해 보세요.
- 마이크 소리가 작아서 인식이 잘 안될 수 있어요. 마이크 소리 크기 블록을 이용하여 소리를 크게 키워 보세요.

올바르게 언어를 감지하지 못하나요?

- 다시 또박또박 말해 보세요.
- 항상 한국어를 영어로 혹은 영어를 한국어로 통번역해서 알려 주는 기능(버튼)을 넣어 보세요.

07 오늘 배운 내용 정리하기

AI 통번역기 프로그래밍 활동을 하고 알게 된 점을 적어 봅니다.

AI 통번역기 프로그램 중 바꾸고 싶은 부분이 있다면 적어 봅니다.

08 더 알아보기

인공지능 번역의 역사

엔트리에서 사용한 파파고 번역 시스템은 네이버 연구소에서 개발한 N2MT(Naver Neural Machine Translation)입니다. 인공지능 번역의 역사에 대해 좀 더 알아볼까요? 인공지능 번역의 역사를 살펴보면 크게 3세대로 나누어 볼 수 있습니다.

1세대는 1950년대 등장한 기계 번역입니다. 언어 사이의 규칙을 찾아 규칙대로 번역하는 방법이었습니다. 그런데 언어는 복잡하고 상황에 따라 미묘한 차이가 있어서 절대적인 규칙을 찾아서 넣는 것은 불가능했습니다.

2세대는 1980년대 등장한 통계 기반의 기계 번역입니다. 수많은 번역 자료를 데이터베이스화해서 통계적으로 많이 번역되는 글로 번역해 주는 방법이었습니다. 1세대 방법보다 정확도가 늘어났지만 변화하는 언어의 특성을 완전히 반영하기에는 한계가 있었습니다.

3세대는 2010년대에 소개된 인공신경망 기반 번역으로, 인공지능에 번역 데이터를 주고 스스로 학습할 수 있게 하는 방법입니다. 엔트리에서 사용한 번역 시스템 N2MT는 3세대 번역 방법입니다.

완벽한 번역을 위해서는 아직 갈 길이 멀지만, 세대를 거듭하며 계속 발전해 나가고 있습니다. 점점 더 발전해 나갈 미래의 인공지능 번역기의 모습이 기대되지 않나요?

09 심화 활동하기

영어 이외의 다른 나라 언어도 번역이 가능한 나만의 AI 통번역기 프로그램을 만들어 봅니다. 예를 들어, 일본인 친구와 대화를 나누기 위해 일본어 AI 통번역 기능을 추가해서 만들어 봅니다.

```
한국어▼ 음성을 문자로 바꾼 값 을(를) 일본어▼ (으)로 번역한 값
```

식사 전에 확인해 보는 AI 식품 칼로리 계산기

01 오늘의 이야기 살펴보기

요즘 맛있는 것이 많아서 보이는 대로 먹어요.
맛있는 것을 마음대로 먹고 정말 행복해요.

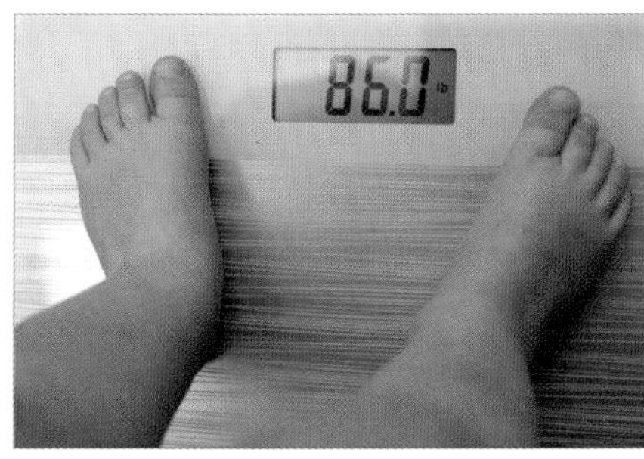

아니!! 몸무게가 왜 이렇게 많이 늘었지요?
그동안 칼로리를 생각하지 않고 무턱대고 먹어서 몸무게가 많이 늘었어요.
음식을 먹기 전에 칼로리를 쉽게 계산해 주는 장치가 있으면 좋겠어요.
엔트리로 AI 식품 칼로리 계산기를 만들어 볼까요?

02 함께 만들 엔트리 작품 알아보기

학습문제

사물 인식 기능을 활용하여 식품을 인식하고
칼로리를 알려 주는 AI 식품 칼로리 계산기를 만들어 봅니다.

03 오늘 사용할 블록 알아보기

인공지능 블록

축구공
사물 인식
카메라를 이용하여 사물을 인식하는 블록들의 모음입니다.

비디오 화면 보이기▾

컴퓨터에 연결된 카메라가 촬영하는 화면을 실행화면에서 보이게 하거나 숨깁니다.

사물 인식 시작하기▾

사물 인식을 시작하거나 중지합니다(사물 인식: 인식한 사물의 종류를 알 수 있습니다).

인식한 사물 보이기▾

인식한 사물의 위치와 순서를 실행화면에 보이게 하거나 숨깁니다.

사물 중 바나나▾ 을(를) 인식했는가?

선택한 사물이 인식된 경우 '참'으로 판단합니다.

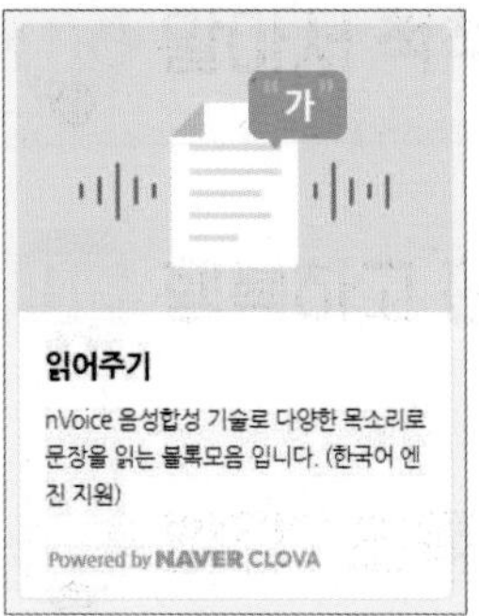
"가"
읽어주기
nVoice 음성합성 기술로 다양한 목소리로 문장을 읽는 블록모음 입니다. (한국어 엔진 지원)
Powered by NAVER CLOVA

엔트리 읽어주기

입력한 문자값을 설정된 목소리로 읽습니다. 입력은 2,500자까지 가능합니다. 인터넷에 연결되어 있지 않거나 인터넷 환경이 불안한 경우, 해당 블록이 실행되지 않고 다음 블록으로 넘어갈 수 있습니다.

04 프로그램 살펴보기

화면(장면) 구성

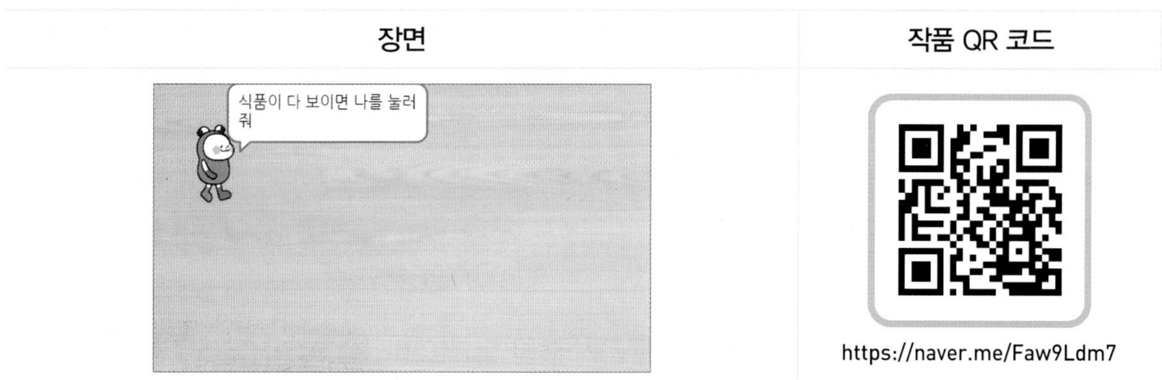

장면
작품 QR 코드
식품이 다 보이면 나를 눌러 줘
https://naver.me/Faw9Ldm7

오브젝트 종류 및 해야 할 일

엔트리봇 오브젝트

- 칼로리 계산을 도와줄 안내자
- 화면에 식품을 다 배치하고 엔트리봇을 클릭하기

해야 할 일 화면에 보이는 식품의 칼로리를 계산해서 말과 글로 알려 주기

05 함께 프로그래밍하기

① 엔트리봇에 기본적으로 추가되어 있는 블록 중 [시작하기 버튼을 클릭했을 때]를 제외한 나머지 블록들을 쓰레기통으로 옮겨 삭제합니다.

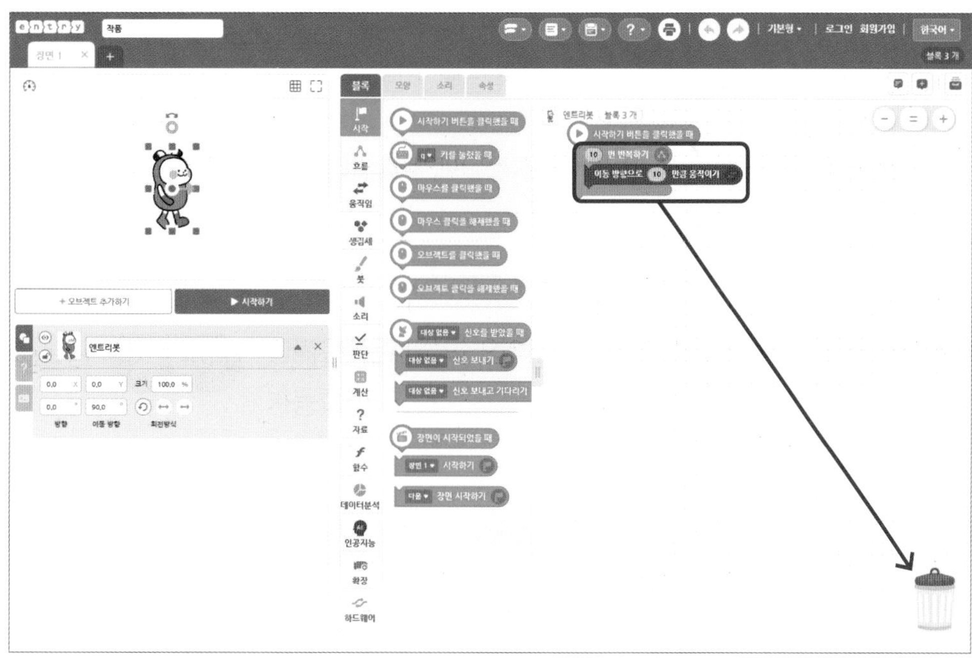

② [인공지능] 카테고리를 클릭한 후 [인공지능 블록 불러오기] 버튼을 클릭합니다.

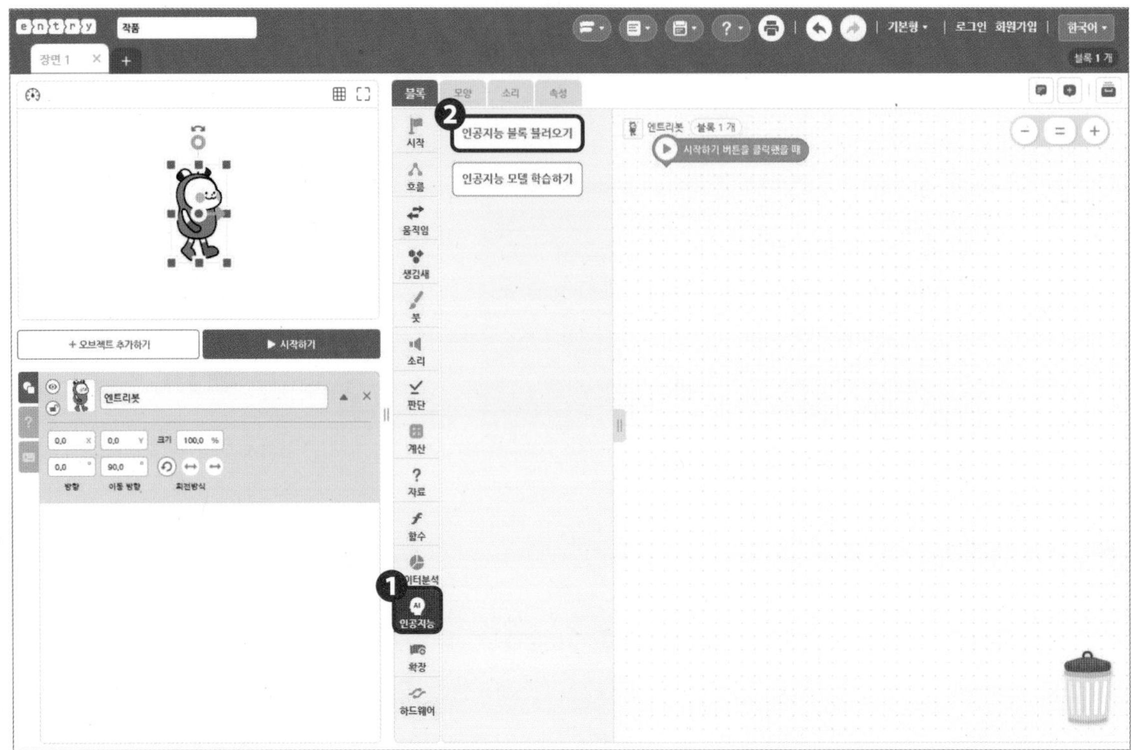

③ 이번 프로그래밍에 활용할 [읽어주기], [사물 인식]을 클릭한 후 [불러오기] 버튼을 클릭합니다.

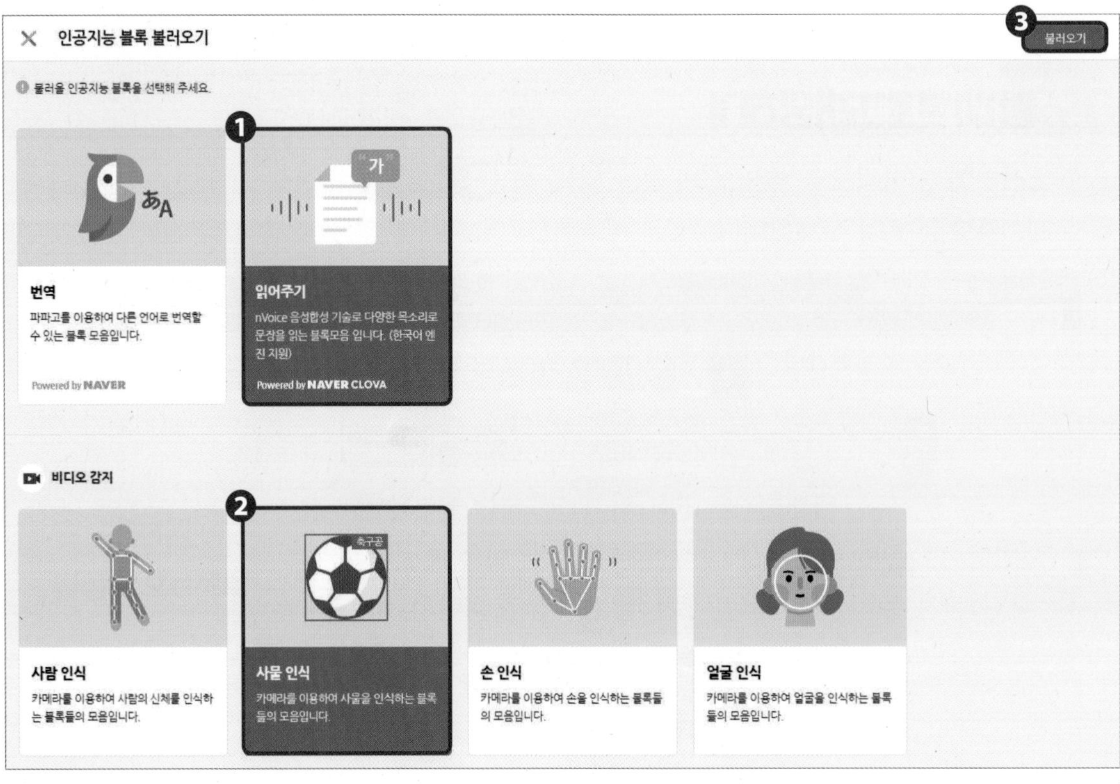
인공지능 블록 불러오기
불러오기
불러올 인공지능 블록을 선택해 주세요.
번역
파파고를 이용하여 다른 언어로 번역할 수 있는 블록 모음입니다.
Powered by NAVER
읽어주기
nVoice 음성합성 기술로 다양한 목소리로 문장을 읽는 블록모음 입니다. (한국어 엔진 지원)
Powered by NAVER CLOVA
비디오 감지
사람 인식
카메라를 이용하여 사람의 신체를 인식하는 블록들의 모음입니다.
사물 인식
카메라를 이용하여 사물을 인식하는 블록들의 모음입니다.
손 인식
카메라를 이용하여 손을 인식하는 블록들의 모음입니다.
얼굴 인식
카메라를 이용하여 얼굴을 인식하는 블록들의 모음입니다.

④ 다음 그림과 같이 인공지능 블록이 추가된 것을 확인할 수 있습니다.

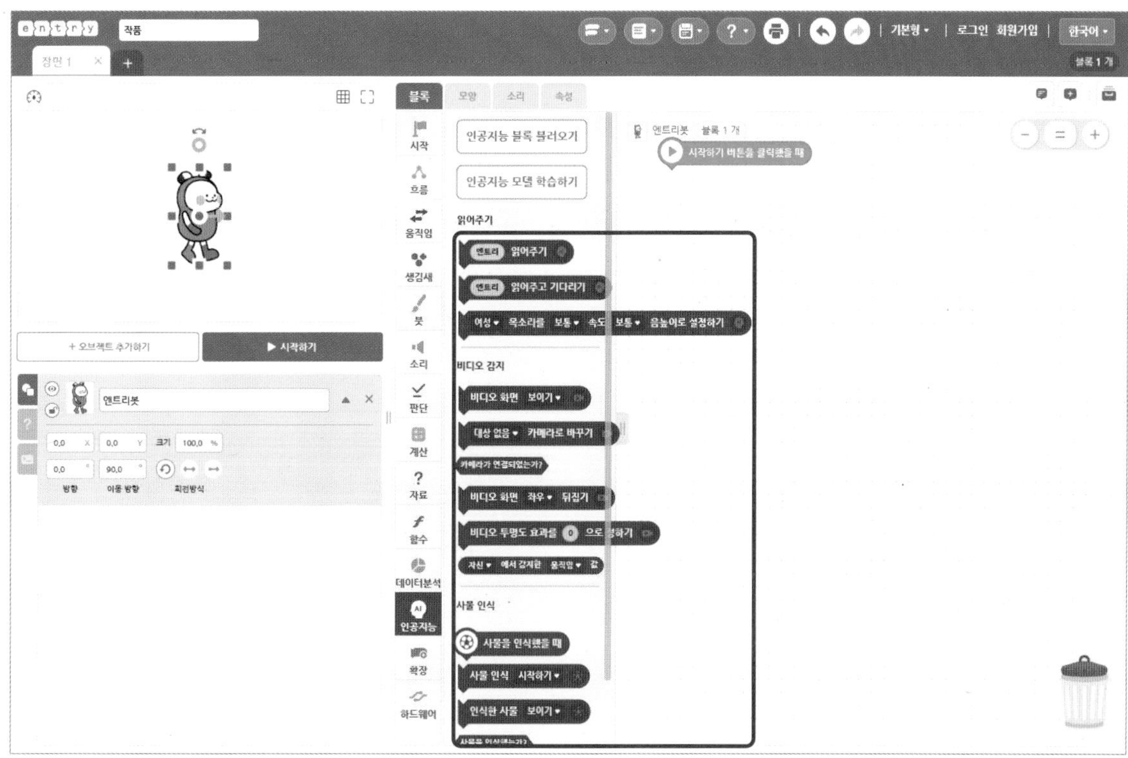

⑤ 비디오에 감지되는 식품의 칼로리를 모두 더한 값을 저장하기 위해 [속성] 탭에서 '칼로리' 〈변수〉 1개를 추가합니다. 이때, 〈변수〉 이름은 원하는 것으로 변경해도 괜찮습니다.

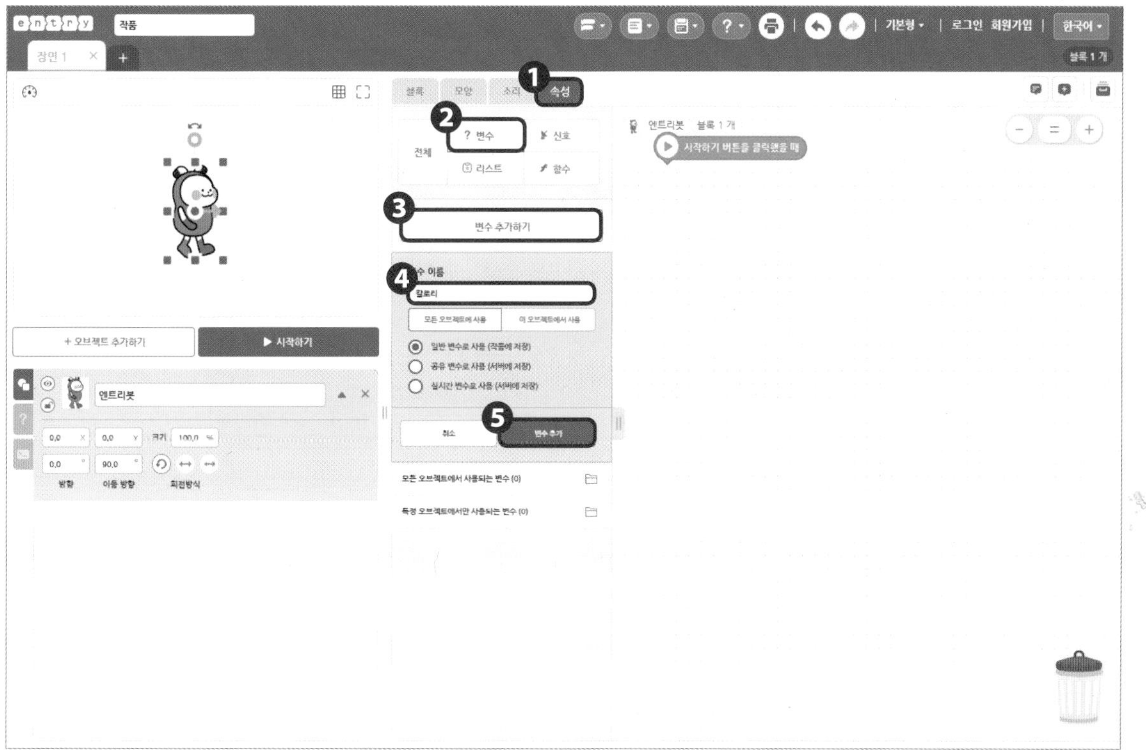

⑥ 프로그램이 실행되었을 때, 실행화면에 비디오가 감지하는 화면이 나타나도록 합니다. 이어서 사물을 인식하면 인식된 사물이 실행화면에 보이도록 '엔트리봇' 오브젝트에 명령 블록을 다음과 같이 조립합니다.

엔트리봇

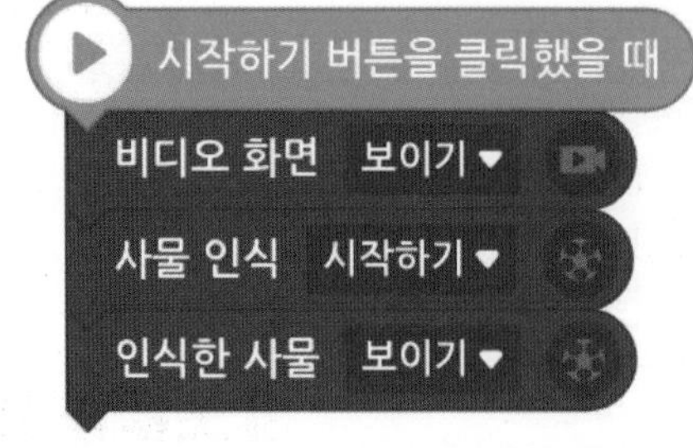

사물 인식은 모든 사물을 인식하지 못하고, 엔트리에서 제공하는 80여개의 사물만 인식이 가능합니다. 인식 가능한 사물 목록은 사람, 자전거, 자동차, 오토바이, 비행기, 버스, 기차, 트럭, 보트, 신호등, 소화전, 정지 표지판, 주차 미터기, 벤치, 새, 고양이, 개, 말, 양, 소, 코끼리, 곰, 얼룩말, 기린, 배낭, 우산, 핸드백, 넥타이, 여행 가방, 원반, 스키, 스노우보드, 공, 연, 야구 배트, 야구 글러브, 스케이트보드, 서프보드, 테니스 라켓, 병, 와인잔, 컵, 포크, 나이프, 숟가락, 그릇, 바나나, 사과, 샌드위치, 오렌지, 브로콜리, 당근, 핫도그, 피자, 도넛, 케이크, 의자, 소파, 화분, 침대, 식탁, 변기, TV, 노트북, 마우스, 리모컨, 키보드, 핸드폰, 전자레인지, 오븐, 토스터, 싱크대, 냉장고, 책, 시계, 꽃병, 가위, 테디베어, 헤어드라이어, 칫솔이 있습니다. 인식 가능한 사물은 추후 엔트리 업데이트 과정에서 추가 · 삭제 · 변경될 수 있습니다.

⑦ [생김새] 카테고리에서 [안녕!을(를) 말하기] 명령 블록을 가져와 '안녕'을 '식품이 다 보이면 나를 눌러줘'로 수정하고, 명령 블록을 다음과 같이 조립합니다.

엔트리봇

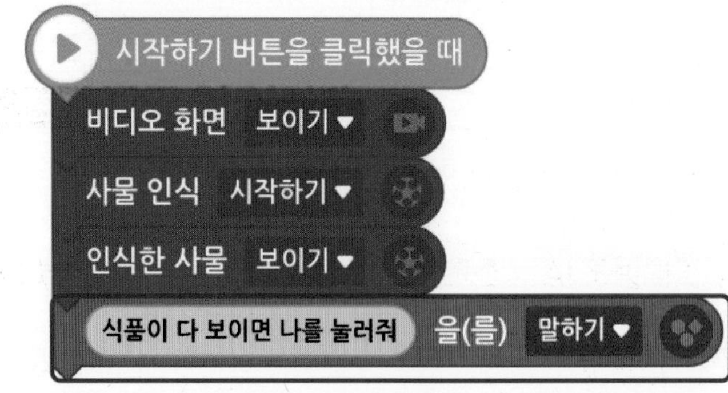

⑧ '엔트리봇' 오브젝트를 클릭했을 때 비디오에 감지된 식품의 칼로리를 계산하여 알려 주기 위해 먼저 '칼로리' 〈변수〉를 0으로 정합니다.

⑨ 만약 비디오에 감지된 식품이 '바나나'라면 '칼로리' 〈변수〉에 바나나 칼로리만큼 더하도록 명령 블록을 다음과 같이 조립합니다. 참고로, 일반적인 바나나의 칼로리는 100g당 84kcal(킬로칼로리)입니다.

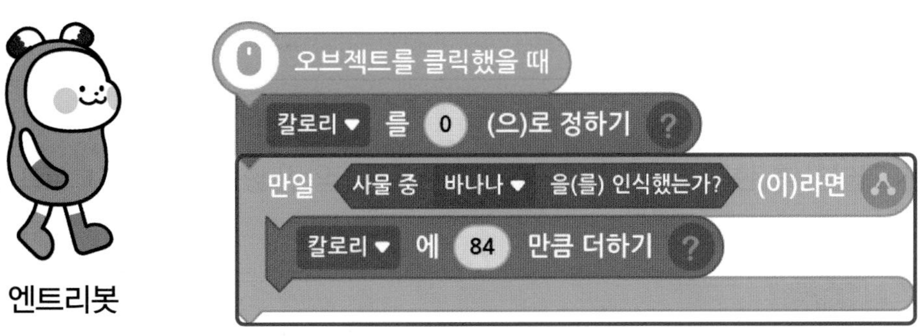

⑩ 만약 비디오에 감지된 식품이 '샌드위치'라면 샌드위치 칼로리를 '칼로리' 〈변수〉에 더하도록 명령 블록을 다음과 같이 조립합니다. 앞에서 완성한 코드를 복사한 다음 '바나나' 부분을 '샌드위치'로, '칼로리'는 '380'으로 고치면 됩니다.

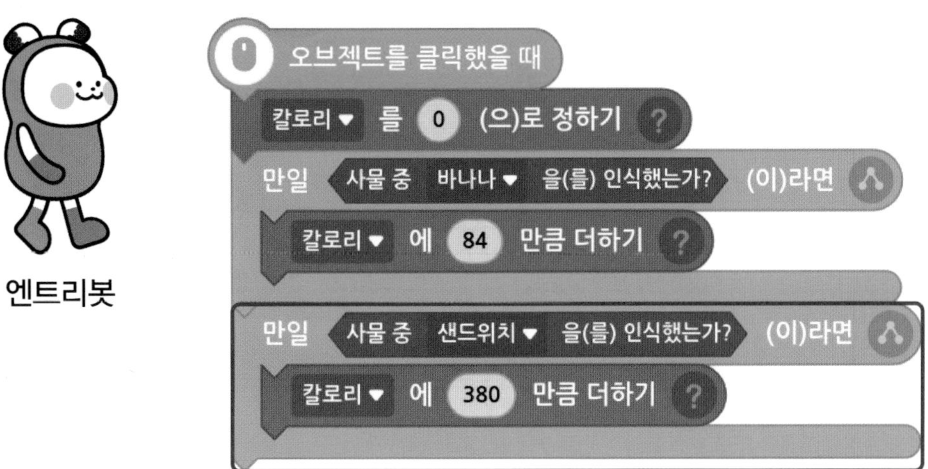

⑪ '엔트리봇' 오브젝트가 계산한 칼로리값을 '현재 식품 칼로리는 OO킬로칼로리야'라고 말풍선을 통해 말하도록, [계산] 카테고리의 (안녕! 과(와) 엔트리 을(를) 합친 값) 명령 블록 2개를 이용하여 다음과 같이 조립합니다.

엔트리봇

```
오브젝트를 클릭했을 때
칼로리 ▾ 를 0 (으)로 정하기
만일 < 사물 중 바나나 ▾ 을(를) 인식했는가? > (이)라면
    칼로리 ▾ 에 84 만큼 더하기
만일 < 사물 중 샌드위치 ▾ 을(를) 인식했는가? > (이)라면
    칼로리 ▾ 에 380 만큼 더하기
(현재 식품 칼로리는 과(와) ((칼로리 ▾ 값) 과(와) 킬로칼로리야 을(를) 합친 값) 을(를) 합친 값) 을(를) 말하기 ▾
```

⑫ '엔트리봇' 오브젝트가 계산한 칼로리값을 말풍선과 함께 음성으로도 읽어 주도록 명령 블록을 다음과 같이 조립합니다.

엔트리봇

```
오브젝트를 클릭했을 때
칼로리 ▾ 를 0 (으)로 정하기
만일 < 사물 중 바나나 ▾ 을(를) 인식했는가? > (이)라면
    칼로리 ▾ 에 84 만큼 더하기
만일 < 사물 중 샌드위치 ▾ 을(를) 인식했는가? > (이)라면
    칼로리 ▾ 에 380 만큼 더하기
(현재 식품 칼로리는 과(와) ((칼로리 ▾ 값) 과(와) 킬로칼로리야 을(를) 합친 값) 을(를) 합친 값) 을(를) 말하기 ▾
(현재 식품 칼로리는 과(와) ((칼로리 ▾ 값) 과(와) 킬로칼로리야 을(를) 합친 값) 을(를) 합친 값) 읽어주기
```

⑬ 사물이 감지된 비디오 화면이 잘 보이도록 엔트리봇 오브젝트의 크기를 줄이고 적절한 위치로 이동합니다.

⑭ 프로그램이 완성되었습니다. 프로그램을 실행하고, 식품이 인식되면 엔트리봇 오브젝트를 클릭하여 칼로리를 확인해 봅니다. 참고로, 현재 프로그램에서는 바나나와 샌드위치 칼로리만 계산할 수 있습니다.

06 프로그램이 잘 실행되는지 확인해 보기

경고 undefined라고 뜨고 작동하지 않나요?

- 비디오(웹캠, 카메라)가 정상적으로 컴퓨터와 연결되어 있는지 확인해 보세요.
- 윈도우10 기본 앱인 '카메라' 앱을 실행시켜 비디오(웹캠, 카메라) 작동 상태를 점검해 보세요.

사물 인식이 잘 되지 않나요?

- 사물 인식은 엔트리의 인공지능 시스템을 활용하고 있어요. 아직 베타 시스템이라서 100% 정확한 인식을 보장하지 않아요. 사물의 특징이 잘 드러나도록 크기와 방향을 맞춰 비디오에 보여 주도록 해 보세요.
- 한 번에 여러 개의 사물을 인식하려는 경우 엉뚱한 사물로 인식하기 쉬워요. 사물 하나를 인식하고, 또 다른 사물 하나를 인식하도록 변경해 보세요.

혹시 비디오(웹캠, 카메라)가 2개인가요?

- 충돌을 방지하기 위해 나머지 하나의 비디오(웹캠, 카메라)를 제거해 보세요.
- 카메라 이름 ▾ 카메라로 바꾸기 블록을 이용해 원하는 비디오(웹캠, 카메라)를 선택해 보세요.

07 오늘 배운 내용 정리하기

AI 식품 칼로리 계산기 프로그래밍 활동을 하고 알게 된 점을 적어 봅니다.

AI 식품 칼로리 계산기 프로그램 중 바꾸고 싶은 부분이 있다면 적어 봅니다.

08 더 알아보기

사물 인식 기능의 활용 사례

사물 인식 기능은 현재 우리 생활에서 다양하게 이용되고 있고, 앞으로도 이용될 것입니다. 자율 주행 자동차에도 사물 인식 기능이 들어갑니다. 주변의 차와 횡단보도를 지나가는 보행자, 자전거, 교통 신호, 교통 표지판 등을 인식하고 그에 따른 판단을 합니다. 이 기능이 적절히 작동하지 않는다면 사고가 일어날 수 있습니다. 인공지능을 이용해 사물을 인식하기 때문에 새로운 데이터를 계속 학습할수록 사물을 점점 잘 인식하게 될 것입니다.

방범용 CCTV에서도 사물 인식 기능이 활용되고 있습니다. 범죄자를 특정해 빠르게 찾거나, 잃어버린 물건을 찾거나, 실종자를 찾아내는 등 우리 삶에 유용하게 활용 가능합니다.

농업에서도 사물 인식 기능은 유용합니다. 토마토를 인식하고, 그중에서 잘 익은 토마토만 골라내서 로봇으로 수확하는 데 사물 인식 기능은 필수입니다. 우리 삶을 풍요롭게 만들어 주는 사물 인식 기능은 이제 막 발전하기 시작한 분야입니다. 더 나은 우리 생활을 위해 사물 인식 기능을 또 어디에 활용할 수 있을지 상상해 보는 것은 어떨까요?

09 심화 활동하기

바나나와 샌드위치 이외에 다양한 식품을 감지하고 칼로리를 계산할 수 있도록 프로그램을 수정해 봅니다.

사물 중 사과▼ 을(를) 인식했는가?

해당 식품이 몇 칼로리인지 확인하고 싶다면 식품의약품안전처 식품영양성분 데이터베이스(https://www.foodsafetykorea.go.kr)에서 '영양정보 찾아보기' 메뉴를 클릭하면 식품별 칼로리를 확인할 수 있습니다. 이 과정이 번거롭다면 검색 사이트에서 'OO 칼로리'라고 검색하면 간단한 결과를 확인할 수 있습니다.

재미와 건강을 챙겨 주는 Dance With AI

01 오늘의 이야기 살펴보기

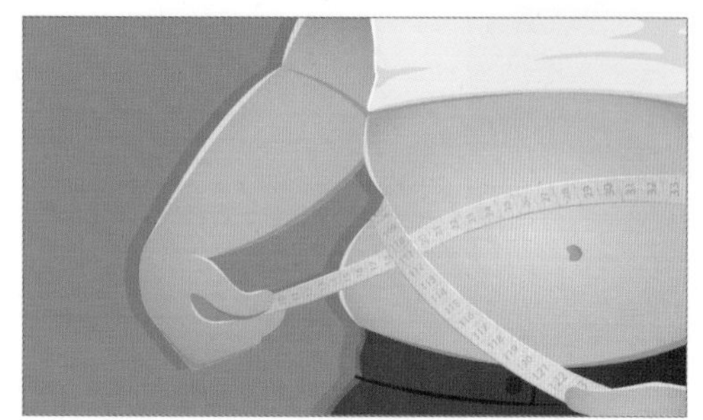

살이 찌는 요즘...
건강을 위해 운동을 해야 하는데 운동이 너무 재미없어요.
집에서 즐겁게 운동할 수 있는 방법이 없을까요?

고민을 해결해 줄게요!
인공지능과 함께 게임을 하듯이 즐겁게 춤추며 건강까지 챙길 수 있는 프로그램을 만들어 볼까요?

02 함께 만들 엔트리 작품 알아보기

학습문제

비디오로 나의 움직임을 감지하여 게임하듯이 춤추며
건강까지 챙길 수 있는 프로그램을 만들어 봅니다.

03 오늘 사용할 블록 알아보기

인공지능 블록

nVoice 음성합성 기술로 다양한 목소리로 문장을 읽는 블록모음 입니다. (한국어 엔진 지원)

여성▾ 목소리를 보통▾ 속도 보통▾ 음높이로 설정하기

선택한 목소리가 선택한 속도와 음높이로 설정됩니다. 선택 가능한 목소리는 '여성', '남성', '친절한', '감미로운', '울리는', '장난스러운', '앙증맞은', '마녀', '악마', '야옹이', '멍멍이'가 있습니다. 속도는 '매우 느린', '느린', '보통', '빠른', '매우 빠른'이 있고, 음높이로는 '매우 낮은', '낮은', '보통', '높은', '매우 높은'이 있습니다.

엔트리 읽어주고 기다리기 — 입력한 문자값을 읽어 주고 다음 블록을 실행합니다.

엔트리 읽어주기 — 입력한 문자값을 설정된 목소리로 읽습니다. 입력은 2,500자까지 가능합니다.

비디오 감지
사람 인식
카메라를 이용하여 사람의 신체를 인식하는 블록들의 모음입니다.

비디오 화면 보이기▾ — 컴퓨터에 연결된 카메라가 촬영하는 화면을 실행화면에서 보이게 하거나 숨깁니다.

자신▾ 에서 감지한 움직임▾ 값 — 선택한 오브젝트 혹은 실행화면 위에서 감지되는 움직임 혹은 방향값입니다. 움직임이 크고 빠를수록 값이 커지고, 방향은 오른쪽 또는 위쪽으로 움직일 때 양수(플러스)값, 왼쪽 또는 아래쪽으로 움직일 때 음수(마이너스)값이 됩니다.

04 프로그램 살펴보기

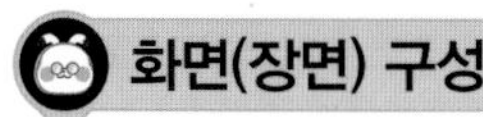

화면(장면) 구성

장면 1 : 시작	장면 2 : 무대	작품 QR 코드
	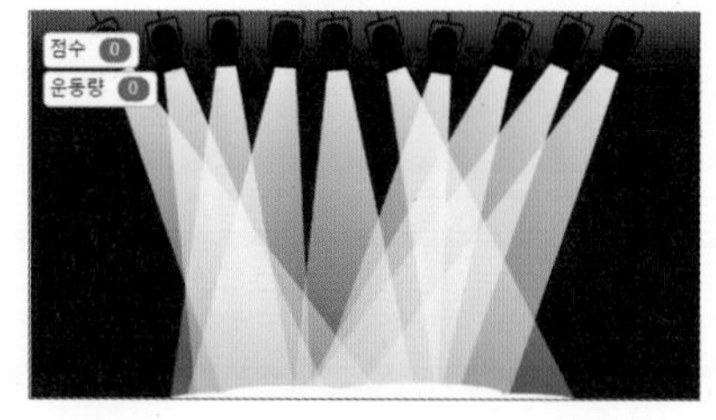	 http://naver.me/5Q4EYim8

오브젝트 종류 및 해야 할 일

장면 1 시작

단색 배경 오브젝트

- '장면 1' 배경 오브젝트
- 단색 배경 오브젝트의 색을 [모양] 탭에서 변경하기

해야 할 일 시작하기 버튼을 클릭했을 때 설정한 목소리와 속도, 음높이로 프로그램에 대해 소개하고 '클릭 버튼을 눌러 주세요'를 읽어 주기

실행 버튼 오브젝트

- '실행 버튼' 오브젝트 위에 글상자 '클릭' 배치하기

해야 할 일 '실행 버튼' 오브젝트를 클릭했을 때 다음 장면 시작하기

DANCE

with A.I.

A U ready?

클릭

글상자 오브젝트

- 글상자 4개에 각각 'DANCE', 'with A.I.', 'A U ready?', '클릭' 입력하기

해야 할 일 '클릭'을 제외한 나머지 글상자는 시작하기 버튼을 클릭했을 때 글씨 색을 다양하게 변경하기를 계속 반복하기

장면 2 무대

조명이 있는 무대 오브젝트

• '장면 2' 배경 오브젝트

해야 할 일 장면이 시작되었을 때 박수 소리를 재생하고 색깔 효과 주기 4번 반복하기

해야 할 일 장면이 시작되었을 때 점수(변수)를 '5'로 정하고 점수 값이 0이라면 모든 소리와 코드 멈추기

해야 할 일 장면이 시작되었을 때, 1초 기다렸다가 설정한 음악 파일을 재생하고 오브젝트 방향을 180도 회전하며 색깔 효과 주기를 계속 반복하기

해야 할 일 '춤 시작' 〈신호〉를 받았을 때 투명하게 바꾸기

폭탄 오브젝트

해야 할 일 '춤 시작' 〈신호〉를 받았을 때 자신의 복제본을 1~3개까지 무작위 수로 만들기를 계속 반복하기

해야 할 일 복제본이 처음 생성되면 비디오 화면을 보이고 감지된 상하방향 움직임값을 절댓값으로 운동량(변수)으로 정한 뒤, y좌표를 그만큼 바꾸기를 계속 반복하기

해야 할 일 복제본을 무작위 위치로 이동시킨 뒤 실행화면 아래로 정한 값만큼 이동

만약 위쪽 벽에 닿으면 '폭죽' 〈신호〉 보내고 '점수' 〈변수〉에서 1점 더하기

만약 아래쪽 벽에 닿으면 폭탄 모양 바꾸고 '점수' 〈변수〉에서 1점 빼기

빛나는 효과 오브젝트

• 빛나는 효과 오브젝트 2개 만들기

해야 할 일 '폭죽' 〈신호〉를 받으면 모양이 보이고 2개의 오브젝트가 시간차를 두고 색깔 효과를 주며 2번 반복한 후 모양 숨기기

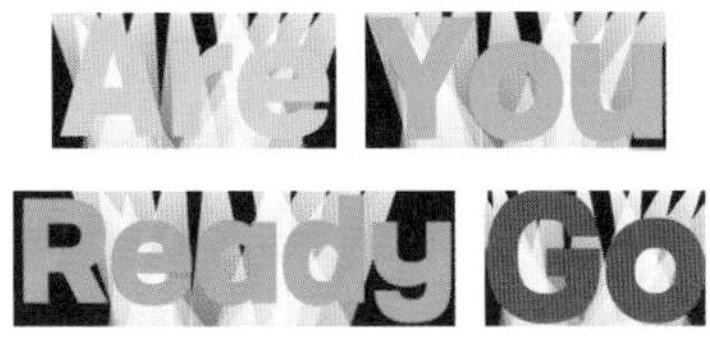

글상자 오브젝트

• 글상자 4개에 각각 'Are', 'You', 'Ready', 'Go' 입력하기

해야 할 일 장면이 시작되었을 때 각각 입력 문자값을 순차적으로 읽어 주며 모양을 보였다가 숨기기

05 함께 프로그래밍하기

① 엔트리봇 오브젝트를 삭제하기 위해 오브젝트 목록에서 [X] 버튼을 클릭합니다.

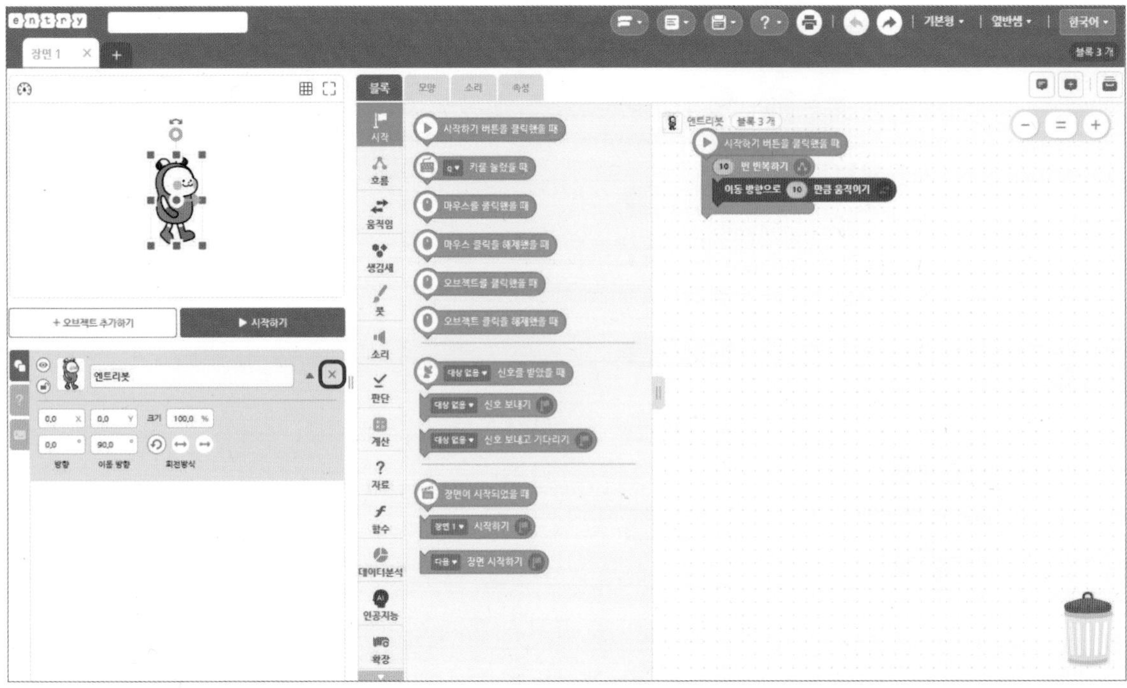

② '장면 1'의 이름을 '시작'으로 변경한 다음, [+오브젝트 추가하기] 버튼을 눌러 필요한 오브젝트를 추가합니다. 실행화면에서 추가한 오브젝트를 드래그하거나 크기 조절점으로 오브젝트의 위치와 크기를 변경합니다.

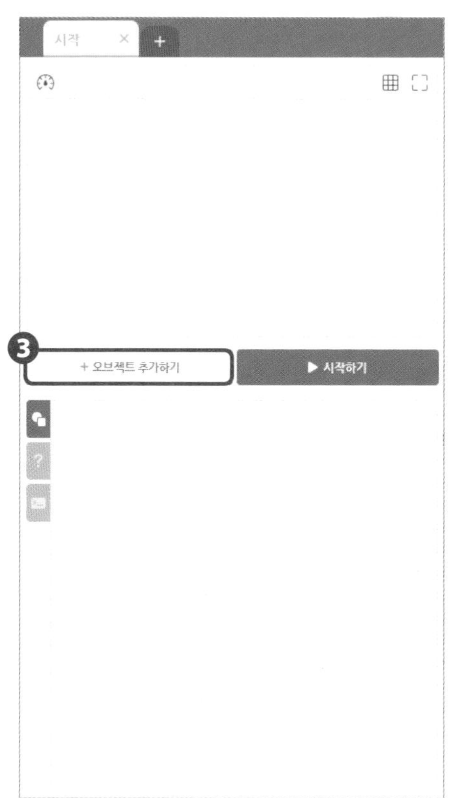

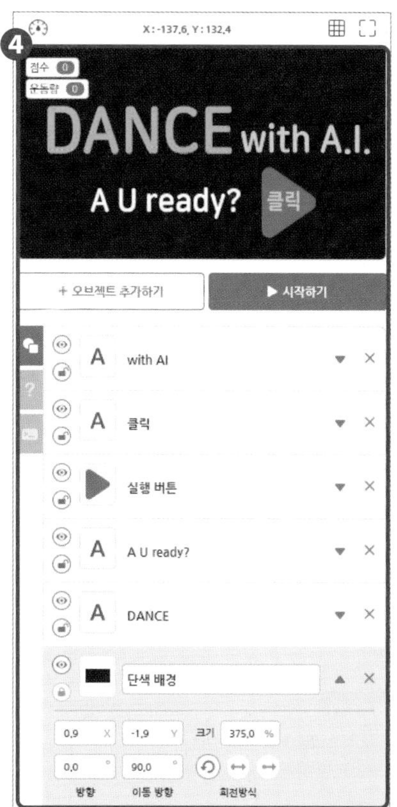

오브젝트 이름	단색 배경	실행 버튼	글상자	글상자	글상자	글상자
모양 (모양 이름)	(단색 배경)	(실행 버튼_ 재생)	DANCE	with A.I.	A U ready?	클릭
작품 속 오브젝트 이름	단색 배경	실행 버튼	DANCE	with AI	A U ready?	클릭

Tip

오브젝트를 선택한 다음 [모양] 탭을 누르면 해당 오브젝트가 가지고 있는 모양을 확인할 수 있습니다. 모양의 이름 수정, 삭제, 복제를 할 수 있습니다. 또한, 펜, 직선, 도형, 글상자, 채우기, 그리기 등을 사용하여 오브젝트를 편집할 수 있습니다. 이번 작품에서는 '녹색배경_1'을 진한 회색으로 변경(채우기)한 뒤 [저장하기]를 클릭해서 변경했습니다.

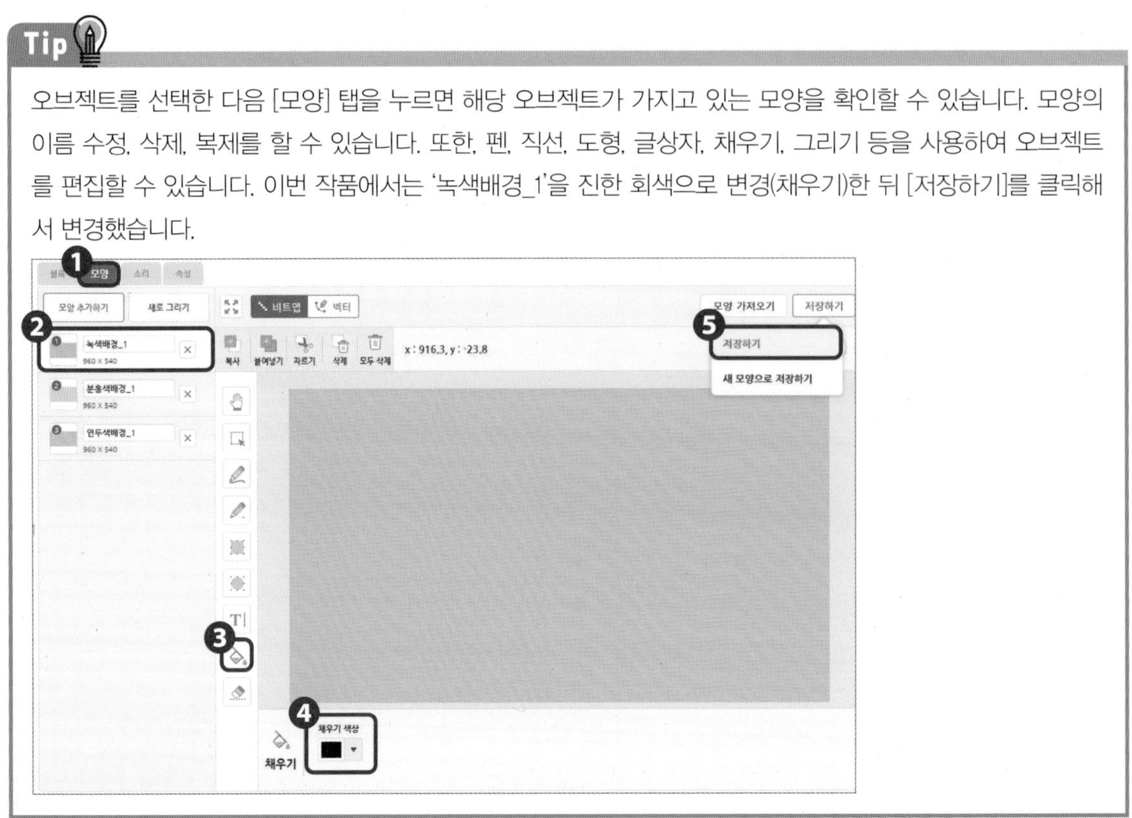

③ [인공지능] 카테고리를 클릭한 후 [인공지능 블록 불러오기] 버튼을 클릭합니다.

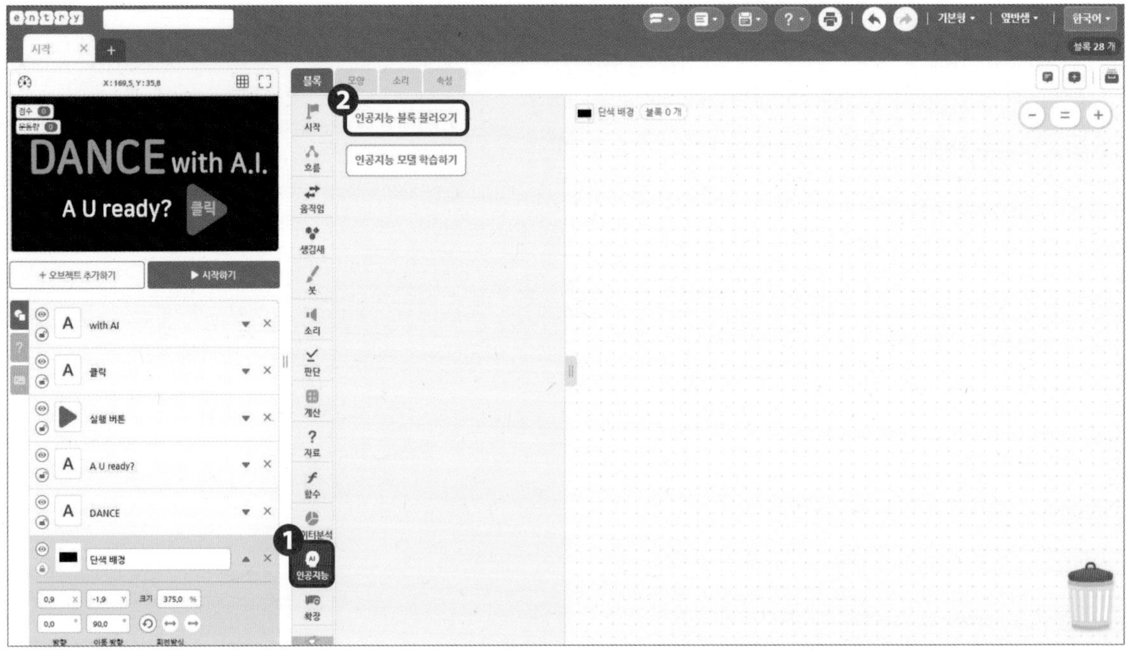

④ 이번 프로그래밍에 활용할 [읽어주기], [사람 인식]을 클릭한 후 [불러오기] 버튼을 클릭합니다.

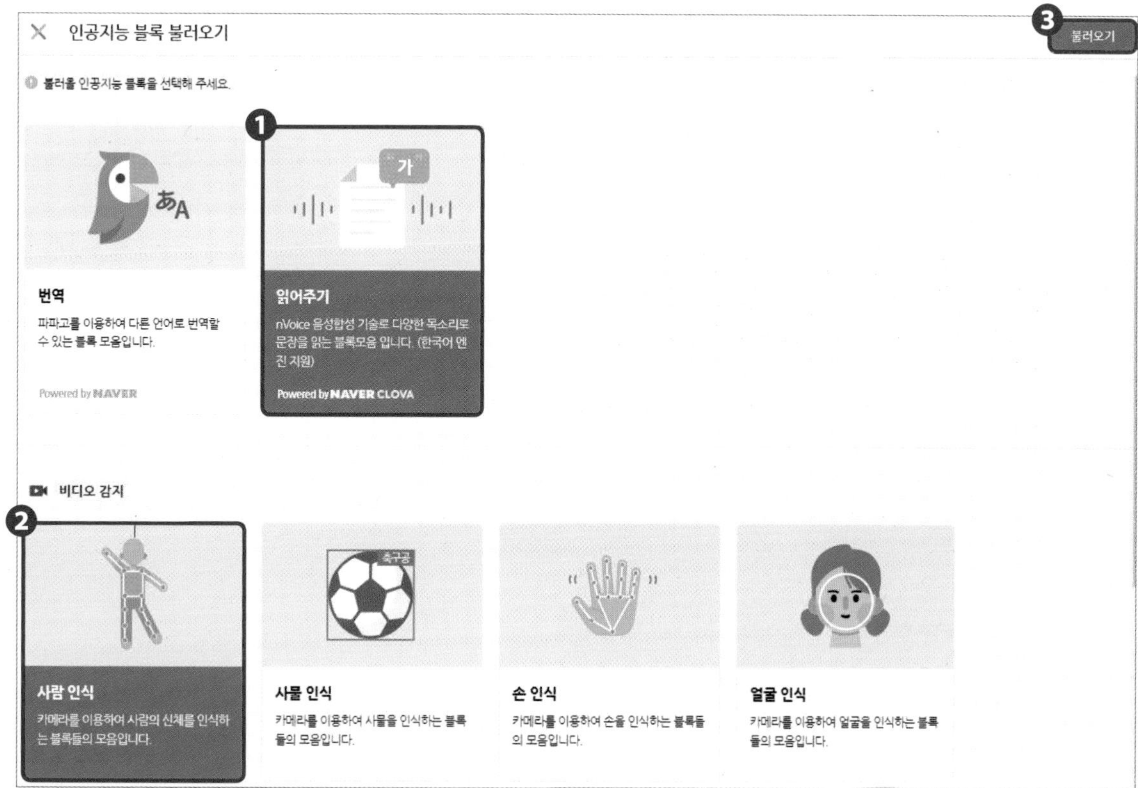
인공지능 블록 불러오기
불러오기
불러올 인공지능 블록을 선택해 주세요.
번역
파파고를 이용하여 다른 언어로 번역할 수 있는 블록 모음입니다.
Powered by NAVER
읽어주기
nVoice 음성합성 기술로 다양한 목소리로 문장을 읽는 블록모음 입니다. (한국어 엔진 지원)
Powered by NAVER CLOVA
비디오 감지
사람 인식
카메라를 이용하여 사람의 신체를 인식하는 블록들의 모음입니다.
사물 인식
카메라를 이용하여 사물을 인식하는 블록들의 모음입니다.
손 인식
카메라를 이용하여 손을 인식하는 블록들의 모음입니다.
얼굴 인식
카메라를 이용하여 얼굴을 인식하는 블록들의 모음입니다.

⑤ '단색 배경' 오브젝트에 인공지능이 프로그램에 대해 안내하는 명령 블록을 다음과 같이 조립합니다. 이때, 자신이 원하는 종류의 목소리, 속도, 음높이를 설정합니다.

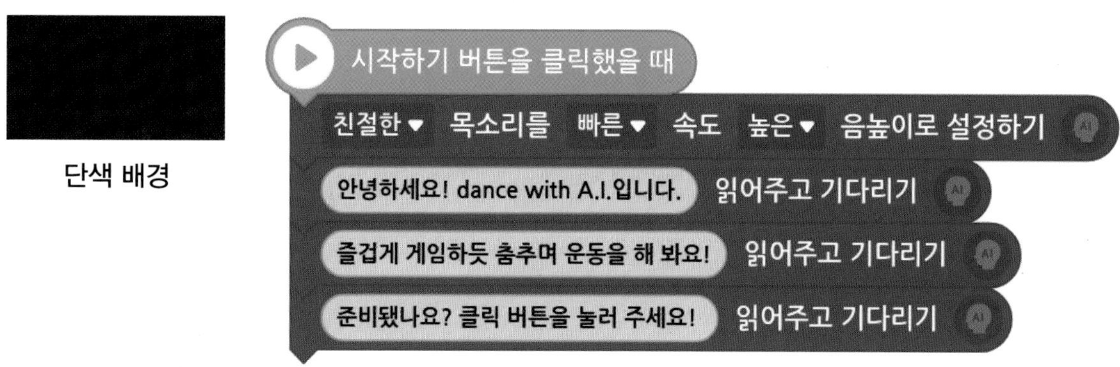
단색 배경
시작하기 버튼을 클릭했을 때
친절한 목소리를 빠른 속도 높은 음높이로 설정하기
안녕하세요! dance with A.I.입니다. 읽어주고 기다리기
즐겁게 게임하듯 춤추며 운동을 해 봐요! 읽어주고 기다리기
준비됐나요? 클릭 버튼을 눌러 주세요! 읽어주고 기다리기

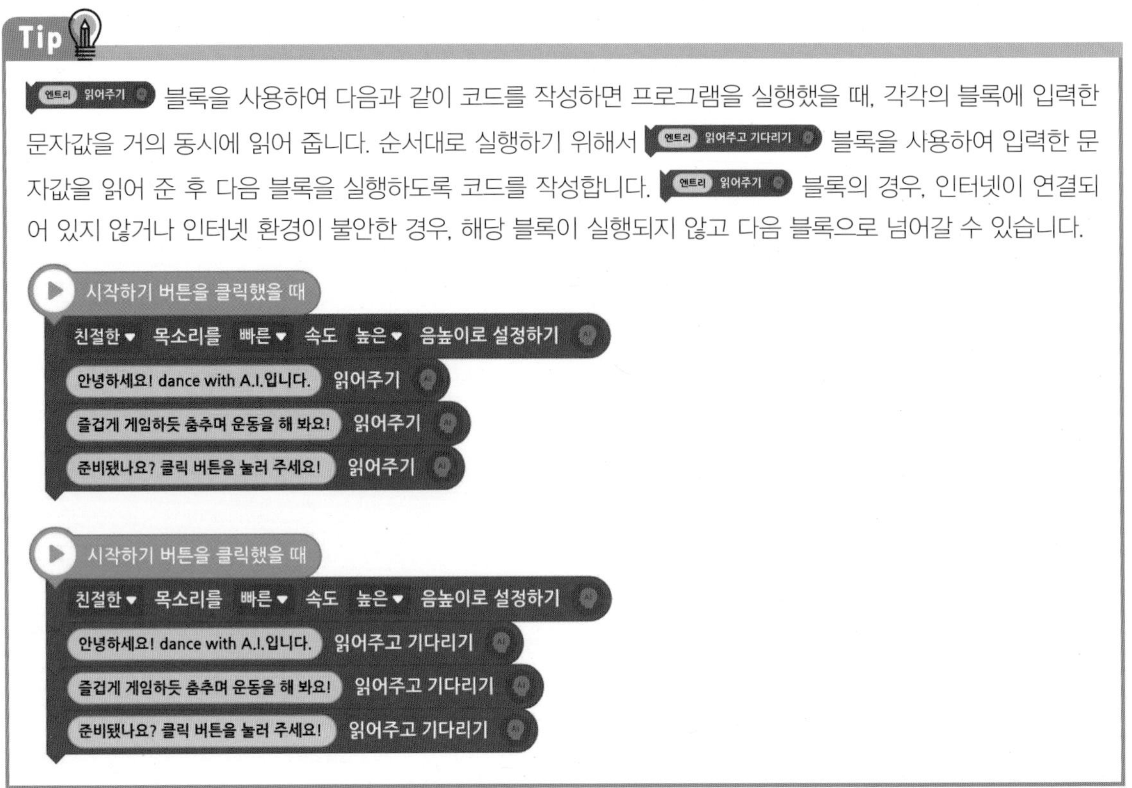

Tip

`엔트리 읽어주기` 블록을 사용하여 다음과 같이 코드를 작성하면 프로그램을 실행했을 때, 각각의 블록에 입력한 문자값을 거의 동시에 읽어 줍니다. 순서대로 실행하기 위해서 `엔트리 읽어주고 기다리기` 블록을 사용하여 입력한 문자값을 읽어 준 후 다음 블록을 실행하도록 코드를 작성합니다. `엔트리 읽어주기` 블록의 경우, 인터넷이 연결되어 있지 않거나 인터넷 환경이 불안한 경우, 해당 블록이 실행되지 않고 다음 블록으로 넘어갈 수 있습니다.

⑥ 글씨를 원하는 색으로 다양하게 변경하거나 오브젝트를 보이게 하거나 숨겨서 경쾌한 느낌을 주도록 글상자 오브젝트인 'DANCE', 'with A.I.', 'A U ready?' 각각에 명령 블록을 다음과 같이 조립합니다.

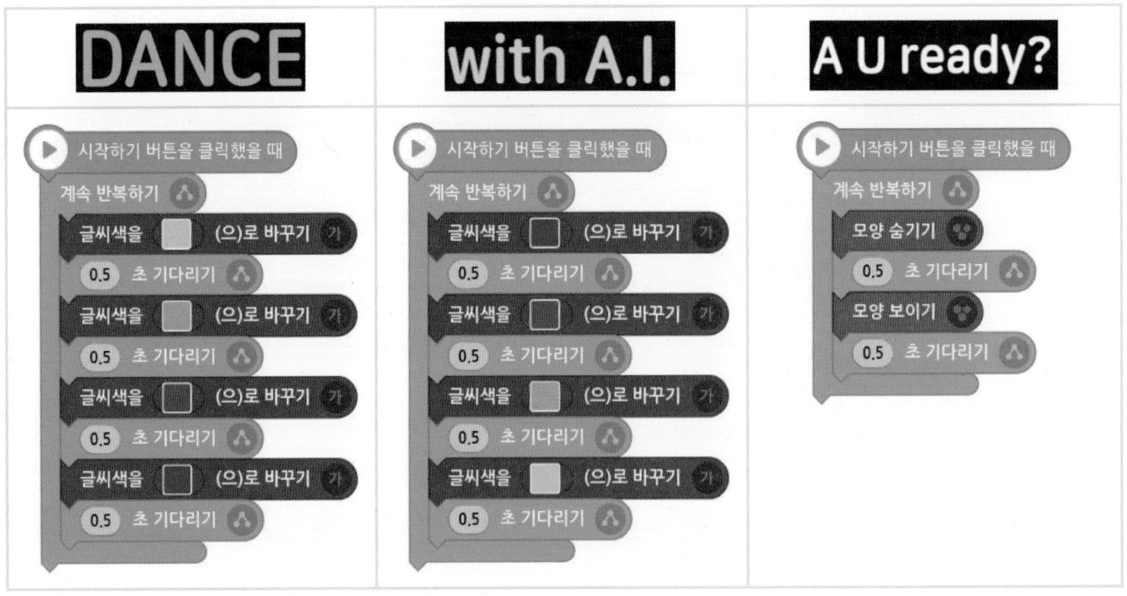

⑦ '실행 버튼' 오브젝트를 클릭하면 다음 장면이 시작하도록 명령 블록을 다음과 같이 조립합니다.

⑧ [+] 버튼을 눌러 장면을 추가합니다. 이름을 '댄스'라고 변경하고, [+오브젝트 추가하기] 버튼을 눌러 '조명이 있는 무대' 오브젝트를 추가합니다.

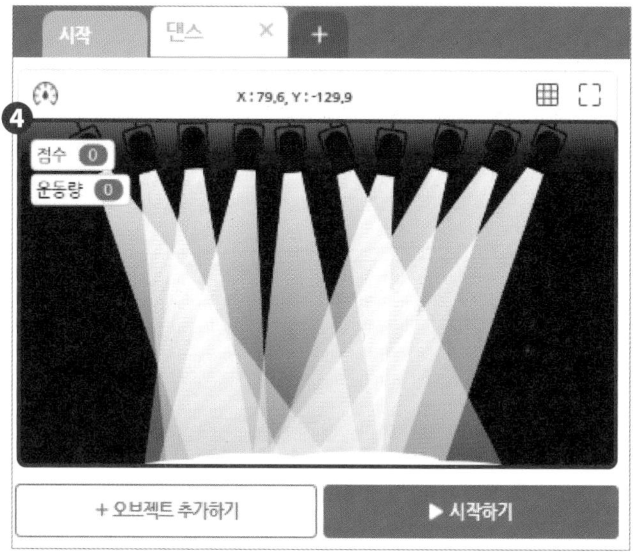

⑨ '댄스' 장면이 시작되었을 때, 박수 소리와 함께 화려한 조명 효과를 시작으로 내가 지정한 음악을 재생하면서 무대가 180도 회전하며 신나는 움직임 효과를 주기 위해, '조명이 있는 무대' 오브젝트 명령 블록을 다음과 같이 조립합니다.

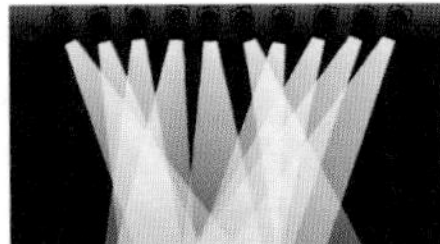

조명이 있는 무대

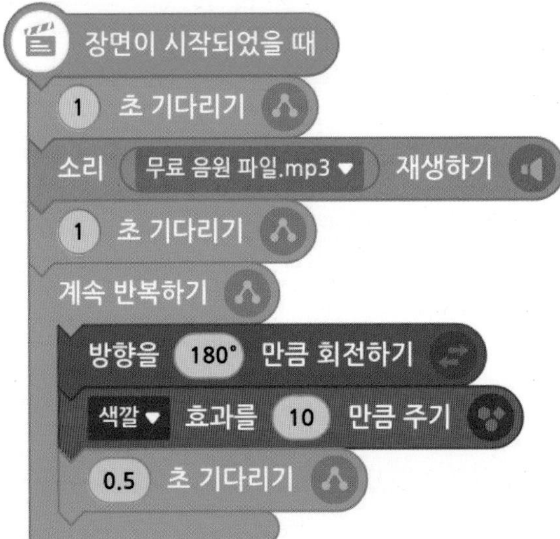

소리의 경우 엔트리에서 제공하는 소리를 선택하거나 10MB 이하의 MP3 형식의 파일 올리기를 통해 소리를 추가할 수 있습니다. [소리] 탭 – [소리 추가하기] – [소리 선택]에서 소리를 선택하여 추가하거나 [파일 올리기]에서 파일을 올린 뒤 추가하면 됩니다.

방법 1

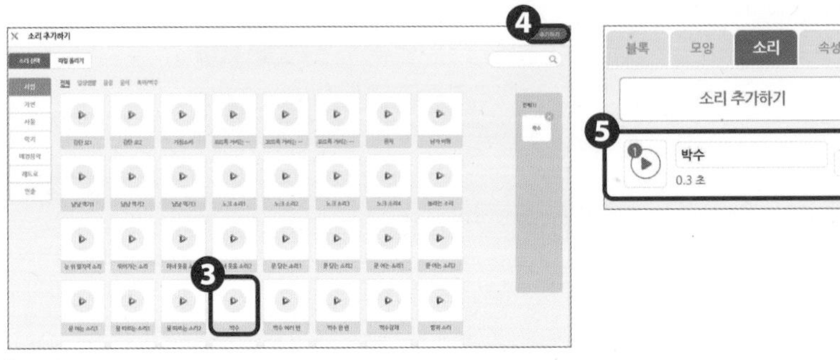

블록 모양 소리 속성

소리 추가하기

박수
0.3 초

방법 2

⑩ [속성] 탭에서 '점수'와 '운동량' 〈변수〉 2개, '폭죽'과 '춤 시작' 〈신호〉 2개를 추가합니다.

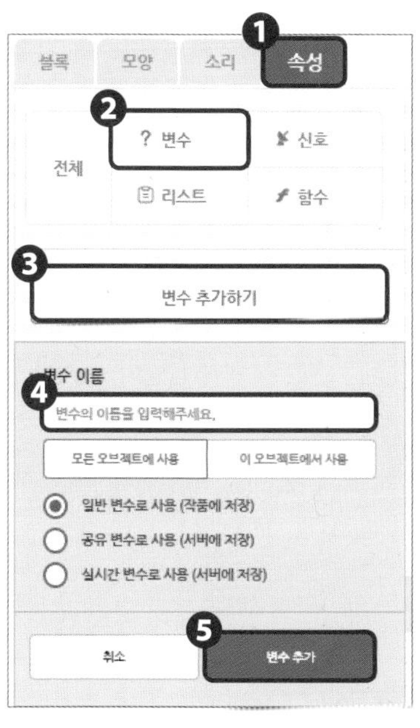

⑪ '댄스' 장면이 시작되었을 때, '점수' 〈변수〉를 5점으로 정한 뒤 '점수' 변숫값이 '0'이라면 모든 소리와 코드가 멈추도록 '조명이 있는 무대' 오브젝트에 명령 블록을 다음과 같이 조립합니다. 마지막으로 '춤 시작' 〈신호〉를 받으면 투명 효과를 주도록 합니다.

조명이 있는 무대

⑫ [+오브젝트 추가하기] 버튼을 눌러 필요한 글상자 오브젝트 'Are', 'You', 'Ready', 'Go' 4개를 추가합니다. 장면이 시작하면 순서대로 실행화면에 보였다 사라지도록 각각 다음과 같이 조립합니다. 마지막 'Go' 오브젝트에 [춤 시작 신호 보내기] 명령 블록을 조립합니다. 처음에는 실행화면에서 보이지 않도록 오브젝트 그림 앞에 있는 👁 모양을 클릭하여 모양으로 변경합니다.

오브젝트 이름	글상자	글상자	글상자	글상자
모양	Are	You	Ready	Go
작품 속 오브젝트 이름	Are	You	Ready	Go
코드	장면이 시작되었을 때 are 읽어주기 모양 보이기 0.5 초 기다리기 모양 숨기기	장면이 시작되었을 때 0.5 초 기다리기 You 읽어주기 모양 보이기 0.5 초 기다리기 모양 숨기기	장면이 시작되었을 때 1 초 기다리기 ready 읽어주기 모양 보이기 0.5 초 기다리기 모양 숨기기	장면이 시작되었을 때 1.5 초 기다리기 Go 읽어주기 모양 보이기 0.5 초 기다리기 모양 숨기기 춤 시작 ▾ 신호 보내기

오브젝트 목록에서 가장 위에 있는 오브젝트가 실행화면의 가장 위에 위치합니다. 오브젝트 그림 부분을 마우스로 클릭한 채로 위아래로 끌어 옮기면 순서를 바꿀 수 있습니다.

오브젝트 그림 앞에 있는 모양을 클릭하여 모양으로 변경하면 오브젝트가 실행화면에서 보이지 않습니다. '빛나는 효과', '빛나는 효과1', 'Are', 'You', 'Ready', 'Go' 오브젝트는 각각 코드를 완성한 뒤 모양으로 변경합니다. 코드를 조립하거나 수정을 해야 하는 경우에는 모양으로 변경한 뒤 진행합니다.

⑬ [+오브젝트 추가하기] 버튼을 눌러 필요한 '폭탄' 오브젝트를 추가합니다. 실행화면에서 보이지 않도록 위치값을 다음과 같이 변경합니다. 그리고 '춤 시작' 〈신호〉를 받으면 자신의 복제본을 무작위로 1~3번 반복하여 만들도록 명령 블록을 다음과 같이 조립합니다.

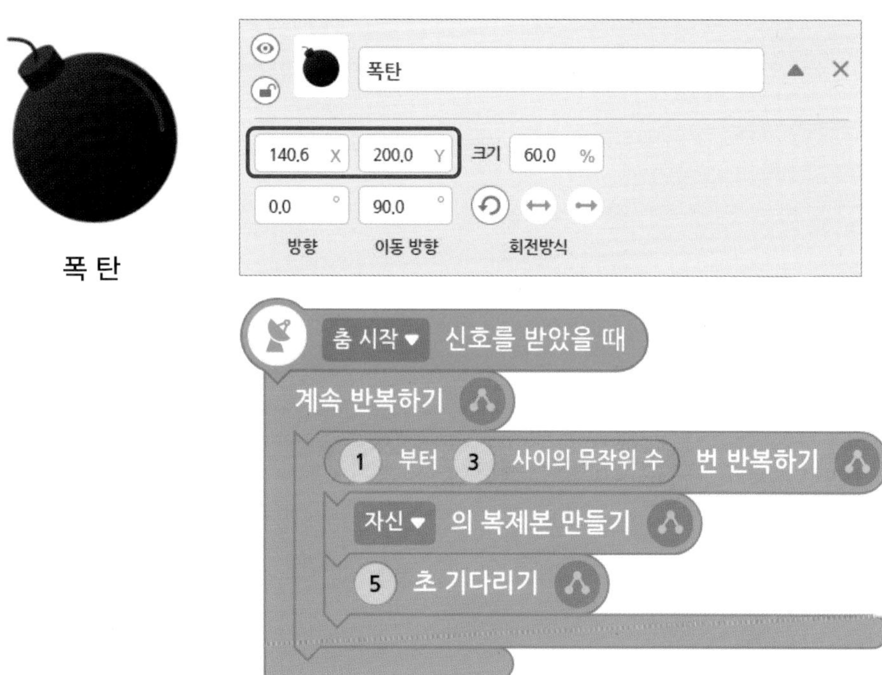

⑭ '폭탄' 오브젝트의 복제본이 처음 생성되었을 때, 비디오 화면이 보이게 하고 상하방향으로 감지한 움직임값을 '운동량' 변숫값으로 정한 뒤, 그 절댓값만큼 y좌표를 바꾸도록 명령 블록을 다음과 같이 조립합니다.

⑮ 복제된 '폭탄' 오브젝트의 위치를 무작위 수의 위치로 이동시킨 뒤, y좌표값이 0.5만큼 아래로 계속 바뀌도록 합니다.
만약 위쪽 벽에 닿으면 '폭죽' 〈신호〉를 보내고 '점수' 〈변수〉에 1을 더하고, 아래쪽 벽에 닿으면 터진 폭탄 모양으로 모양을 바꾼 뒤 '점수' 〈변수〉에서 1을 빼도록 명령 블록을 다음과 같이 조립니다. 이때 마지막에는 복제본을 삭제하도록 합니다.

⑯ [+오브젝트 추가하기] 버튼을 눌러 '빛나는 효과' 오브젝트를 2개 추가합니다. 폭죽이 터지는 느낌이 나도록 '폭죽' 〈신호〉를 받으면 실행화면에서 나타나고 색깔 효과를 줍니다. 각 오브젝트는 실행화면에서 보이지 않도록 오브젝트 그림 앞에 있는 ◉ 모양을 클릭하여 ⌣ 모양으로 변경합니다.

빛나는 효과

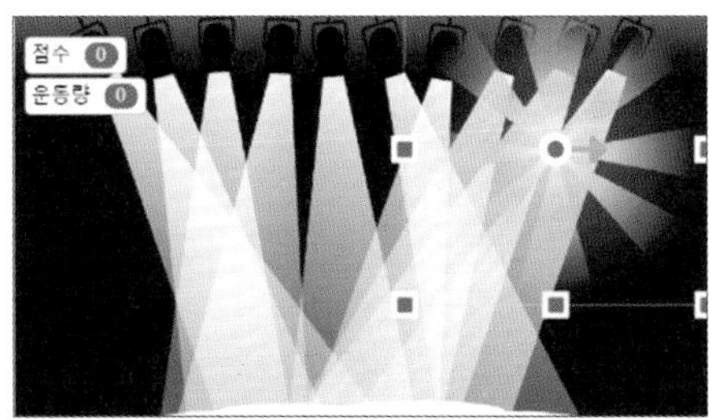

빛나는 효과 1

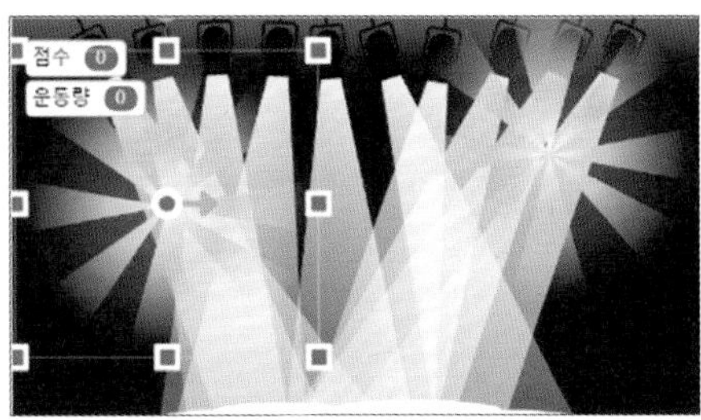

⑰ 프로그램이 완성되었습니다. 프로그램을 실행하여 인공지능 안내에 따라 무작위로 떨어지는 '폭탄' 오브젝트를 비디오 화면에 보이는 내 모습을 확인하면서 상하방향으로 움직여 위쪽 벽으로 이동시켜 봅니다.

06 프로그램이 잘 실행되는지 확인해 보기

인공지능이 내가 설정한 조건으로 입력한 문자값을 순서대로 읽어 주나요?

- 인공지능 읽어주기 블록의 목소리, 속도, 음높이 설정하기 블록을 확인해 보세요.
- 인공지능 블록인 [엔트리 읽어주기] 와 [엔트리 읽어주고 기다리기] 명령 블록을 구분해서 잘 사용했는지 확인해 보세요.

장면이 시작되었을 때 장면 효과와 소리 재생이 잘 되나요?

- [소리] 탭에 내가 원하는 소리가 추가되어 있는지 확인해 보세요.
- 소리 재생하기 명령 블록에 해당 소리가 잘 지정되어 있는지 확인해 보세요.
- '조명이 있는 무대' 오브젝트에 색깔 효과 명령 블록과 [움직임] 카테고리의 회전 명령 블록 등을 확인해 보세요.

실행화면에 '폭탄' 오브젝트는 의도한 대로 무작위로 생성되고 움직이나요?

- [0 부터 10 사이의 무작위 수] 명령 블록의 '0'과 '10'의 입력값을 확인해 보세요.
- 상하방향의 움직임값을 절댓값만큼 y좌표를 바꾸도록 '운동량' 〈변수〉를 정했는지 확인해 보세요.

07 오늘 배운 내용 정리하기

Dance With AI 프로그래밍 활동을 하고 알게 된 점을 적어 봅니다.

Dance With AI 프로그램 중 바꾸고 싶은 부분이 있다면 적어 봅니다.

08 더 알아보기

인공지능 홈 트레이닝

최근 집에서 운동하는 홈 트레이닝 문화가 많이 발달하고 있습니다. 단순히 영상만 보며 운동하는 단계를 넘어서 AI를 기반으로 한 홈 트레이닝 서비스들이 출시되고 있습니다.

우리가 전문 트레이너와 만나서 운동하는 이유는 집에서 혼자 운동을 하다 보면 내 몸에 알맞은 운동 방법이 무엇인지, 내가 정확한 자세로 운동을 하고 있는지 궁금하기 때문입니다. AI 기반 홈 트레이닝은 사용자가 자신의 현재 몸 상태, 체형 등 자신과 관련된 정보를 입력하면 학습한 데이터를 바탕으로 맞춤형 운동 프로그램을 추천해 줍니다. AI 기반 모션 트래킹 기술을 활용해 카메라로 사용자의 동작을 인식한 뒤 정확한 운동 자세를 안내합니다. 또한 사용자의 소모 칼로리, 운동량, 운동 시간을 기록하고 자동으로 분석하여 주기적으로 피드백을 주는 1:1 맞춤형 트레이닝을 해 줍니다.

언택트 시대에 언제 어디서나 원하는 시간에 AI 트레이너를 통해 맞춤형 트레이닝을 받을 수 있다니 놀랍지 않나요? 인공지능 홈 트레이닝은 앞으로 더 그 가치가 높아질 것으로 보입니다.

09 심화 활동하기

나만의 Dance With AI 프로그램으로 만들어 봅니다.

- 내가 좋아하는 소리(음악)를 추가해 봅니나. 소리 대상 없음 ▾ 재생하기
- 움직임을 감지한 대상 또는 움직임 종류를 변형해 봅니다. 자신/상하방향 외에도 인공지능 블록인 비디오가 감지하는 움직임값을 다양하게 변경해 보면서 나만의 Dance With AI 프로그램으로 만들어 봅니다.

내 이름을 불러 주는 나만의 AI 스피커

01 오늘의 이야기 살펴보기

일교차가 큰 계절, 아침에 날씨 확인은 필수예요!
날씨를 직접 검색하지 않고,
음성으로 간편하게 확인할 수 있는 방법은 없을까요?

지금은 인공지능 시대!
내 이름을 불러 주고 나에게 필요한 정보를 말해 주는
인공지능 스피커 프로그램을 만들어 볼까요?

02 함께 만들 엔트리 작품 알아보기

학습문제

음성을 인식한 후 내가 원하는 정보를 말해 주는 나만의 AI 스피커 프로그램을 만들어 봅니다.

03 오늘 사용할 블록 알아보기

인공지능 블록

한국어▾ 음성 인식하기 — 마이크를 통해 녹음된 음성을 인식합니다.

음성을 문자로 바꾼 값 — 사람의 목소리를 문자로 바꾼 값입니다. 목소리가 입력되지 않거나 음성 인식 도중 오류가 발생한 경우, null 값을 반환합니다.

마이크가 연결되었는가? — 컴퓨터에 마이크가 연결되어 있는 경우 '참'으로 판단합니다.

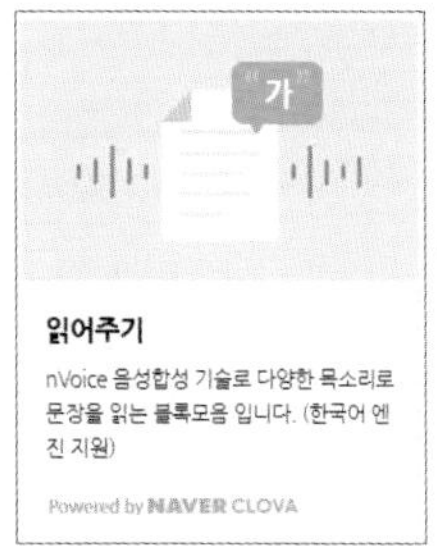

nVoice 음성합성 기술로 다양한 목소리로 문장을 읽는 블록모음 입니다. (한국어 엔진 지원)

엔트리 읽어주고 기다리기 — 입력한 문자값을 읽어 주고 다음 블록을 실행합니다.

여성▾ 목소리를 보통▾ 속도 보통▾ 음높이로 설정하기 — 선택한 목소리가 선택한 속도와 음높이로 설정됩니다. 선택할 수 있는 목소리에는 '여성', '남성', '친절한', '감미로운', '울리는', '장난스러운', '앙증맞은', '마녀', '악마', '야옹이', '멍멍이'가 있습니다. 속도는 '매우 느린', '느린', '보통', '빠른', '매우 빠른'이 있습니다. 음높이로는 '매우 낮은', '낮은', '보통', '높은', '매우 높은'이 있습니다.

확장 블록

날씨
기온, 강수량, 미세먼지 농도 등 한국의 날씨와 관련된 블록 모음입니다. [웨더아이 제공]

현재 선택한 지역의 날씨 정보입니다. 선택한 지역 및 시군구의 기온 또는 미세먼지 농도를 정보를 알 수 있습니다.

04 프로그램 살펴보기

화면(장면) 구성

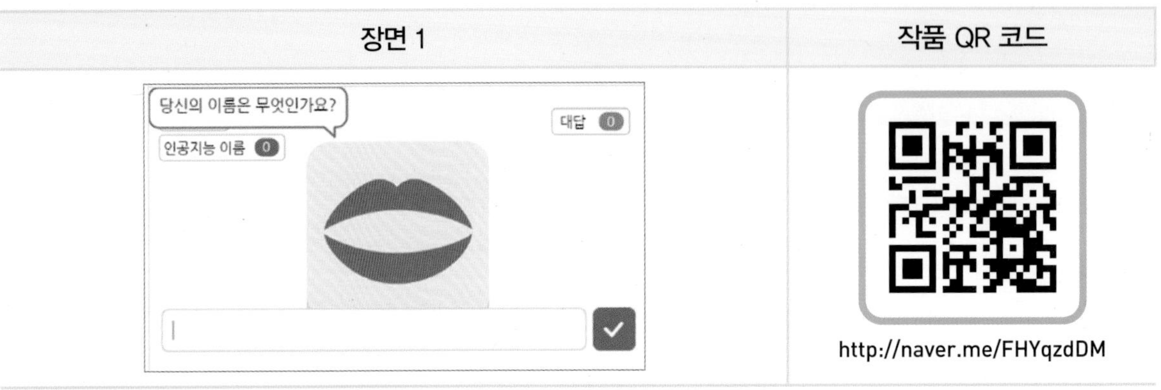

오브젝트 종류 및 해야 할 일

말하기 버튼

해야할 일 '당신의 이름은 무엇인가요?' 읽어 주고 기다리기와 묻고 대답 기다리기 후 '내 이름'을 '대답'으로 정하기

해야할 일 '제 이름을 지어 주세요!' 읽어 주고 기다리기와 묻고 대답 기다리기 후 '인공지능 이름'을 '대답'으로 정하기

해야할 일 마이크에 연결되면 음성 인식하기 계속 반복하기

해야할 일 인식한 음성 문자값이 '인공지능 이름'이라면 '내 이름'과 합쳐 '무엇을 도와드릴까요?' 읽어 주고 기다리기
인식한 음성 문자값이 '날씨 알려 줘'라면 현재 기온과 미세먼지 농도 읽어 주고 기다리기
아니라면 '무슨 말인지 잘 모르겠어요!' 읽어 주고 기다리기 계속 반복하기

해야할 일 인식한 음성 문자값이 '인공지능 이름'이 아니라면 '부탁하시려면 먼저 제 이름을 불러 주세요!' 읽어 주고 기다리기 계속 반복하기

05 함께 프로그래밍하기

① 엔트리봇 오브젝트를 삭제하기 위해 오브젝트 목록에서 [X] 버튼을 클릭합니다.

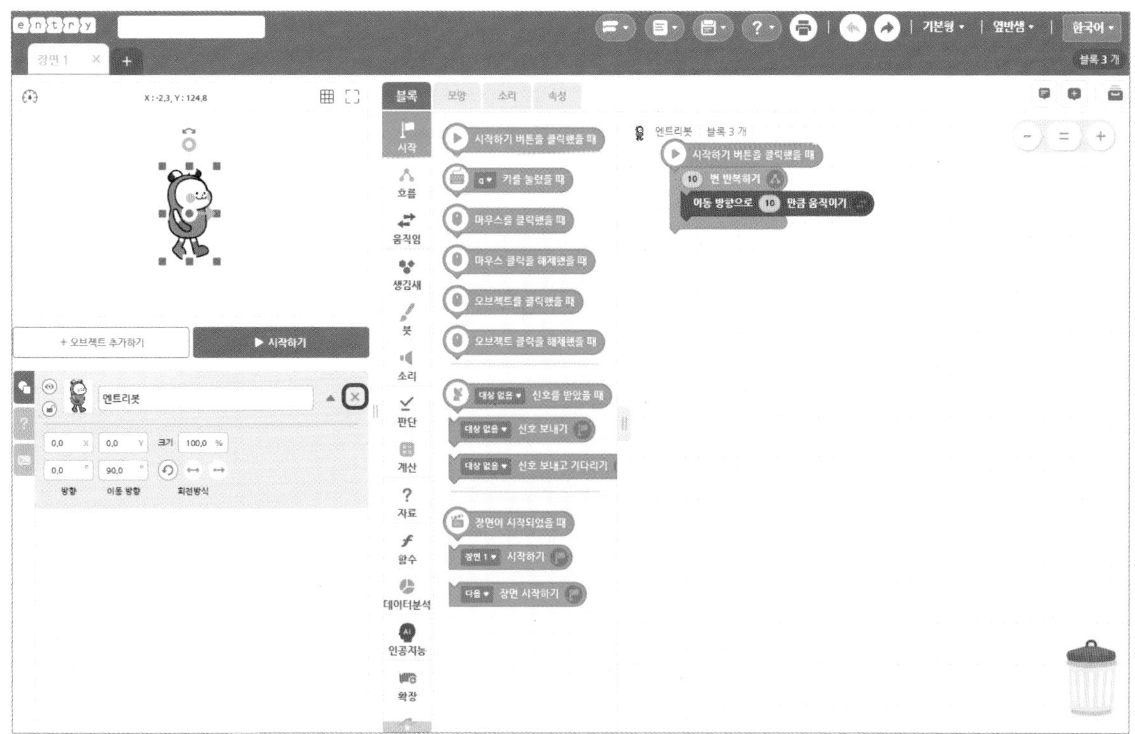

② [+오브젝트 추가하기] 버튼을 클릭해 '말하기 버튼' 오브젝트를 추가합니다. 실행화면에서 추가한 오브젝트를 드래그하거나 크기 조절점으로 오브젝트의 위치와 크기를 변경합니다.

오브젝트 이름	말하기 버튼
모양 (모양 이름)	(말하기 버튼_1)
작품 속 오브젝트 이름	말하기 버튼

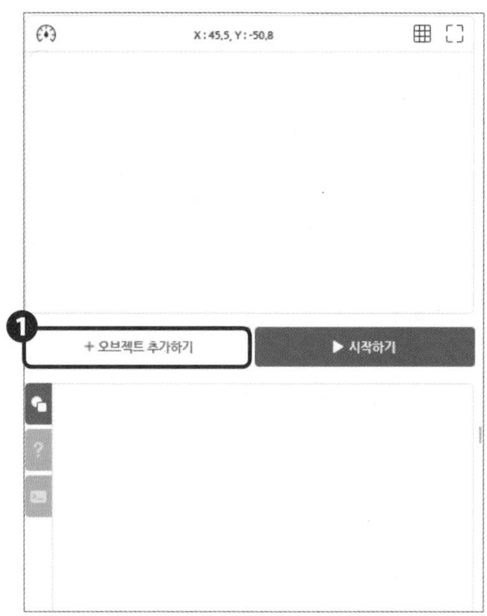

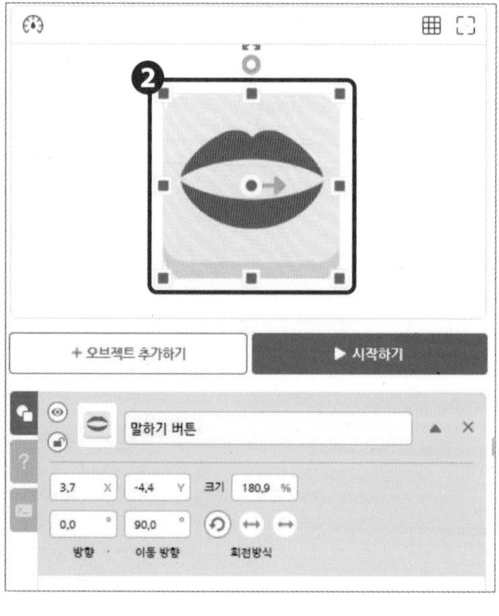

③ [인공지능] 카테고리를 클릭한 후 [인공지능 블록 불러오기] 버튼을 클릭합니다.

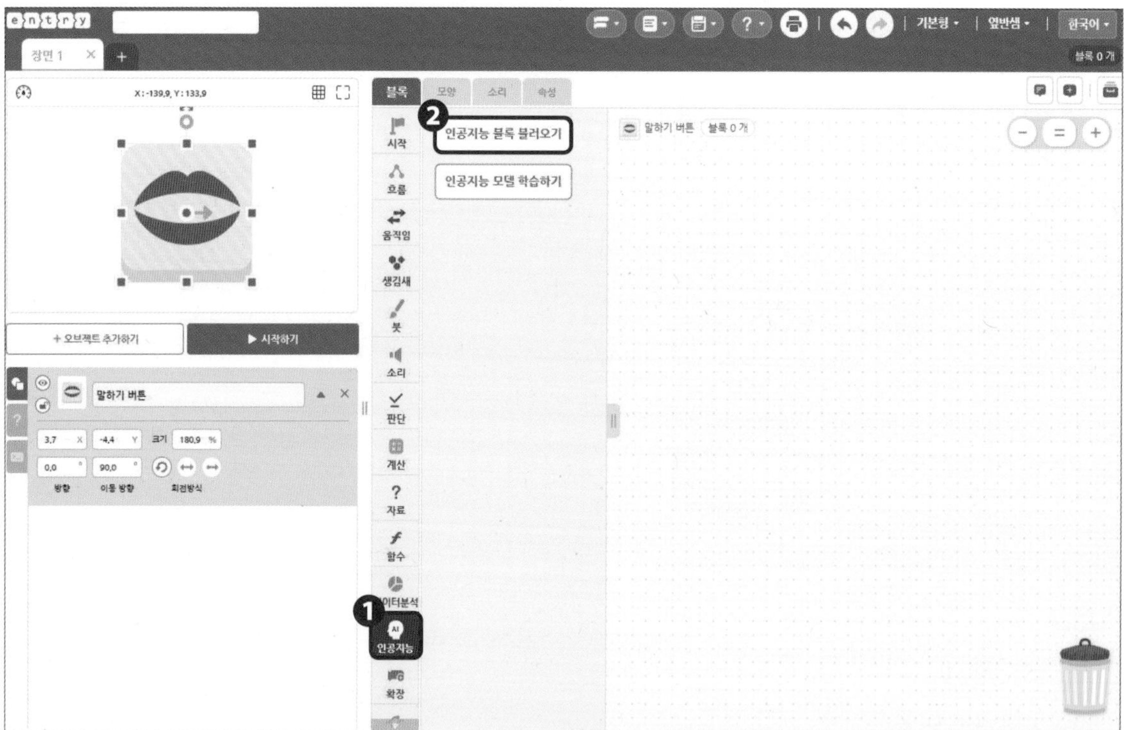

④ 이번 프로그래밍에 활용할 [읽어주기]와 [음성 인식]을 클릭한 후 [불러오기] 버튼을 클릭합니다.

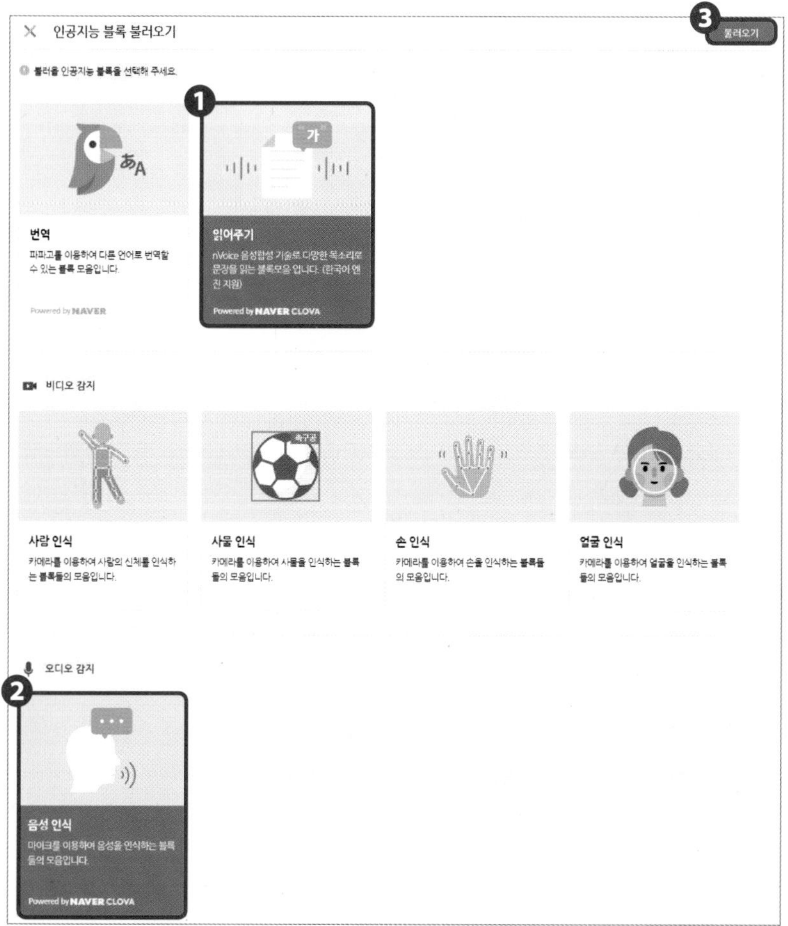
인공지능 블록 불러오기
불러오기
불러올 인공지능 블록을 선택해 주세요.
번역
파파고를 이용하여 다른 언어로 번역할 수 있는 블록 모음입니다.
Powered by NAVER
읽어주기
nVoice 음성합성 기술로 다양한 목소리로 문장을 읽는 블록모음 입니다. (한국어 엔진 지원)
Powered by NAVER CLOVA
비디오 감지
사람 인식
카메라를 이용하여 사람의 신체를 인식하는 블록들의 모음입니다.
사물 인식
카메라를 이용하여 사물을 인식하는 블록들의 모음입니다.
손 인식
카메라를 이용하여 손을 인식하는 블록들의 모음입니다.
얼굴 인식
카메라를 이용하여 얼굴을 인식하는 블록들의 모음입니다.
오디오 감지
음성 인식
마이크를 이용하여 음성을 인식하는 블록들의 모음입니다.
Powered by NAVER CLOVA

⑤ [확장] 카테고리를 클릭한 후 [확장 블록 불러오기] 버튼을 클릭합니다.

entry
장면 1
블록
모양
소리
속성
확장 블록 불러오기
말하기 버튼
시작
흐름
움직임
생김새
붓
소리
판단
계산
자료
함수
데이터분석
인공지능
확장
+ 오브젝트 추가하기
▶ 시작하기

⑥ [날씨]를 클릭한 후 [불러오기] 버튼을 클릭합니다.

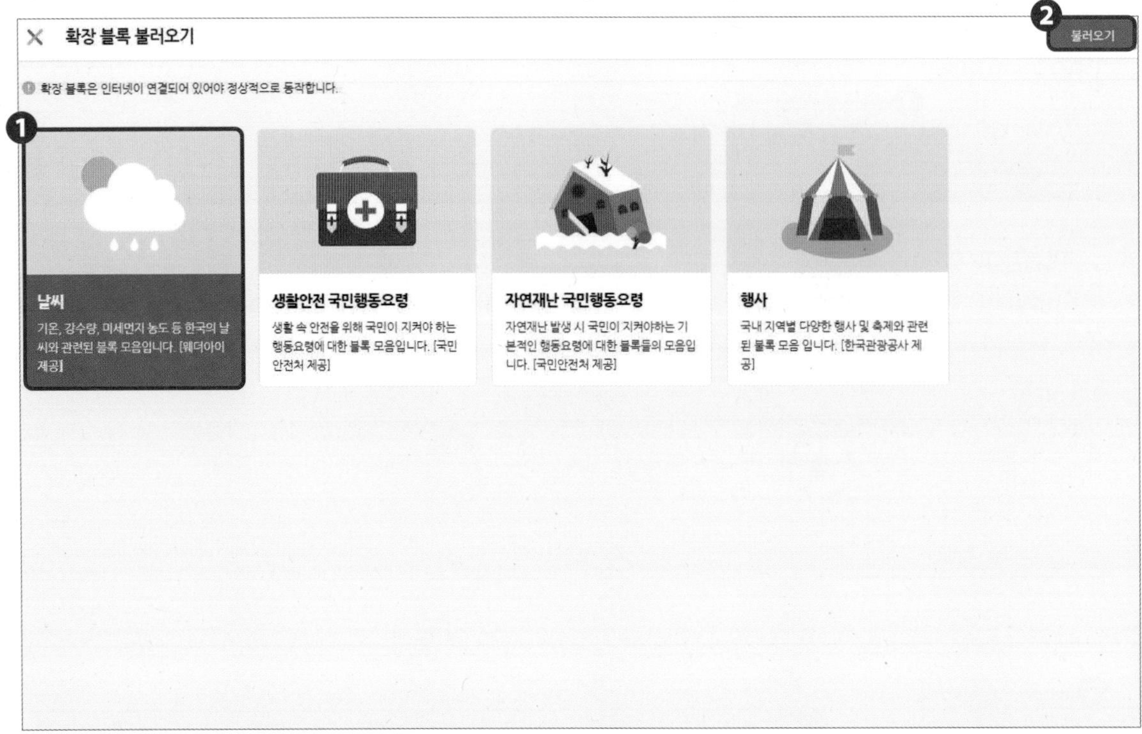

⑦ [속성] 탭에서 '내 이름'과 '인공지능 이름' 〈변수〉 2개를 추가합니다.

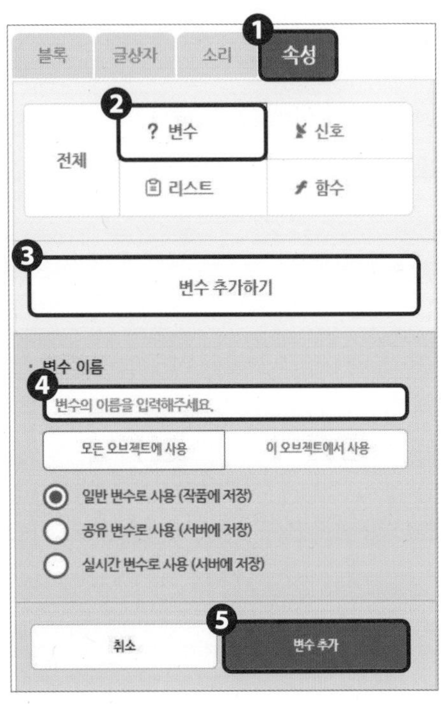

⑧ '말하기 버튼' 오브젝트에 명령 블록을 조립해 봅니다. 인공지능 스피커의 목소리를 원하는 종류의 목소리, 속도, 음높이로 설정합니다. 내가 입력한 값(내 이름)을 '대답' 값으로 정하기 위해 명령 블록을 다음과 같이 조립합니다.

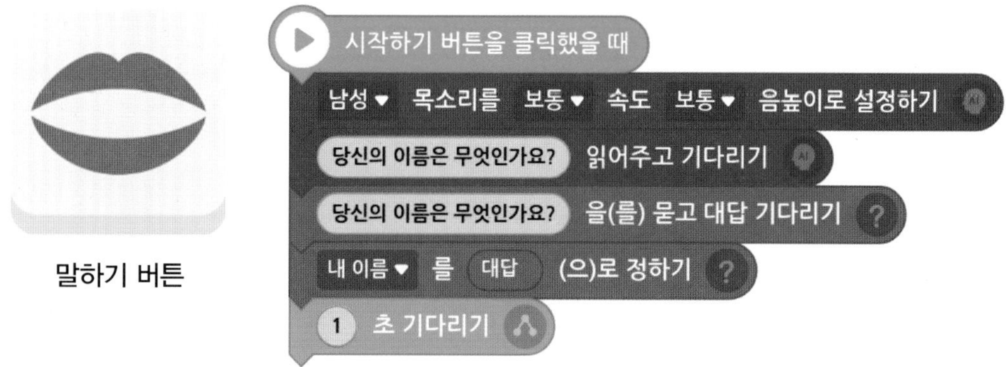

⑨ 내가 원하는 인공지능 스피커의 이름을 지어 주기 위해 명령 블록을 다음과 같이 조립합니다.

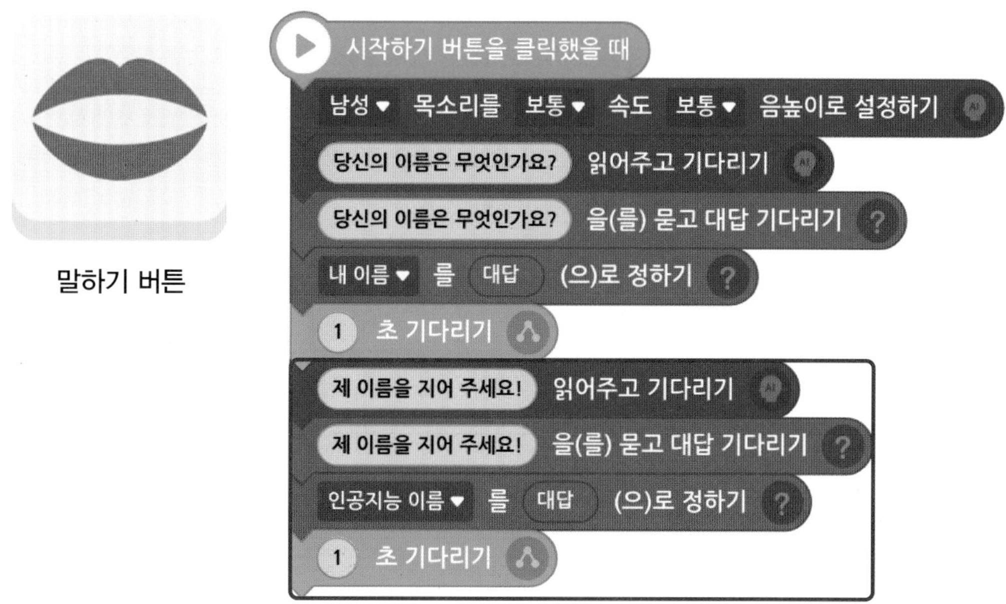

⑩ 음성 인식을 위해 마이크가 연결되었다면 음성을 계속 인식하도록 명령 블록을 다음과 같이 조립합니다.

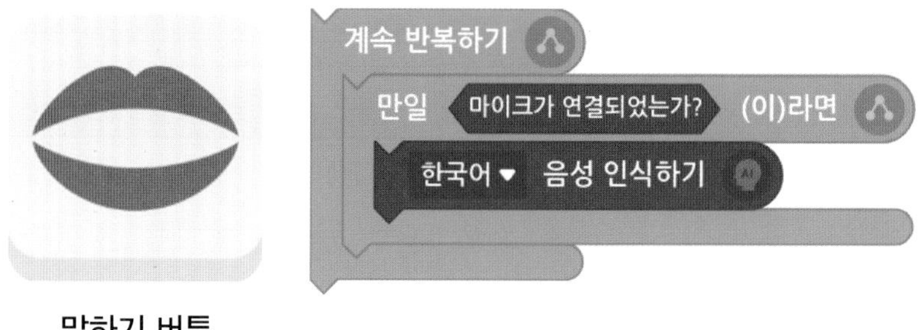

말하기 버튼

⑪ 인식한 음성을 문자로 바꾼 값이 '인공지능 이름' 값과 같다면 다음 음성을 인식하고, 아니면 '부탁하시려면 먼저 제 이름을 불러 주세요!'라고 읽어 주도록 명령 블록을 다음과 같이 조립합니다.

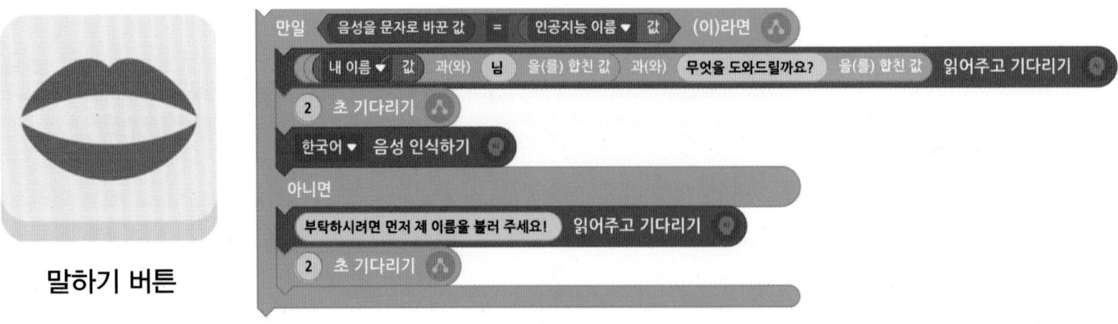

말하기 버튼

⑫ 인식한 음성을 문자로 바꾼 값이 '인공지능 이름' 값과 같을 때, 그다음으로 인식한 음성이 '날씨 알려 줘'라면 현재 기온과 미세먼지 농도를 읽어 주고, 아니면 '무슨 말인지 모르겠어요!'라고 읽어 주도록 명령 블록을 다음과 같이 조립합니다.

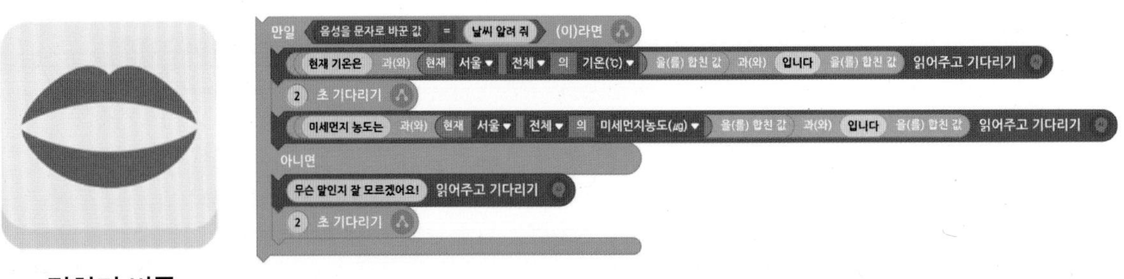

말하기 버튼

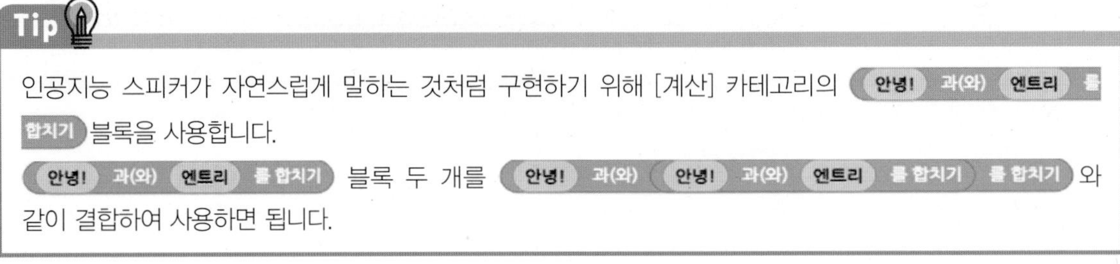

Tip

인공지능 스피커가 자연스럽게 말하는 것처럼 구현하기 위해 [계산] 카테고리의 (안녕! 과(와) 엔트리 를 합치기) 블록을 사용합니다.

(안녕! 과(와) 엔트리 를 합치기) 블록 두 개를 (안녕! 과(와) (안녕! 과(와) 엔트리 를 합치기) 를 합치기)와 같이 결합하여 사용하면 됩니다.

⑬ 앞에서 만든 각각의 명령 블록을 다음과 같이 조립하여 완성합니다.

말하기 버튼

```
시작하기 버튼을 클릭했을 때
남성▾ 목소리를 보통▾ 속도 보통▾ 음높이로 설정하기
(당신의 이름은 무엇인가요?) 읽어주고 기다리기
(당신의 이름은 무엇인가요?) 을(를) 묻고 대답 기다리기
내 이름▾ 를 (대답) (으)로 정하기
(1) 초 기다리기
(제 이름을 지어 주세요!) 읽어주고 기다리기
(제 이름을 지어 주세요!) 을(를) 묻고 대답 기다리기
인공지능 이름▾ 를 (대답) (으)로 정하기
(1) 초 기다리기
계속 반복하기
    만일 <마이크가 연결되었는가?> (이)라면
        만일 <(음성을 문자로 바꾼 값) = (인공지능 이름▾ 값)> (이)라면
            (((내 이름▾ 값) 과(와) (님) 을(를) 합친 값) 과(와) (무엇을 도와드릴까요?) 을(를) 합친 값) 읽어주고 기다리기
            (2) 초 기다리기
            한국어▾ 음성 인식하기
            만일 <(음성을 문자로 바꾼 값) = (날씨 알려 줘)> (이)라면
                (((현재 기온은) 과(와) (현재 서울▾ 전체▾ 의 기온(℃)▾) 을(를) 합친 값) 과(와) (입니다) 을(를) 합친 값) 읽어주고 기다리기
                (2) 초 기다리기
                (((미세먼지 농도는) 과(와) (현재 서울▾ 전체▾ 의 미세먼지농도(㎍)▾) 을(를) 합친 값) 과(와) (입니다) 을(를) 합친 값) 읽어주고 기다리기
            아니면
                (무슨 말인지 잘 모르겠어요!) 읽어주고 기다리기
                (2) 초 기다리기
        아니면
            (부탁하시려면 먼저 제 이름을 불러 주세요!) 읽어주고 기다리기
            (2) 초 기다리기
```

⑭ 프로그램이 완성되었습니다. 프로그램을 실행하고, 인식한 음성에 따라 내가 원하는 날씨 정보를 알려 주는 인공지능 스피커를 테스트해 봅니다.

06 프로그램이 잘 실행되는지 확인해 보기

내 이름과 인공지능 이름을 입력할 수 있는 코드가 제대로 작동하나요?

– [자료] 카테고리의 안녕! 을(를) 묻고 대답 기다리기 블록을 사용했는지 확인해 보세요.

– '내 이름', '인공지능 이름' 〈변수〉 입력값이 순서대로 '대답'으로 정하도록 되어 있는지 확인해 보세요.

실행화면에 마이크 모양이 보이고 음성 인식이 잘 되나요?

– 마이크가 연결되었는가? 한국어▾ 음성 인식하기 블록을 사용했는지 확인해 보세요.

내가 지어 준 AI 스피커 이름을 부르면 원하는 정보를 알려 주도록 작동하나요?

– 

명령 블록을 사용하여 선택 구조를 조립했는지 확인해 보세요.

– 선택 구조 명령 블록에 판단 명령 블록을 사용하여 음성을 문자로 바꾼 값을 비교하도록 조립했는지 확인해 보세요.

07 오늘 배운 내용 정리하기

AI 스피커 프로그램 중 바꾸고 싶은 부분이 있다면 적어 봅니다.

....

....

....

....

....

내가 만들고 싶은 AI 스피커를 상상하여 적어 봅니다.

....

....

....

....

....

08 더 알아보기

인공지능 스피커

"헤이 OOO! 오늘 뉴스 들려 줘!"
인공지능 스피커의 이름을 부른 뒤 명령을 내리면 인공지능 스피커가 답을 해 줍니다. 인공지능 스피커는 우리가 하는 말을 어떻게 아는 걸까요? 인공지능 스피커의 핵심 기술은 음성을 텍스트로 변환해 주는 STT(Speech-to-Text)와 텍스트를 음성으로 변환해 주는 TTS(Text-to-Speech)입니다. STT(Speech-to-Text)는 음성 인식(Speech Recognition)이라고도 합니다. 사람의 음성 언어를 컴퓨터가 해석해 그 내용을 문자 데이터로 전환하는 것을 말합니다. TTS(Text-to-Speech)는 음성 합성 기술로 말소리 음파를 컴퓨터가 지시에 따라 인위적으로 자동으로 만들어 내는 기술을 말합니다.

인공지능 스피커는 개인 비서로서의 역할을 수행할 수 있습니다. 개인 일정 관리, 외국어 번역, 쇼핑, 이메일 관리, 음악 관리, 날씨 정보 제공, 사물 인터넷 제어, 사용자가 궁금해하는 것을 인터넷 검색으로 찾아서 알려 주기 등 기능이 지속적으로 추가되고 있습니다. 이미 다양한 인공지능 스피커가 상용화되어 많은 사람들이 사용하고 있습니다. 인공지능은 먼 미래가 아닌 우리 생활 속에 이미 스며들어 편리함을 제공하고 있습니다.

09 심화 활동하기

맞춤형 AI 스피커 프로그램을 만들어 봅니다.

– [확장] 카테고리에서 날씨 이외의 다른 확장 블록을 이용해 봅니다.

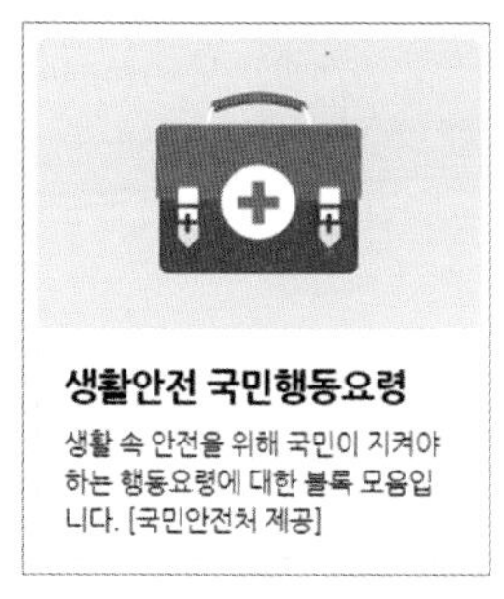

생활안전 국민행동요령
생활 속 안전을 위해 국민이 지켜야 하는 행동요령에 대한 블록 모음입니다. [국민안전처 제공]

자연재난 국민행동요령
자연재난 발생 시 국민이 지켜야하는 기본적인 행동요령에 대한 블록들의 모음입니다. [국민안전처 제공]

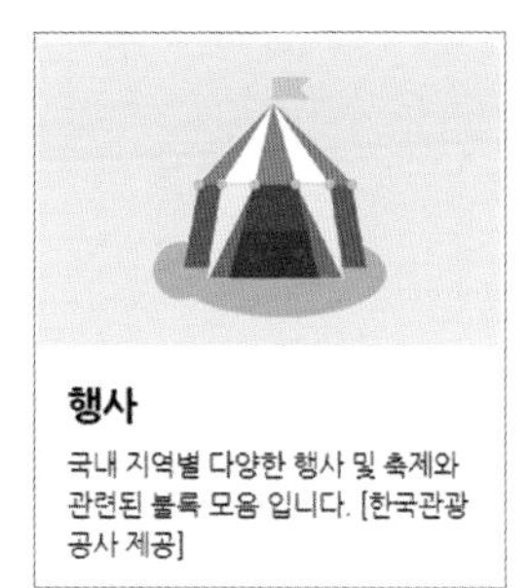

행사
국내 지역별 다양한 행사 및 축제와 관련된 블록 모음 입니다. [한국관광공사 제공]

알아서 척척! 사진을 정리해 주는 인공지능 앨범

01 오늘의 이야기 살펴보기

스마트폰으로 사진을 찰칵! 찰칵!
그런데 사진 정리는 귀찮아요.
사진 저장을 편하게 하는 방법이 없을까요?

걱정 마세요!
인공지능을 적용하면 사진 저장도 알아서 척척!
사진을 정리해 주는 인공지능 앨범을 같이 만들어 볼까요?

02 함께 만들 엔트리 작품 알아보기

학습문제

찍은 사진을 분석해 저장할 폴더를 판단하는 인공지능 사진 저장 앨범을 만들어 봅니다.

03 오늘 사용할 블록 알아보기

인공지능 모델 학습 블록

지도학습
분류: 이미지
업로드 또는 웹캠으로 촬영한 이미지를 분류할 수 있는 모델을 학습합니다.

학습한 모델로 분류하기 : 데이터를 입력하고 학습한 모델로 인식합니다.

분류 결과 : 입력한 데이터를 모델에서 인식한 결괏값입니다. 값은 모델의 클래스 이름(텍스트)으로 표현됩니다.

분류 결과가 장난감 ▾ 인가? : 입력한 데이터의 인식 결과가 선택한 클래스인 경우 '참'으로 판단합니다.

내사진 ▾ 에 대한 신뢰도 : 입력한 데이터의 선택한 클래스에 대한 신뢰도값입니다. 값은 확률(숫자)로 표현됩니다.

04 프로그램 살펴보기

화면(장면) 구성

오브젝트 종류 및 해야 할 일

핸드폰 잠금화면 오브젝트

• 배경 오브젝트

게시판_2 오브젝트

• 배경 오브젝트 위에 배치하기

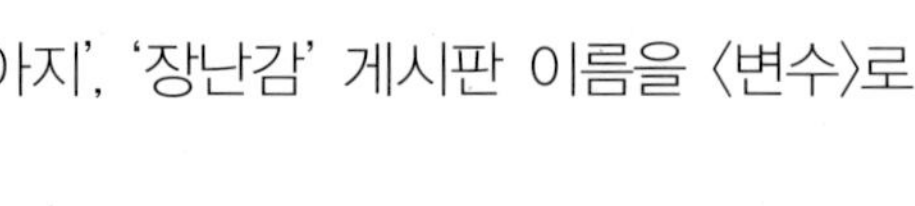

• '내사진', '강아지', '장난감' 게시판 이름을 〈변수〉로 만들기

해야할 일 사진이 저장되면 숫자를 1씩 증가시키기

엔트리봇 오브젝트

해야할 일 사진을 업로드하거나 촬영하라고 안내하기

해야할 일 입력받은 사진을 이미지 모델 학습 클래스와 비교해서 분류 결과를 판단하기

해야할 일 분류 결과에 따라 사진을 어느 폴더에 저장하는지 말하고, 폴더에 최종 저장된 사진 개수 말하기

인공지능 앨범

글상자 오브젝트

• 글상자 '인공지능 앨범' 만들고 배치하기

05 함께 프로그래밍하기

① [인공지능] 카테고리를 눌러 [인공지능 모델 학습하기]를 클릭합니다. 이미지 모델 학습을 하기 위해서는 웹캠을 연결해야 합니다.

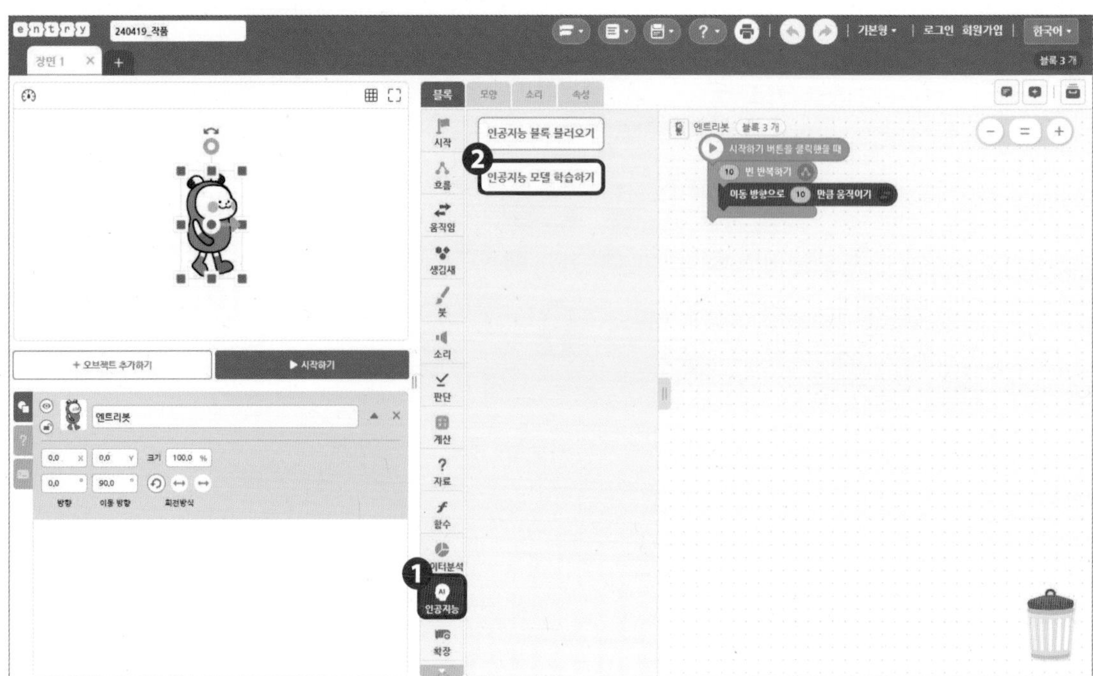

② [새로 만들기] 탭에서 [분류: 이미지]를 클릭하고 [학습하기] 버튼을 클릭합니다.

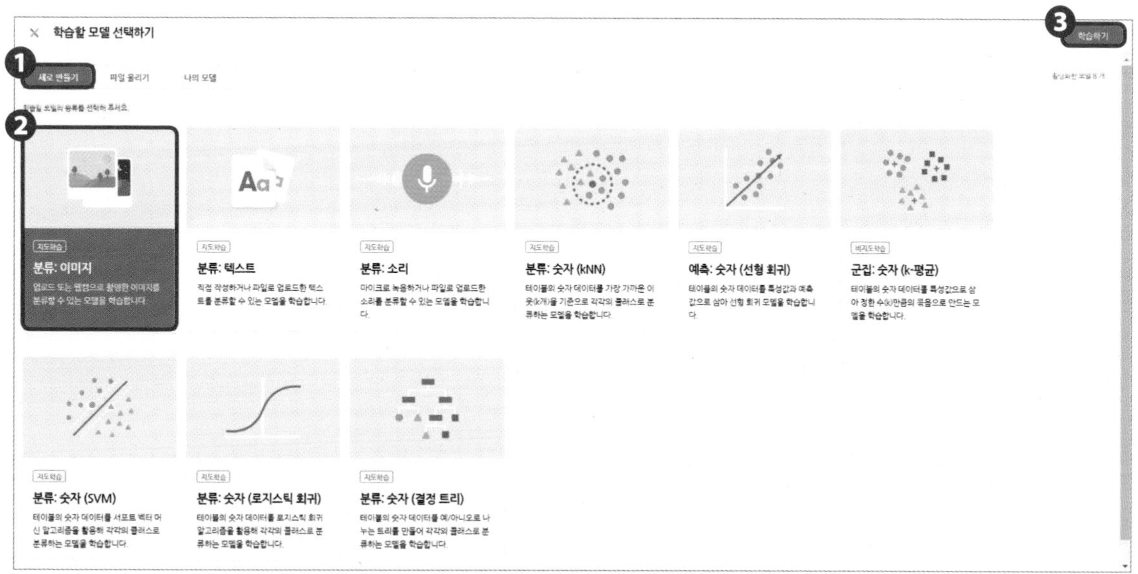

③ 새로운 모델 이름에 '인공지능 앨범'이라고 입력합니다. [클래스 추가하기] 버튼을 클릭하면 분류할 이미지 클래스를 추가로 생성할 수 있습니다. '내사진', '강아지', '장난감' 클래스 3개를 만듭니다.

④ 클래스별로 이미지 데이터를 5장 이상 입력합니다. 입력하는 방법에는 파일 업로드와 촬영이 있습니다.

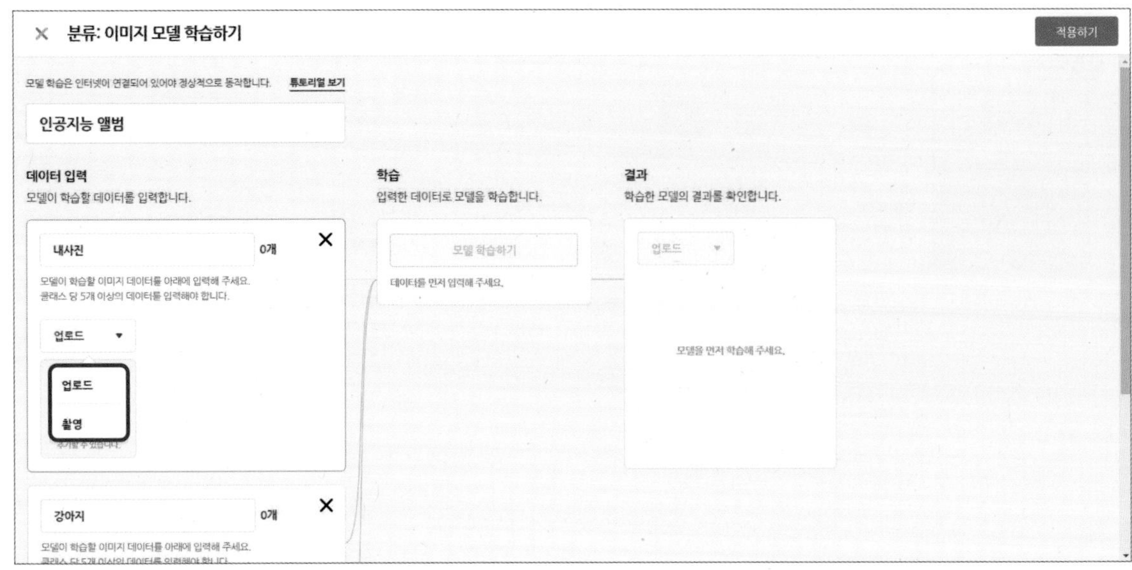

⑤ [모델 학습하기] 버튼을 클릭하여 데이터를 학습시킨 후 테스트를 해 보고, 모델 학습이 잘 되었다면 [적용하기] 버튼을 클릭합니다. 인식 결과가 좋지 않을 때는 이미지 데이터를 추가해서 모델 학습을 다시 진행하면 결과의 인식률이 높아집니다.

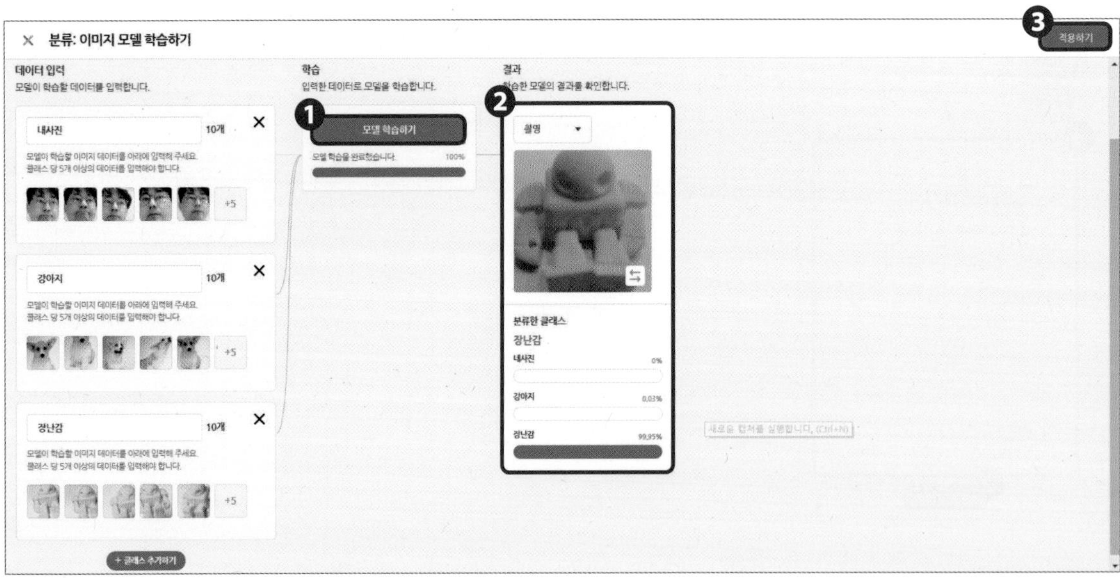

⑥ [+오브젝트 추가하기] 버튼을 눌러 필요한 오브젝트를 추가합니다.

오브젝트 이름	글상자	게시판_2	게시판_2	게시판_2	(1)엔트리봇	핸드폰 잠금화면
모양 (모양 이름)	**인공지능 앨범**	(게시판_2)	(게시판_2)	(게시판_2)	(걷는 엔트리봇 1)	(핸드폰 잠금화면_1)
작품 속 오브젝트 이름	인공지능 앨범	내사진 폴더	강아지 폴더	장난감 폴더	엔트리봇	배경화면

⑦ '게시판_2', '핸드폰 잠금화면', '엔트리봇', '글상자' 오브젝트를 화면에 배치합니다. '게시판_2' 오브젝트는 3개를 불러와 각각 '내사진 폴더', '강아지 폴더', '장난감 폴더'로 이름을 바꿔 줍니다.

⑧ [속성] 탭에서 〈변수〉를 클릭합니다. '내사진', '강아지', '장난감' 등 〈변수〉 3개를 만들고, '모든 오브젝트에 사용'을 클릭한 후 '공유 변수로 사용'을 체크합니다. 실행화면에 추가된 변수의 위치를 잡아 줍니다.

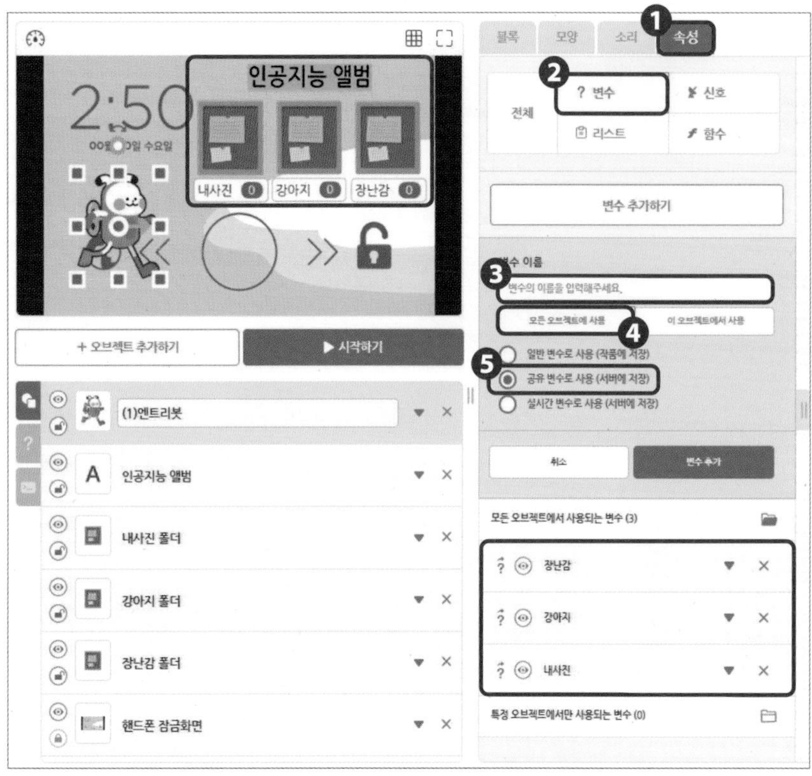

엔트리 변수에는 일반 변수, 공유 변수, 실시간 변수가 있습니다. 일반 변수는 작품을 정지할 경우 변수가 기본값으로 돌아갑니다. 공유 변수는 작품을 정지할 때 변숫값이 엔트리 서버에 저장되고, 다시 실행했을 때 이전 저장값을 불러옵니다. 실시간 변수는 프로그램 실행 중에도 변숫값이 실시간으로 엔트리 서버에 저장됩니다.

⑨ '엔트리봇' 오브젝트를 선택하고 [인공지능] 카테고리와 [흐름] 카테고리에서 명령 블록을 가져와 조립합니다. 분류 결과를 판단하는 블록은 '내 사진'을 선택합니다.

⑩ 분류 결과 '내사진'이 맞다면 '내사진 폴더'에 현재 사진이 몇 장 저장되었는지 말해 주도록 명령 블록을 조립합니다.

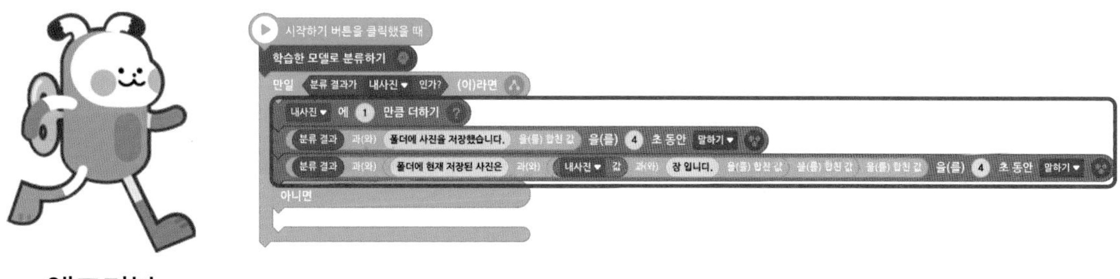

엔트리봇

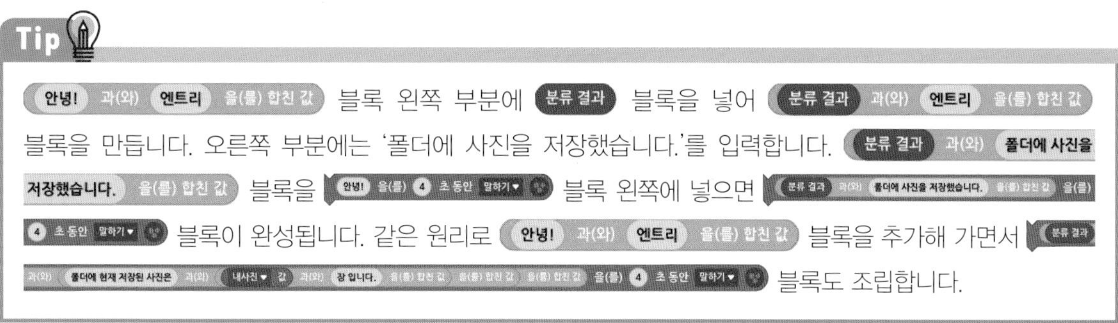

Tip

안녕! 과(와) 엔트리 을(를) 합친 값 블록 왼쪽 부분에 분류 결과 블록을 넣어 분류 결과 과(와) 엔트리 을(를) 합친 값 블록을 만듭니다. 오른쪽 부분에는 '폴더에 사진을 저장했습니다.'를 입력합니다. 분류 결과 과(와) 폴더에 사진을 저장했습니다. 을(를) 합친 값 블록을 안녕! 을(를) 4 초 동안 말하기 블록 왼쪽에 넣으면 분류 결과 과(와) 폴더에 사진을 저장했습니다. 을(를) 합친 값 을(를) 4 초 동안 말하기 블록이 완성됩니다. 같은 원리로 안녕! 과(와) 엔트리 을(를) 합친 값 블록을 추가해 가면서 분류 결과 과(와) 폴더에 현재 저장된 사진은 과(와) 내사진 값 과(와) 장 입니다. 을(를) 합친 값 을(를) 합친 값 을(를) 합친 값 을(를) 4 초 동안 말하기 블록도 조립합니다.

⑪ 입력받은 사진을 분류한 결과가 '강아지'일 경우 ⑩번 '내사진'과 같은 방법으로 명령 블록을 조립합니다.

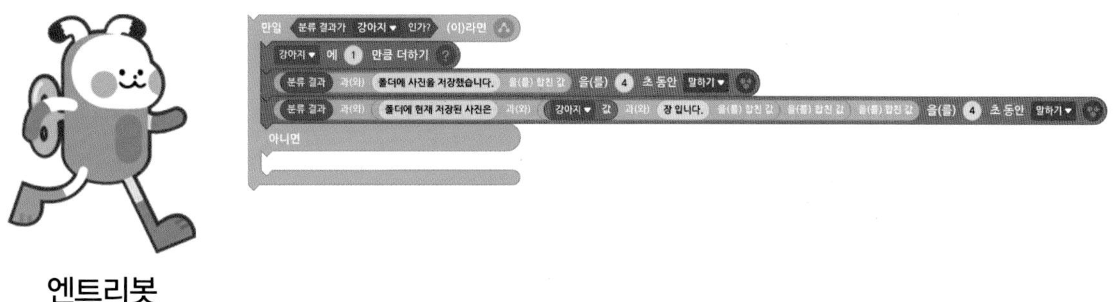

엔트리봇

⑫ 이미지 분류 결과가 '장난감'일 경우도 '내사진', '강아지'와 같은 방법으로 명령 블록을 조립합니다. '내사진', '강아지', '장난감' 사진에 해당되지 않는 사진은 '기타 사진으로 임시 분류하겠습니다.'라고 말하도록 명령 블록을 조립합니다.

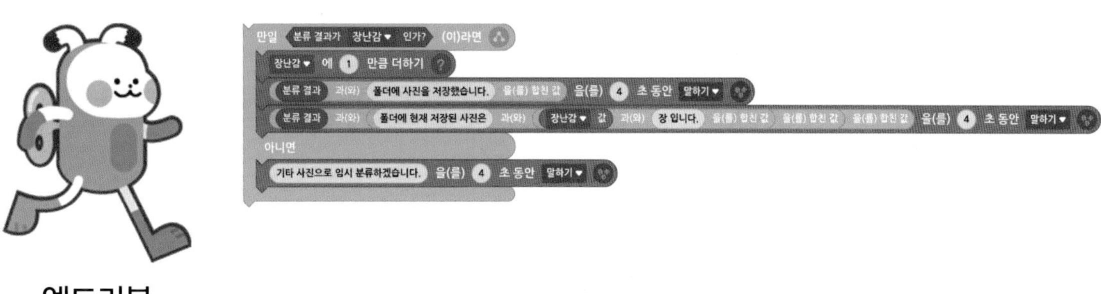

엔트리봇

⑬ 앞의 ⑨~⑫번 과정을 거쳐 만든 '내사진', '강아지', '장난감'에 해당되는 코드를 다음과 같이 하나로 합쳐 줍니다.

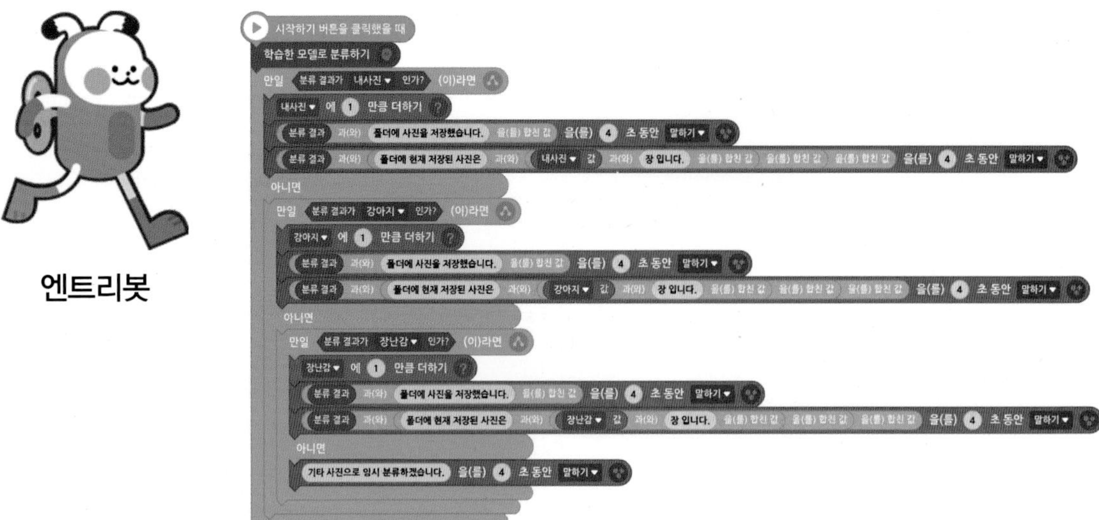

⑭ 프로그램이 완성되었습니다. 프로그램을 실행하고 사진을 찍어 봅니다. 인공지능이 사진을 분류해 해당 폴더에 자동으로 저장하는지 확인해 봅니다.

06 프로그램이 잘 실행되는지 확인해 보기

프로그램이 잘 실행되나요?

– 웹캠이 연결되었는지 확인해 보세요.

– 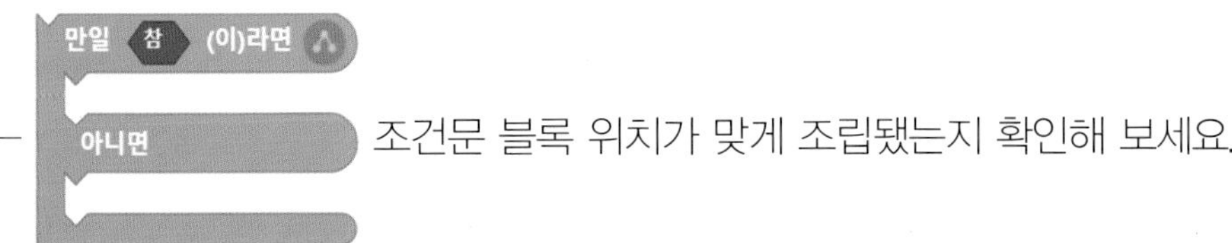

조건문 블록 위치가 맞게 조립됐는지 확인해 보세요.

– 변수 블록이 잘 조립됐는지 확인해 보세요.

인공지능이 사진을 잘 인식해서 분류하나요?

– [인공지능 모델 학습하기]에서 각 클래스에 사진을 추가하고 모델 학습하기를 다시 해 보세요.

– 내사진 ▾ 값, 강아지 ▾ 값, 장난감 ▾ 값 블록 위치가 맞게 들어갔는지 확인해 보세요.

저장된 사진 개수가 맞게 표시되나요?

– 분류 결과가 내사진 ▾ 인가? 분류 결과가 잘 선택되었는지 확인해 보세요.

– 내사진 ▾ 에 1 만큼 더하기 변수 블록이 잘 조립되었는지 확인해 보세요.

07 오늘 배운 내용 정리하기

인공지능이 사진을 분류하기 위해서는 어떤 과정이 필요한지 적어 봅니다.

인공지능 앨범 프로그램 중 바꾸고 싶은 부분이 있다면 적어 봅니다.

08 더 알아보기

이미지 인식 인공지능의 발전

스마트폰 카메라 성능이 좋아지면서 스마트폰으로 찍는 사진의 양이 많아지고 있습니다. 스마트폰 사진 저장 앱은 과거에는 사람이 직접 폴더를 나누고 사진을 분류해 이동시키는 과정이 필요했습니다. 그런데 현재는 찍은 사진을 인물, 동물, 자연 등으로 분류해 자동으로 저장해 주는 앱도 있습니다. 인물 사진에 등장하는 사람의 이름을 입력해 놓으면 검색만으로 해당 인물이 들어간 사진들을 분류해 냅니다.

아직은 사진을 완벽하게 분류하지 못하지만 인공지능 기술이 발전할수록 정확하고 세분화된 분류가 가능해질 것입니다.

09 심화 활동하기

사진을 정리해 주는 인공지능 앱을 발전시켜 봅니다.

- 사진 저장이 완료되면 소리가 나도록 블록을 추가해 봅니다. 소리 (대상 없음▼) 재생하기
- 분류 결과의 신뢰도를 %로 말해 주는 기능을 추가해 봅니다.

실행 결과

활용 블록

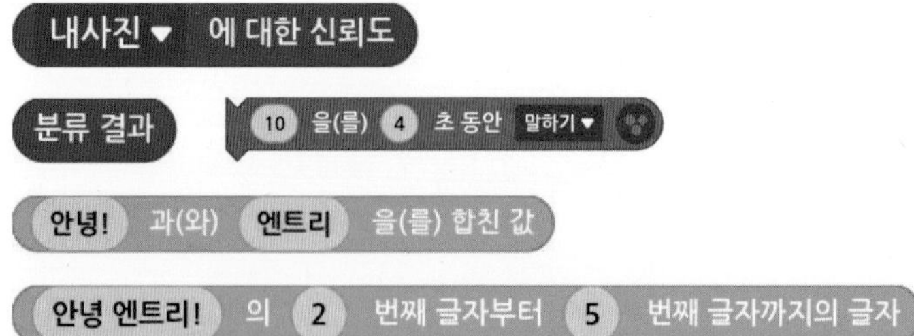

행복하고 편리한 생활을 위한 AI 스마트홈

01 오늘의 이야기 살펴보기

오늘 하루 어떠셨나요?
집에 있을 때 내가 원하는 것을 알아서 파악하고 도와주는 것이 있다면 어떨까요?

같이 만들어 봐요!
인공지능을 활용하면 내가 원하는 것을 알아서 해 주는 AI 스마트홈을 만들 수 있어요.
우리 함께 AI 스마트홈을 만들어 볼까요?

02 함께 만들 엔트리 작품 알아보기

스마트 홈을 지키는 인공지능 '댕댕이' 입니다.

공부하기 좋은 시간인 것 같아요. 책상으로 오세요. 에어컨을 켜서 적절한 온도를 유지할게요.

학습문제

내가 입력하는 명령을 분석해 최적의 상황을 추천하는 AI 스마트홈 프로그램을 만들어 봅니다.

03 오늘 사용할 블록 알아보기

인공지능 모델 학습 블록

Aa
지도학습
분류: 텍스트
직접 작성하거나 파일로 업로드한 텍스트를 분류할 수 있는 모델을 학습합니다.

학습한 모델로 분류하기

데이터를 입력하고 학습한 모델로 인식합니다.

분류 결과가 운동▾ 인가? 입력한 데이터의 인식 결과가 선택한 클래스인 경우 '참'으로 판단합니다.

04 프로그램 살펴보기

화면(장면) 구성

장면	작품 QR 코드
	https://naver.me/GnvaFXqy

오브젝트 종류 및 해야 할 일

로봇 강아지 오브젝트

- 문자로 대화하면서 스마트홈을 제어함

해야 할 일 분류 결과에 따라 추천하는 행동을 말해 주기

해야 할 일 분류 결과에 맞는 적절한 행동을 하면서 위치 이동하기

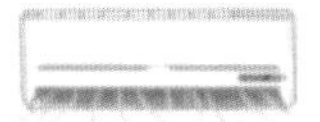

에어컨 오브젝트

• 방 안의 온도 조절하기

해야 할 일 분류 결과가 '공부'일 때 에어컨 켜기

오디오 오브젝트

• 방 안의 음향 조절하기

해야 할 일 분류 결과가 '요리'일 때 오디오 켜기

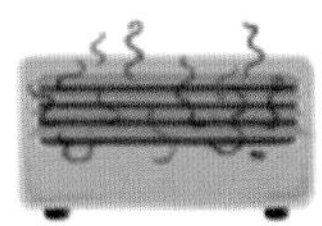

히터 오브젝트

• 방 안의 온도 조절하기

해야 할 일 분류 결과가 '수면'일 때 히터 켜기

방(3) 배경 오브젝트

• 스마트홈 배경

05 함께 프로그래밍하기

① [인공지능] 카테고리를 클릭한 후 [인공지능 모델 학습하기] 버튼을 클릭합니다.

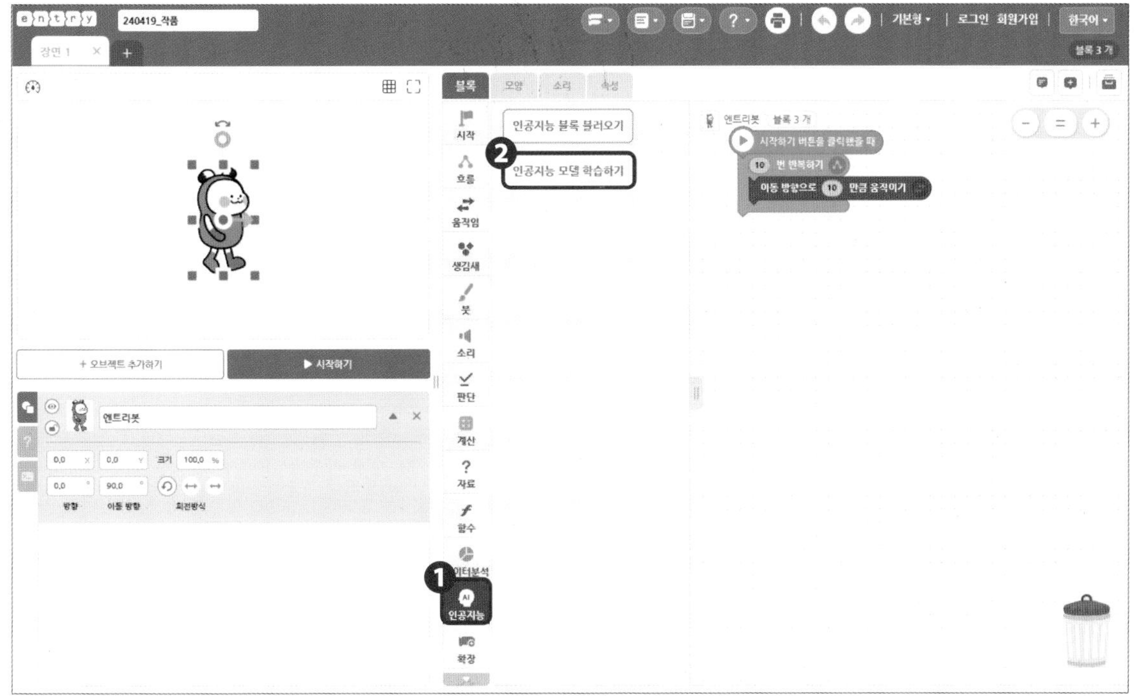

② [새로 만들기] 탭에서 [분류: 텍스트]를 클릭하고 [학습하기] 버튼을 클릭합니다.

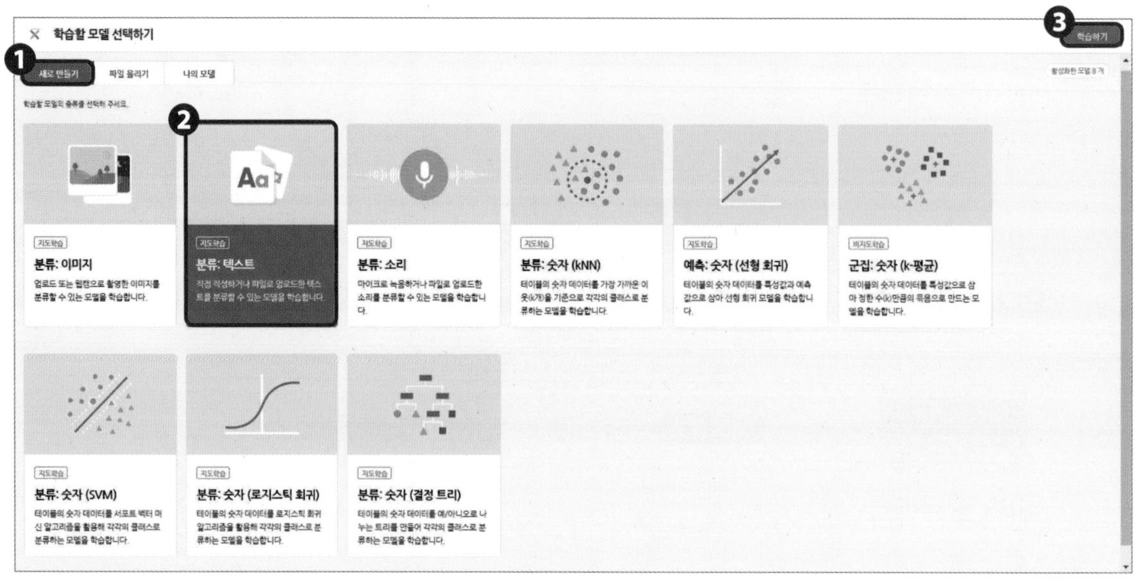

③ 새로운 모델 이름에 '스마트홈'이라고 입력합니다. '운동', '수면', '공부', '요리' 등 4개의 클래스를 만듭니다. 클래스별로 문자 데이터를 5개 이상 입력합니다. 이때 데이터는 단어도 되고 문장도 됩니다. 각 문자 데이터는 쉼표(,)로 구분 지어 줍니다.

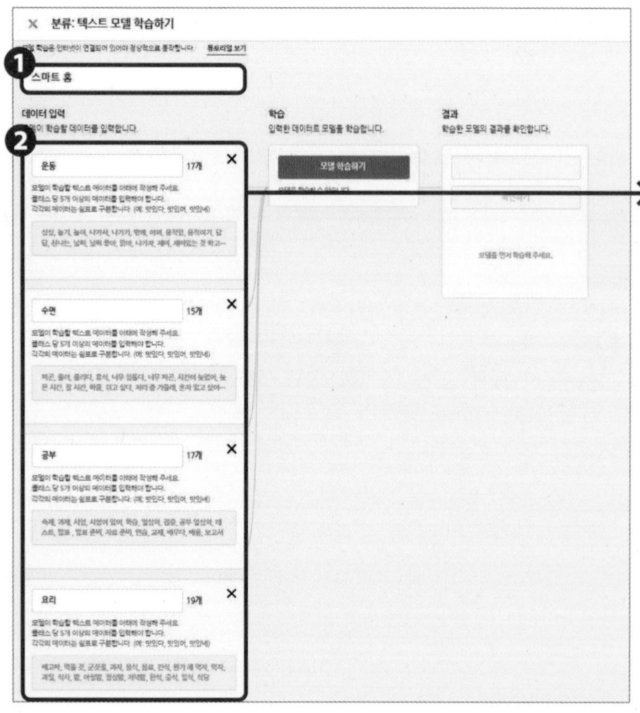

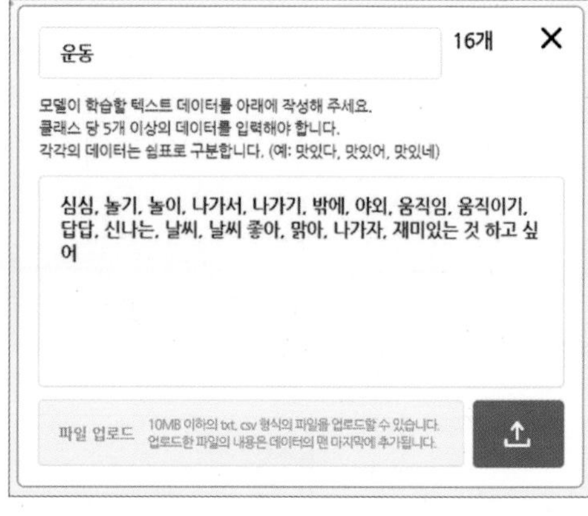

④ [모델 학습하기] 버튼을 클릭하여 데이터를 학습시킨 후 결과가 잘 나오는지 테스트합니다. 결과가 잘 나오면 [적용하기] 버튼을 클릭해서 텍스트 모델 학습을 마칩니다. 결과가 잘 나오지 않는다면 문자 데이터를 추가하거나 변경해서 모델 학습을 다시 실행합니다.

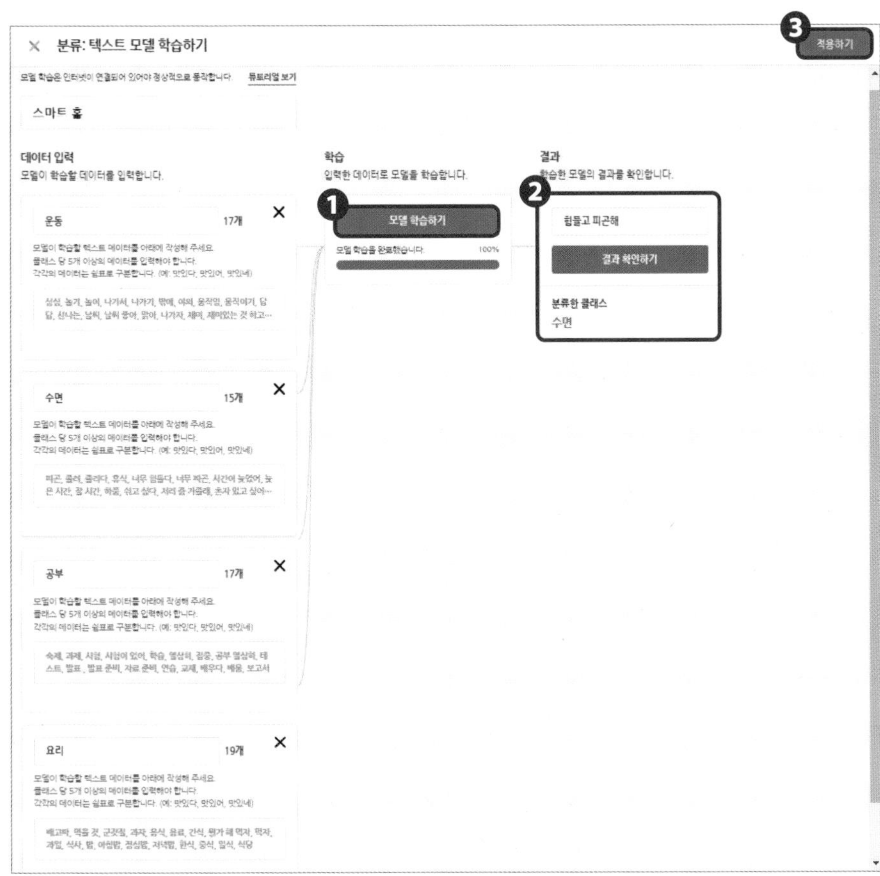

⑤ [+오브젝트 추가하기] 버튼을 눌러 필요한 오브젝트를 추가합니다.

오브젝트 이름	로봇 강아지	에어컨	센서	히터	방(3)
모양 (모양 이름)					
작품 속 오브젝트 이름	로봇 강아지	에어컨	오디오	히터	방

⑥ '로봇 강아지', '에어컨', '센서', '히터', '방(3)' 오브젝트를 불러와 화면에 배치합니다. '센서'는 작품 속 오브젝트 이름을 '오디오'로 바꿔줍니다. 배경이 되는 '방(3)' 오브젝트를 가장 아래에 배치합니다. 오브젝트 배치 순서는 해당 오브젝트를 마우스로 클릭해서 드래그하면 변경할 수 있습니다.

⑦ [속성] 탭에서 '히터 켜기', '에어컨 켜기', '오디오 켜기' 등 〈신호〉 3개를 만들어 줍니다.

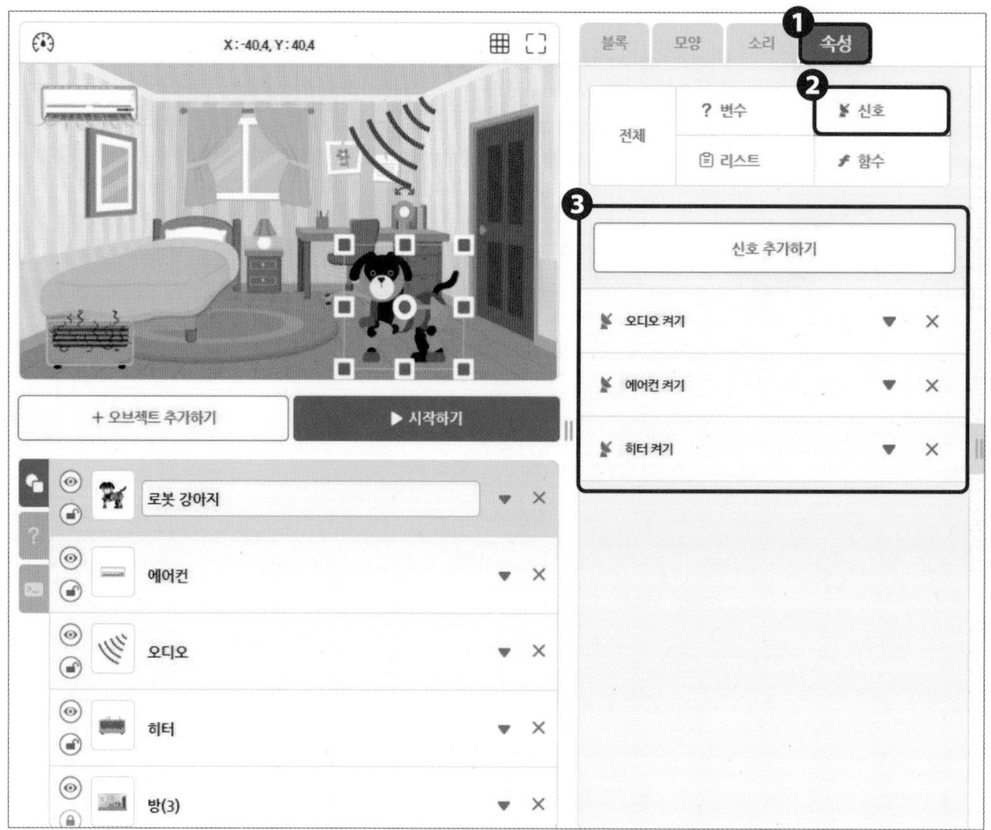

⑧ 스마트홈을 지키는 인공지능 댕댕이인 '로봇 강아지' 오브젝트가 나의 하루에 대해 묻고 내가 입력한 문자(텍스트)를 인공지능 학습 모델로 분류할 수 있도록 명령 블록을 다음과 같이 조립합니다.

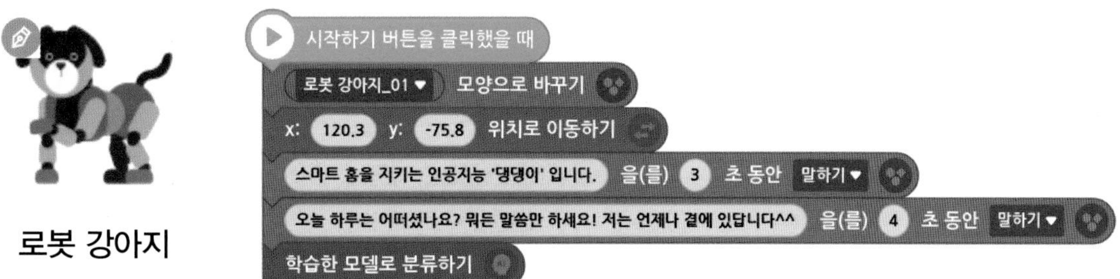

⑨ 입력한 문자(텍스트)를 판단하여 분류한 결과가 '운동'이면 '로봇 강아지' 오브젝트의 모양을 [로봇 강아지_10_놀자 ▾ 모양으로 바꾸기]로 바꿉니다. 그리고 '저랑 밖에 나가서 운동해요!'를 5초 동안 말하는 명령 블록을 조립합니다.

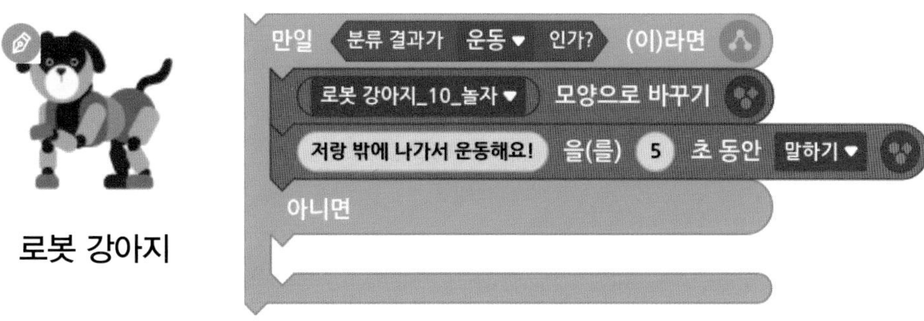

⑩ 입력한 문자(텍스트)를 판단하여 분류한 결과가 '수면'이면 '로봇 강아지' 오브젝트의 모양을 [로봇 강아지_08_잠 ▾ 모양으로 바꾸기]로 바꿉니다. 그리고 [히터 켜기 ▾ 신호 보내기] 블록을 조립해 히터를 켜고, 잠을 청하는 말하기 명령 블록을 조립합니다.

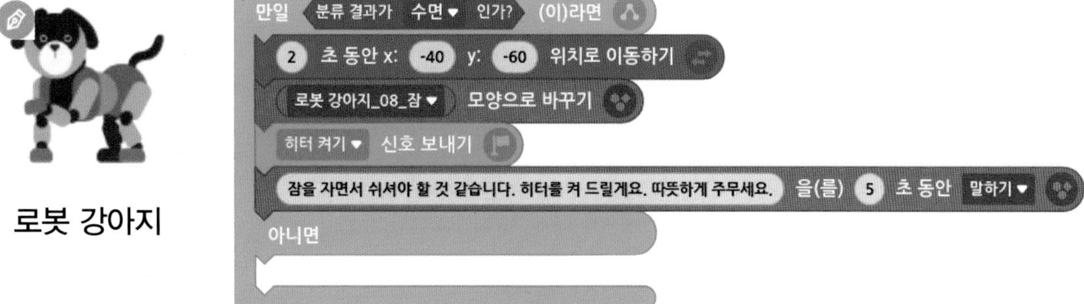

⑪ 입력한 문자(텍스트)를 판단하여 분류한 결과가 '공부'라면 '로봇 강아지' 오브젝트의 모양을 [로봇 강아지_07_행복 ▾ 모양으로 바꾸기]로 바꿉니다. 그리고 [에어컨 켜기 ▾ 신호 보내기] 블록을 조립해 에어컨을 켜고, 공부하기를 추천하는 말하기 명령 블록을 조립합니다.

로봇 강아지

```
만일 <분류 결과가 공부 ▾ 인가?> (이)라면
    2 초 동안 x: 107.7 y: -25.4 위치로 이동하기
    로봇 강아지_07_행복 ▾ 모양으로 바꾸기
    에어컨 켜기 ▾ 신호 보내기
    공부하기 좋은 시간인 것 같아요. 책상으로 오세요. 에어컨을 켜서 적절한 온도를 유지할게요. 을(를) 5 초 동안 말하기 ▾
아니면
```

⑫ 입력한 문자(텍스트)를 판단하여 분류한 결과가 '요리'라면 '로봇 강아지' 오브젝트의 모양을 [로봇 강아지_03_손 ▾ 모양으로 바꾸기]로 바꿉니다. 그리고 [오디오 켜기 ▾ 신호 보내기] 블록을 조립해 오디오를 켜고, 요리하기를 추천하는 말하기 명령 블록을 조립합니다. '운동', '수면', '공부', '요리' 어디에도 해당하지 않을 때 '입력을 다시해 주세요^^'라고 말하는 명령 블록을 조립합니다.

로봇 강아지

```
만일 <분류 결과가 요리 ▾ 인가?> (이)라면
    2 초 동안 x: 185 y: -70 위치로 이동하기
    로봇 강아지_03_손 ▾ 모양으로 바꾸기
    오디오 켜기 ▾ 신호 보내기
    신나는 노래를 들으면서 맛있는 음식을 만들어 볼까요? 주방으로 가요~ 을(를) 5 초 동안 말하기 ▾
아니면
    입력을 다시해 주세요^^ 을(를) 4 초 동안 말하기 ▾
```

⑬ [흐름] 카테고리의 [계속 반복하기] 블록을 (시작하기 버튼을 클릭했을 때) 블록 아래에 배치하고, ⑧~⑫번 과정을 거쳐 만든 '로봇 강아지' 오브젝트 코드를 모두 합쳐서 [계속 반복하기] 블록 안에 넣습니다.

로봇 강아지

```
시작하기 버튼을 클릭했을 때
계속 반복하기
    로봇 강아지_01 ▾ 모양으로 바꾸기
    x: 120.3 y: -75.8 위치로 이동하기
    스마트 홈을 지키는 인공지능 '댕댕이' 입니다. 을(를) 3 초 동안 말하기 ▾
    오늘 하루는 어떠셨나요? 뭐든 말씀만 하세요! 저는 언제나 곁에 있답니다^^ 을(를) 4 초 동안 말하기 ▾
    학습한 모델로 분류하기
    만일 분류 결과가 운동 ▾ 인가? (이)라면
        로봇 강아지_10_놀자 ▾ 모양으로 바꾸기
        저랑 밖에 나가서 운동해요! 을(를) 5 초 동안 말하기 ▾
    아니면
        만일 분류 결과가 수면 ▾ 인가? (이)라면
            2 초 동안 x: -40 y: -60 위치로 이동하기
            로봇 강아지_08_잠 ▾ 모양으로 바꾸기
            히터 켜기 ▾ 신호 보내기
            잠을 자면서 쉬셔야 할 것 같습니다. 히터를 켜 드릴게요. 따뜻하게 주무세요. 을(를) 5 초 동안 말하기 ▾
        아니면
            만일 분류 결과가 공부 ▾ 인가? (이)라면
                2 초 동안 x: 107.7 y: -25.4 위치로 이동하기
                로봇 강아지_07_행복 ▾ 모양으로 바꾸기
                에어컨 켜기 ▾ 신호 보내기
                공부하기 좋은 시간인 것 같아요. 책상으로 오세요. 에어컨을 켜서 적절한 온도를 유지할게요. 을(를) 5 초 동안 말하기 ▾
            아니면
                만일 분류 결과가 요리 ▾ 인가? (이)라면
                    2 초 동안 x: 185 y: -70 위치로 이동하기
                    로봇 강아지_03_손 ▾ 모양으로 바꾸기
                    오디오 켜기 ▾ 신호 보내기
                    신나는 노래를 들으면서 맛있는 음식을 만들어 볼까요? 주방으로 가요~ 을(를) 5 초 동안 말하기 ▾
                아니면
                    입력을 다시해 주세요^^ 을(를) 4 초 동안 말하기 ▾
```

⑭ '에어컨', '오디오', '히터' 오브젝트는 프로그램이 처음 실행될 때 꺼짐 모양으로 만들거나 모양을 숨겼다가 〈신호〉를 받았을 때 켜진 모양 또는 모양이 나타나도록 명령 블록을 다음과 같이 조립합니다.

⑮ 프로그램이 완성되었습니다. 프로그램을 실행하고 문자 데이터를 입력해 봅니다. 내가 입력한 문자에 따라 AI 스마트홈이 잘 작동하는지 확인해 봅니다.

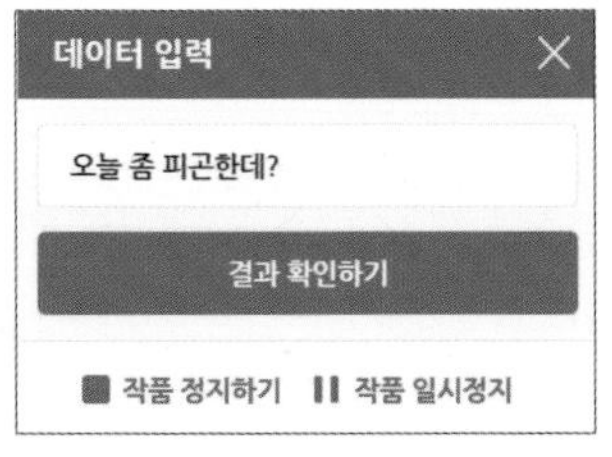

06 프로그램이 잘 실행되는지 확인해 보기

프로그램이 잘 실행되나요?

- '로봇 강아지' 오브젝트가 적절한 행동과 말을 할 수 있게 명령 블록을 조립했는지 확인해 보세요.
- 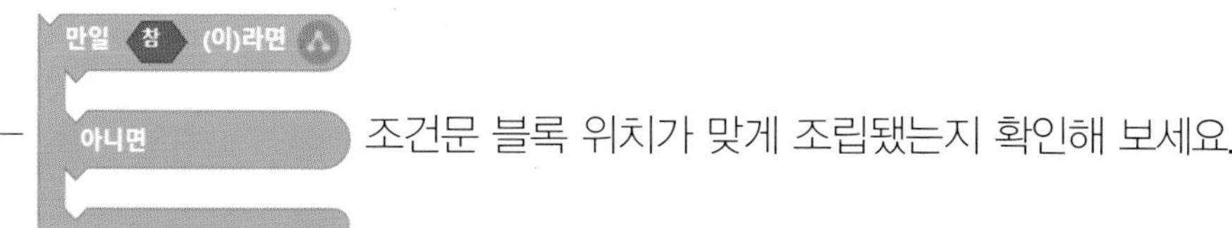

조건문 블록 위치가 맞게 조립됐는지 확인해 보세요.
- 〈신호〉 명령 블록을 잘 조립했는지 확인해 보세요.

인공지능이 문자를 잘 인식하나요?

- [인공지능 모델 학습하기]에서 각 클래스에 문자 데이터를 추가하고 모델 학습하기를 다시 해 보세요.
- '운동', '수면', '공부', '요리'에 해당하는 코드의 위치 또는 명령 블록의 조립 순서를 확인해 보세요.

07 오늘 배운 내용 정리하기

인공지능이 문자를 분류하기 위해서는 어떤 과정이 필요한지 적어 봅니다.

AI 스마트홈을 만들 때 인공지능으로 제어하고 싶은 다른 물건이 있다면 적어 봅니다.

08 더 알아보기

인공지능과 스마트홈

인공지능과 사물인터넷(IoT)이 적용된 스마트홈이 점차 발전하고 있습니다. 사물인터넷(IoT)이란 각종 사물에 센서와 통신 기능을 달아 인터넷과 연결하는 기술을 말합니다. 이러한 기술의 발전으로 음성으로 가전기기를 제어하는 것은 기본이 되었고, 외출 중에도 집에 있는 반려동물이 잘 있는지 볼 수 있고 대화도 할 수 있습니다. 정해진 시간에 청소하고 충전까지 알아서 하는 로봇청소기도 우리의 편의를 도와주고 있습니다. Wi-Fi(와이파이), bluetooth(블루투스) 등을 활용해서 가전과 가전, 사람과 로봇, 가전과 로봇 등을 연결한 가정생활은 이제 미래의 일이 아닌 현재 우리의 삶이 되었습니다.

이렇게 인공지능이 인간에게 도움이 되는 역할을 할 수 있도록 개발하는 것은 중요한 일입니다. 우리가 생각하는 것들은 이제 상상이 아닌 현실이 되었으며 그 상상은 더욱더 빠르게 실현되고 있습니다.

09 심화 활동하기

[소리 재생하기] 명령 블록을 이용해서 AI 스마트홈의 각 상황에 어울리는 음향을 넣어 봅니다. 수면하기는 조용한 음향, 운동하기는 활기찬 음향 등을 재생하도록 명령 블록을 조립해 봅니다.

소리 (대상 없음 ▾) 재생하기

빨강? 초록? 나의 룰렛을 예측해 주는 예언가 AI 룰렛

01 오늘의 이야기 살펴보기

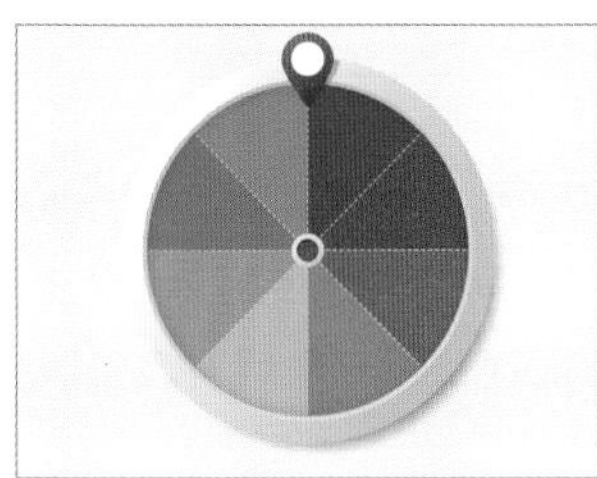

빨강일까요? 초록일까요?
O/X 퀴즈, 홀짝 맞추기처럼 두근두근 맞추기 놀이를 해 본 경험 모두 있지요?
무작위 뽑기에서 얼마나 맞출 수 있을까요?

데이터를 이용해서 우리가 얼마나 예언을 잘 하는지 정리해서 확인해 볼까요?

02 함께 만들 엔트리 작품 알아보기

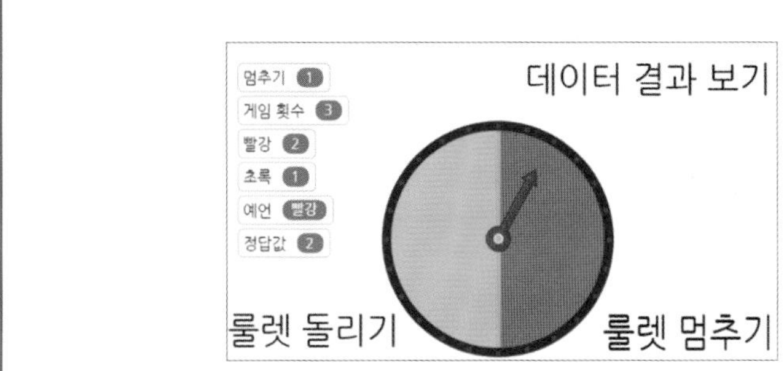

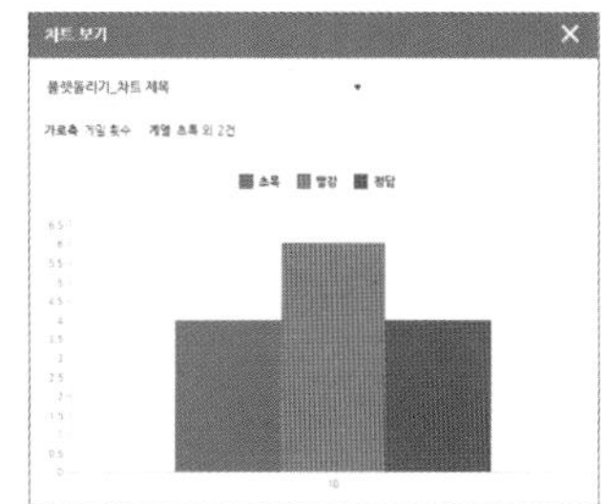

학습문제

룰렛 돌리기를 10회하고 6회 이상 맞출 수 있는지
데이터 테이블과 변수를 이용하여 예언가 AI 룰렛을 만들어 봅니다.

03 오늘 사용할 블록 알아보기

인공지능 블록

여성▾ 목소리를 보통▾ 속도 보통▾ 음높이로 설정하기

선택한 목소리가 선택한 속도와 음높이로 설정됩니다. 선택할 수 있는 목소리에는 '여성', '남성', '친절한', '감미로운', '울리는', '장난스러운', '앙증맞은', '마녀', '악마', '야옹이', '멍멍이'가 있습니다. 속도는 '매우 느린', '느린', '보통', '빠른', '매우 빠른'이 있고, 음높이로는 '매우 낮은', '낮은', '보통', '높은', '매우 높은'이 있습니다.

엔트리 읽어주고 기다리기

입력한 문자값을 읽어 주고 다음 블록을 실행합니다.

데이터 분석 블록

테이블 예언가 룰렛 테이블▾ 2 번째 행의 게임 횟수▾ 을(를) 10 (으)로 바꾸기

선택한 테이블에서 입력한 행의 속성을 입력한 값으로 바꿉니다.

테이블 예언가 룰렛 테이블▾ 의 예언가 룰렛 차트▾ 차트 창 열기

선택한 테이블의 차트창을 엽니다.

04 프로그램 살펴보기

화면(장면) 구성

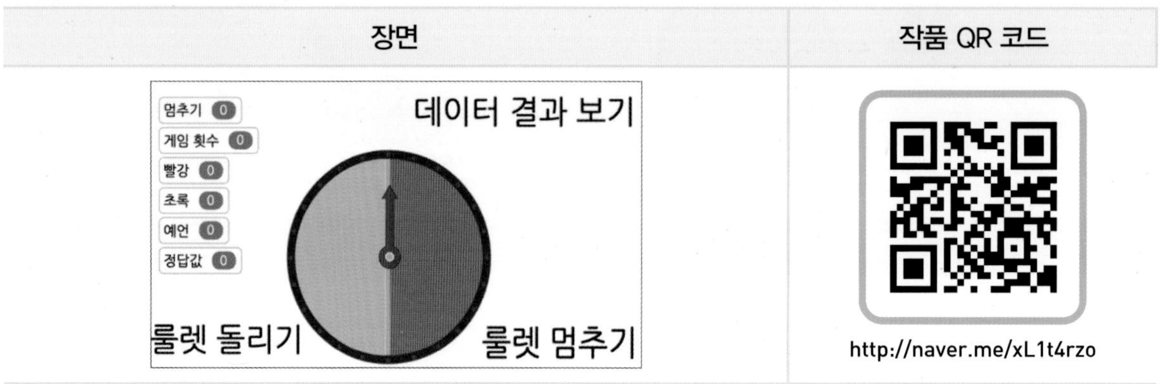

오브젝트 종류 및 해야 할 일

꼬마 마법사 오브젝트

• 모양 숨기기 이후 룰렛을 10회 돌린 후 모양 보이기

해야할일 결과 신호를 받으면 룰렛 돌리기 10회 이후 등장하여 예언 결과에 대해 이야기해 주기

데이터 결과 보기

글상자 오브젝트

• 글상자에 '데이터 결과 보기' 입력하기

해야할일 글상자 오브젝트를 클릭하면 룰렛 돌리기 중 빨강, 초록을 몇 번 선택했는지와 정답을 몇 번 맞췄는지 확인할 수 있도록 데이터 차트를 보여 주기

룰렛 돌리기

글상자 오브젝트

• 글상자에 '룰렛 돌리기' 입력하기

해야할일 결과가 무엇일지 예측해 보도록 묻고 대답 기다리기

해야할일 '게임 횟수' 〈변수〉에 1을 더하고, 데이터 테이블 창도 변한 값으로 바꾸어 주기

해야할일 '룰렛 돌리기' 〈신호〉를 보내서 실제로 룰렛 화살표가 돌 수 있도록 하기

룰렛 멈추기

글상자 오브젝트

• 글상자에 '룰렛 멈추기' 입력하기

해야할일 '멈추기' 〈변수〉를 바꾸어서 룰렛 화살표가 멈출 수 있도록 하기('멈추기' 〈변수〉가 0일 때에는 룰렛 화살표를 돌리고, 1일 때에는 멈추도록 하기)

해야할일 게임 횟수가 10회가 되면 '결과' 〈신호〉를 보내 꼬마 마법사가 등장하도록 하기

룰렛 화살표 오브젝트

• 룰렛 중앙에 위치하게 한 후 회전의 중심점을 옮기기

해야할일 '룰렛 돌리기' 〈신호〉를 받으면 방향을 무작위 수만큼 돌고 '멈추기' 〈변수〉가 1이 되면 서서히 멈추기

해야할일 룰렛 화살표의 위치에 따라 '빨강', '초록' 〈변수〉에 1 더하기 (룰렛 화살표의 방향이 0도 초과 180도 이하일 경우 '빨강' 〈변수〉에 1 더하기, 180도 초과 360도 이하일 경우 '초록' 〈변수〉에 1 더하기)

해야할일 만약 예측한 값과 실제 룰렛 화살표가 위치한 값이 같다면 '정답값' 〈변수〉에 1 더하기

해야할일 '빨강', '초록', '정답값' 〈변수〉의 값을 데이터 테이블에 입력하기

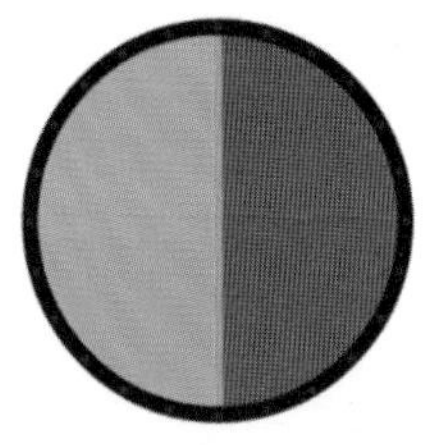

룰렛판 오브젝트

• 화면 중앙에 위치하도록 하기

해야 할 일 시작 시 인공지능 블록을 이용하여 룰렛 돌리기에 관한 이야기로 시작하기

05 함께 프로그래밍하기

① 엔트리봇을 삭제하기 위해서 오브젝트 목록에서 [X] 버튼을 클릭합니다. 그리고 [데이터 분석] 카테고리를 클릭한 후 [테이블 불러오기] 버튼을 클릭합니다.

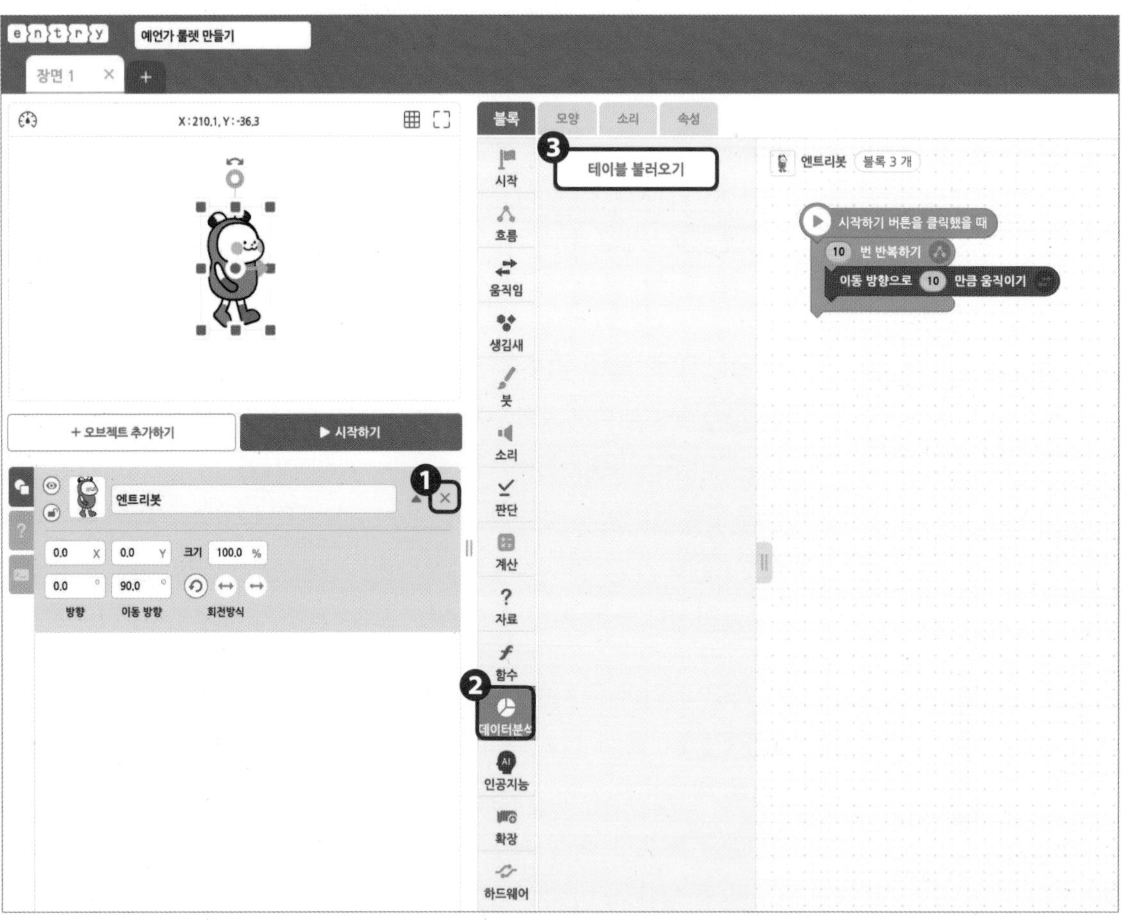

② [테이블 추가하기] – [새로 만들기]를 클릭한 후에 [추가하기] 버튼을 클릭합니다.

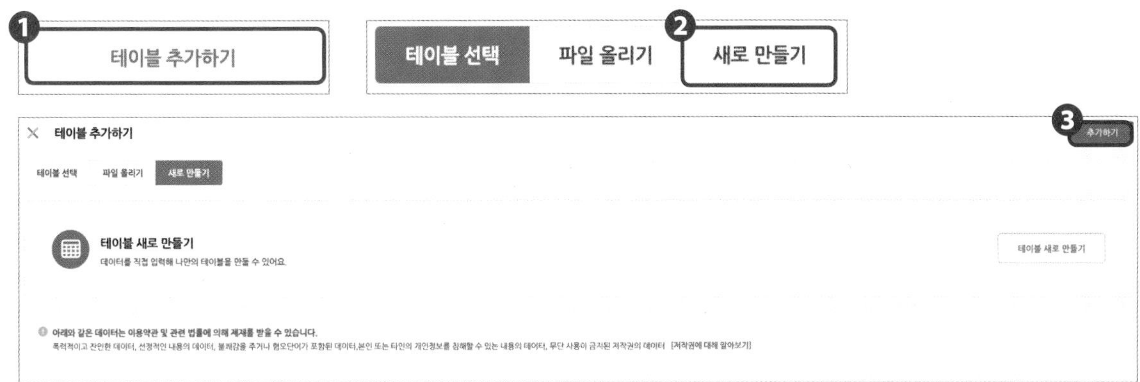

③ 데이터 테이블을 다음과 같이 수정해 줍니다. 제목을 변경하고 데이터의 값을 입력한 후에는 꼭 [저장하기] 버튼을 클릭합니다. 게임 횟수는 초록색과 빨강색으로 몇 번 예언을 했고, 정답을 몇 번 맞췄는지 값을 저장할 수 있는 테이블을 의미합니다.

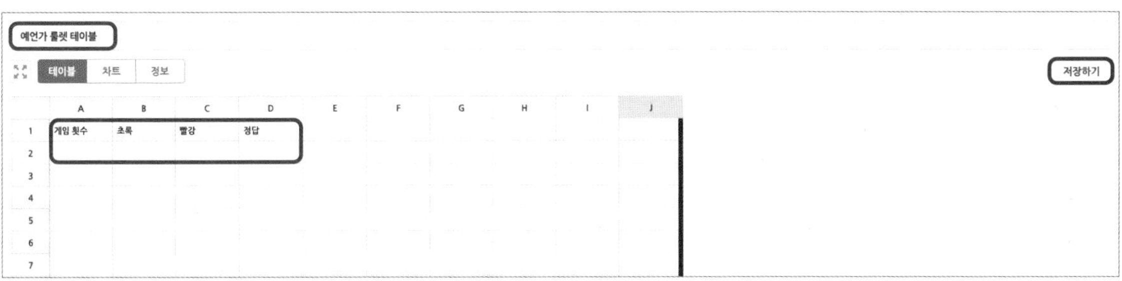

④ 장면에서 [+오브젝트 추가하기] 버튼을 눌러 필요한 오브젝트를 추가합니다. 실행화면에서 추가한 오브젝트를 드래그하거나 크기 조절점을 이용해 오브젝트의 위치와 크기를 변경합니다.

오브젝트 이름	꼬마 마법사	글상자	글상자	글상자	룰렛 화살표	룰렛판
모양 (모양 이름)	(꼬마 마법사_1)	데이터 결과 보기	**룰렛 돌리기**	**룰렛 멈추기**	(룰렛화살표_1)	(룰렛판_2)
작품 속 오브젝트 이름	예언가인가?	데이터 결과 보기	룰렛 돌리기	룰렛 멈추기	예언가 룰렛 화살표	예언가 룰렛판

PART 1 인공지능 & 데이터

⑤ [속성] 탭에서 '게임 횟수', '멈추기', '예언', '빨강', '초록', '정답값' 〈변수〉 6개를 추가합니다.

게임 횟수	10회 룰렛 돌리기 중 현재의 게임 횟수를 저장하는 변수
멈추기	스위치와 같은 역할로 0일 때에는 '룰렛 화살표'를 돌리고, 1일 때에는 '룰렛 화살표'를 멈추는 변수
예언	룰렛을 돌리기 전 빨강, 초록 중 어느 곳에 멈출 것인지 예언한 대답값을 저장하는 변수
빨강과 초록	룰렛을 멈춘 후 멈춘 위치가 어느 색인지에 따라 1을 추가하는 변수
정답값	예언값과 실제로 멈춘 곳의 색이 같으면 1을 추가하는 변수

⑥ [속성] 탭에서 '결과', '룰렛 돌리기' 〈신호〉 2개를 추가합니다. '결과'는 게임 횟수가 10회가 되면 보내는 신호, '룰렛 돌리기'는 '예언가 룰렛 화살표' 오브젝트를 돌릴 수 있도록 보내는 신호입니다.

⑦ [인공지능] 카테고리를 클릭한 후 [인공지능 블록 불러오기] 버튼을 클릭합니다. [읽어주기] 명령 블록을 추가합니다.

⑧ '예언가 룰렛판' 오브젝트에 [읽어주기] 명령 블록을 이용하여 프로그램을 음성으로 소개하도록 블록을 조립합니다. 그리고 프로그램이 시작되었을 때 모든 〈변수〉의 값을 0으로 초기화하도록 명령 블록을 다음과 같이 조립합니다.

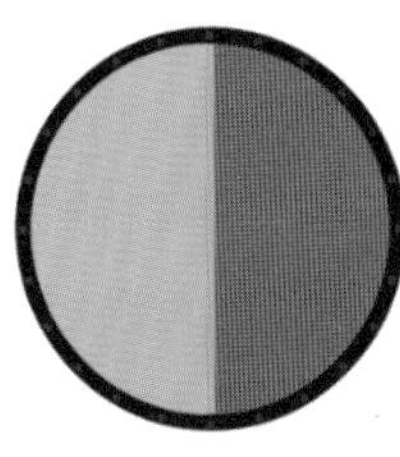
예언가 룰렛판

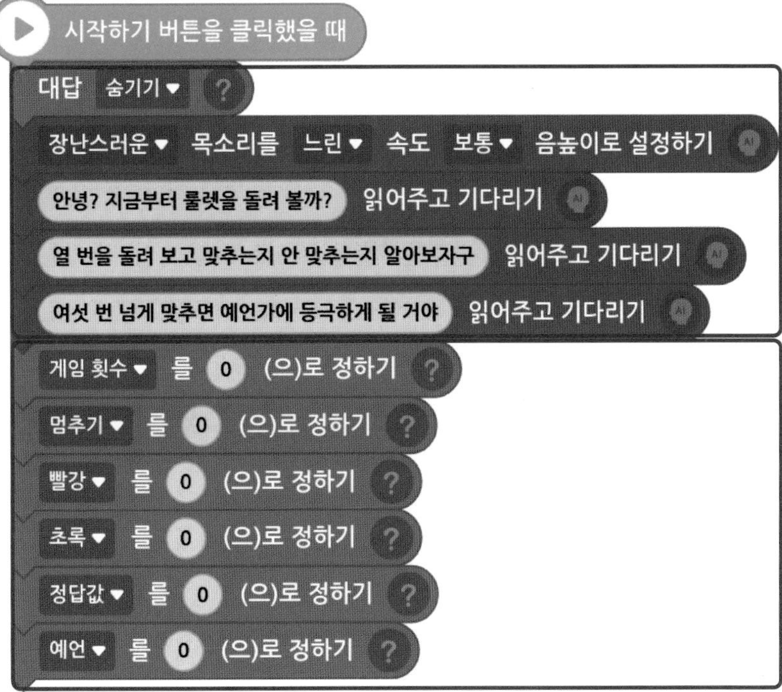

⑨ '룰렛 돌리기' 글상자 오브젝트를 클릭했을 때 '결과가 무엇인지 맞춰 볼까?'를 묻고 기다리고 대답값을 '예언' 〈변수〉에 저장하도록 합니다. 또한 룰렛을 돌릴 때마다 '게임 횟수' 〈변수〉 값에 1만큼 더합니다. 데이터 테이블의 2번째 행의 게임 횟수를 '게임 횟수' 〈변수〉 값으로 바뀌도록 한 후 '룰렛 돌리기' 〈신호〉를 보냅니다.

룰렛 돌리기

글상자

```
오브젝트를 클릭했을 때
장난스러운▼ 목소리를 보통▼ 속도 보통▼ 음높이로 설정하기
결과가 무엇인지 맞춰 볼까? (빨강, 초록 중에서 한 개로 대답해 줘) 을(를) 묻고 대답 기다리기
예언▼ 를 대답 (으)로 정하기
돌아가라 얍! 읽어주고 기다리기
게임 횟수▼ 에 1 만큼 더하기
테이블 예언가 룰렛 테이블▼ 2 번째 행의 게임 횟수▼ 을(를) 게임 횟수▼ 값 (으)로 바꾸기
룰렛 돌리기▼ 신호 보내기
```

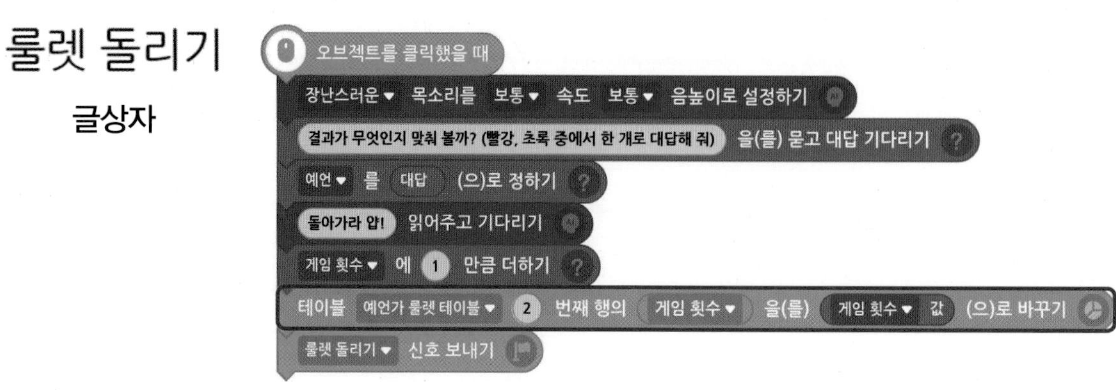

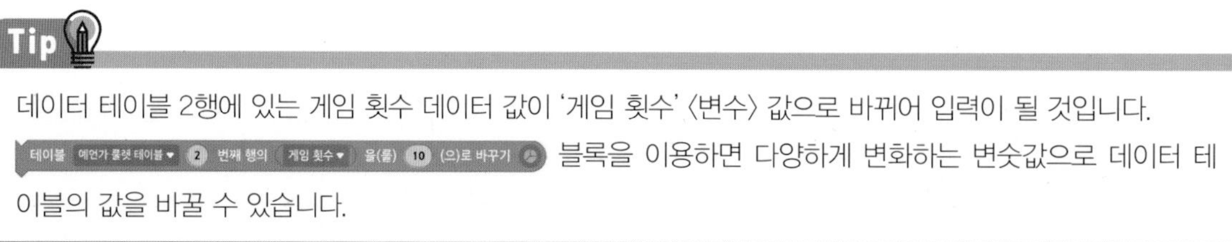

	A	B	C	D	E	F	G	H	I	J
1	게임 횟수	초록	빨강	정답						
2	0	0	0	0						
3										
4										
5										

Tip

데이터 테이블 2행에 있는 게임 횟수 데이터 값이 '게임 횟수' 〈변수〉 값으로 바뀌어 입력이 될 것입니다. `테이블 예언가 룰렛 테이블▼ 2 번째 행의 게임 횟수▼ 을(를) 10 (으)로 바꾸기` 블록을 이용하면 다양하게 변화하는 변숫값으로 데이터 테이블의 값을 바꿀 수 있습니다.

⑩ '예언가 룰렛 화살표' 오브젝트에 '룰렛 돌리기' 〈신호〉를 받았을 때 '멈추기' 〈변수〉 값을 0으로 정하고 '멈추기' 〈변수〉 값이 1이 될 때까지 회전하도록 명령 블록을 다음과 같이 조립합니다. 이때, '예언가 룰렛 화살표' 오브젝트의 중심점을 화살표 중심으로 옮기도록 합니다.

예언가 룰렛 화살표

```
룰렛 돌리기▼ 신호를 받았을 때
멈추기▼ 를 0 (으)로 정하기
멈추기▼ 값 = 1 이 될 때까지▼ 반복하기
    0.1 초 동안 방향을 80° 만큼 회전하기
```

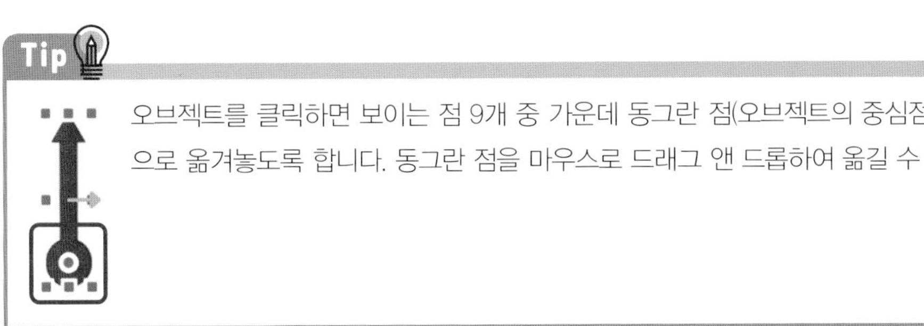

Tip

오브젝트를 클릭하면 보이는 점 9개 중 가운데 동그란 점(오브젝트의 중심점)을 룰렛이 회전하는 축으로 옮겨놓도록 합니다. 동그란 점을 마우스로 드래그 앤 드롭하여 옮길 수 있습니다.

⑪ '룰렛 멈추기' 글상자 오브젝트를 클릭했을 때 멈추라고 음성으로 읽어 주고, '멈추기' 〈변수〉 값을 1로 정한 뒤 '룰렛 화살표' 오브젝트의 회전을 멈추도록 합니다. 그리고 만일 '게임 횟수' 〈변수〉 값이 10이 되면 '결과' 〈신호〉를 보내도록 명령 블록을 다음과 같이 조립합니다.

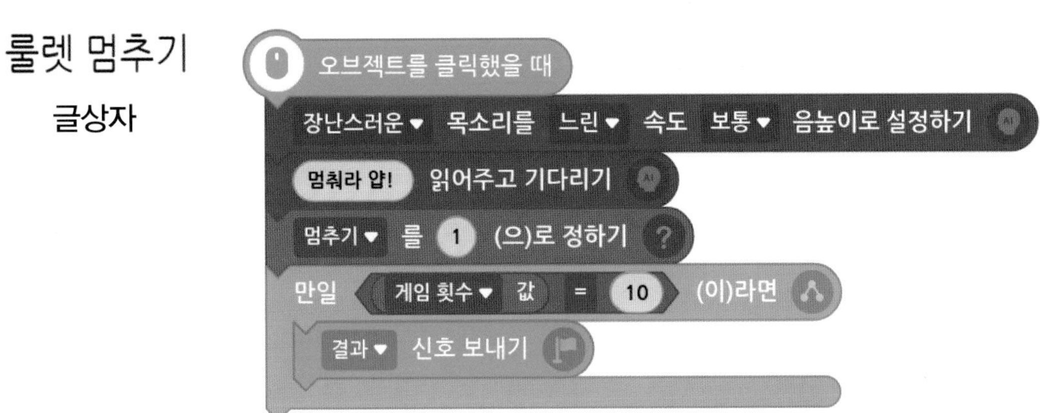

⑫ '멈추기' 〈변수〉 값이 1이 되면, 무작위 초, 각도만큼 회전한 뒤 멈추도록 이전에 만든 '예언가 룰렛 화살표' 오브젝트 코드 아래에 명령 블록을 다음 코드와 같이 조립합니다.

⑬ 만일 '예언가 룰렛 화살표' 오브젝트가 멈춘 방향이 '빨강'이라면 '빨강' 〈변수〉에 1만큼 더하고, 데이터 테이블 정답 부분을 빨강값으로 바꾸도록 합니다. 만일 룰렛을 돌리기 전의 '예언' 〈변수〉 값과 현재 멈춘 값이 '빨강'으로 같다면, '정답값' 1만큼 더하고 데이터 테이블 정답값도 바꾸어 주도록 명령 블록을 조립합니다.

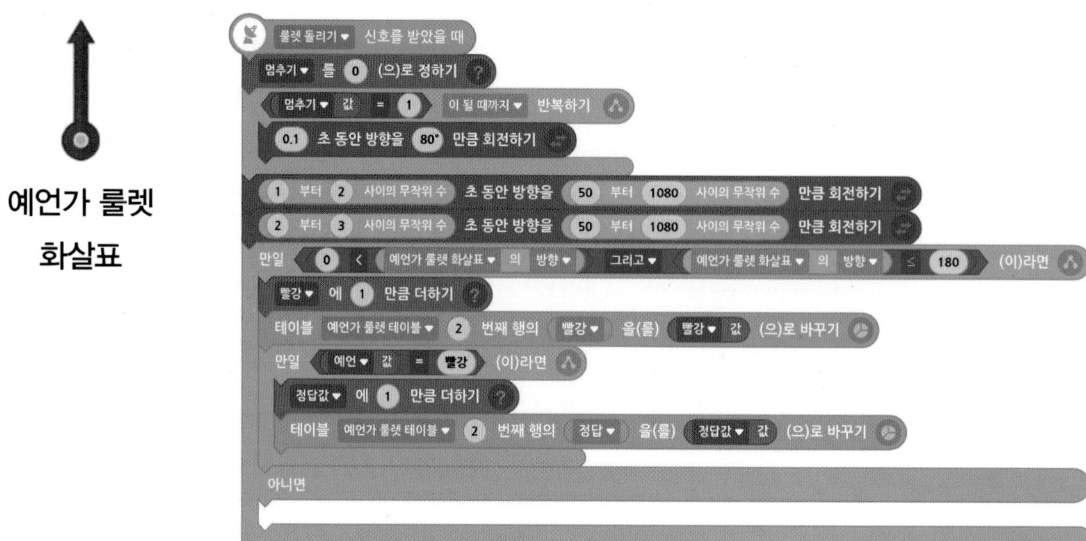

⑭ '빨강'이 아닌 '초록'의 경우는 위에서 조립한 코드를 복사 & 붙여놓기한 다음, '빨강'이라고 되어 있는 부분을 '초록'으로 바꾸어 코드를 조립해 다음과 같이 최종 코드를 완성합니다.

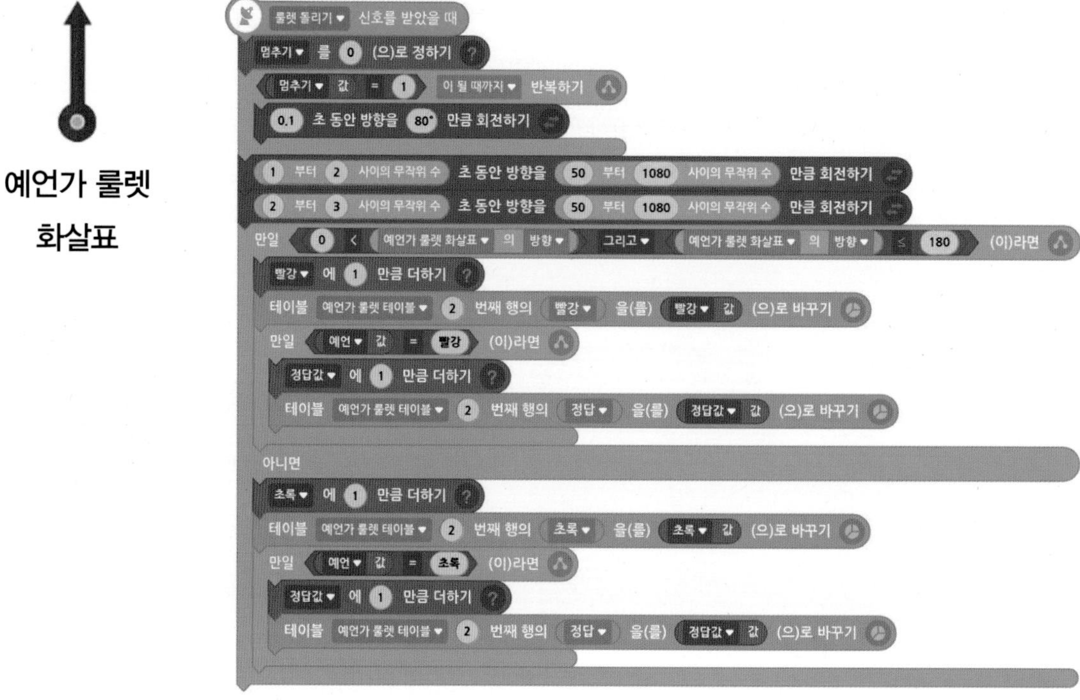

Tip

'룰렛 화살표' 오브젝트의 방향에 따른 각도를 알면 프로그래밍에 큰 도움이 될 수 있습니다.

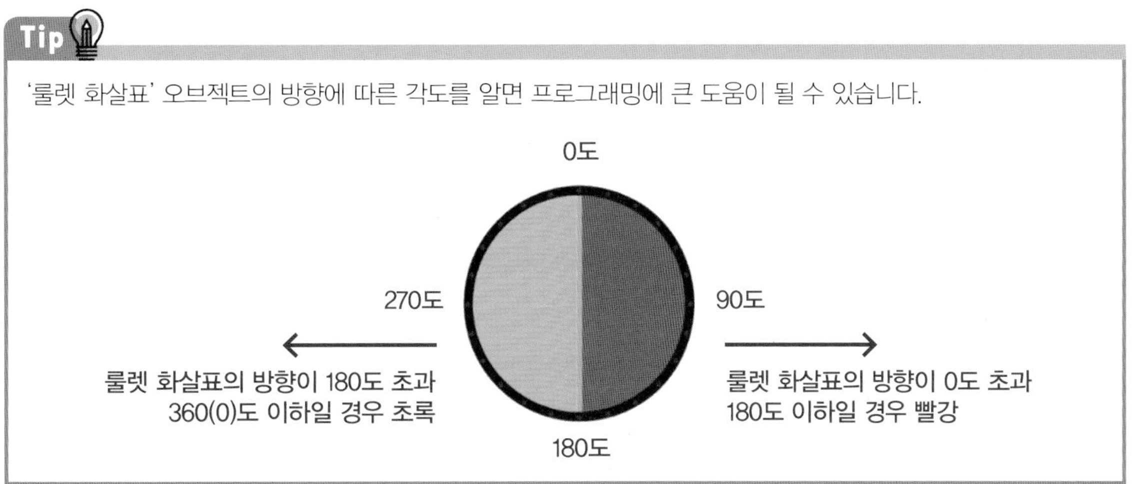

⑮ '예언가인가?' 오브젝트에는 다음과 같이 코드를 두 개 만듭니다. 프로그램이 시작되었을 때 모양을 숨겼다가 '결과' 〈신호〉를 받으면 모양을 보이게 합니다. 만일 정답값이 6(회) 이상이라면 '넌 예언가구나! 대단해!'라고 읽어 주고, 6회 미만으로 맞췄다면 '좀 더 노력해야겠군! 다음 기회를 기약하자!'라고 읽어 주도록 명령 블록을 조립합니다.

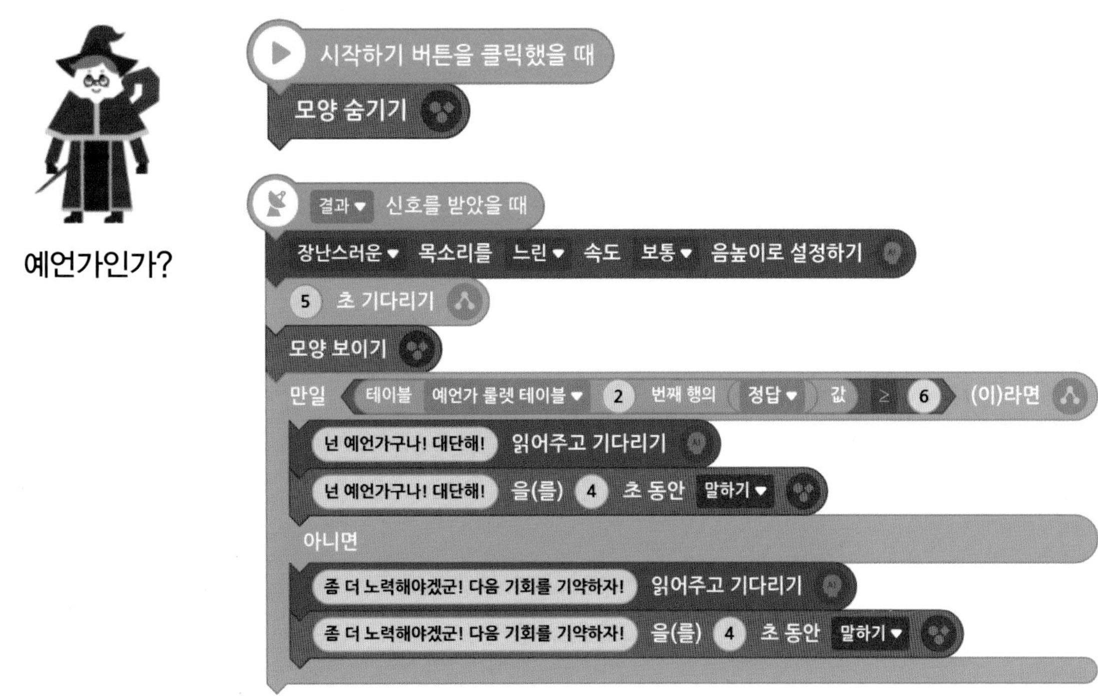

⑯ [데이터 분석] 카테고리에서 [테이블 불러오기] 버튼을 클릭합니다. 테이블 창에서 [차트] 탭을 클릭한 후 '막대'(그래프)를 선택합니다. 가로축은 '게임 횟수', 계열은 '모두'를 선택한 후 [저장하기] 버튼을 클릭합니다.

⑰ '데이터 결과 보기' 글상자 오브젝트를 클릭했을 때 차트 창을 열 수 있도록 명령 블록을 다음과 같이 조립합니다.

⑱ 프로그램이 완성되었습니다. 프로그램을 실행하고 예언가 AI 룰렛 돌리기와 멈추기를 반복하면서 나의 예언 실력을 확인해 봅니다.

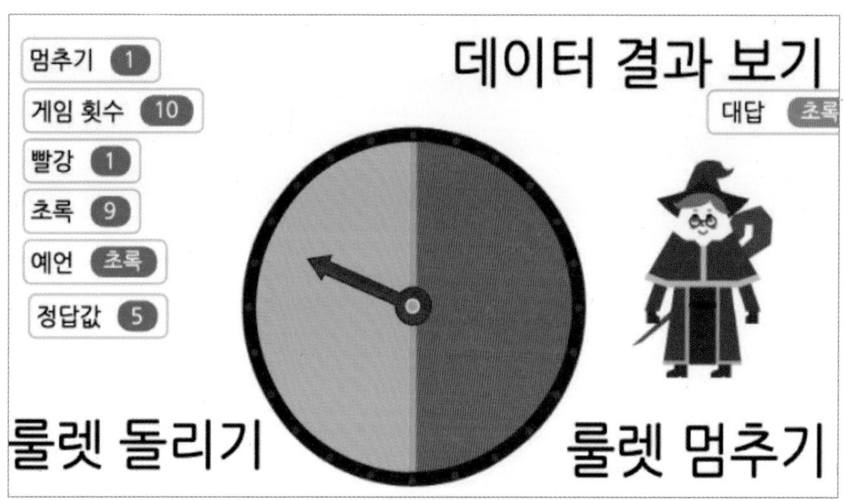

06 프로그램이 잘 실행되는지 확인해 보기

'룰렛 돌리기' 글상자 오브젝트를 클릭하면 '예언가 룰렛 화살표' 오브젝트가 잘 회전하나요?

– '예언가 룰렛 화살표' 오브젝트의 중심점 위치를 125쪽의 〈TIP〉 내용과 같이 옮겼는지 확인해 보세요.

룰렛 돌리기를 한 후 '빨강', '초록' 〈변수〉 값이 룰렛 화살표가 멈춘 위치와 동일하게 올라가나요?

– 룰렛 화살표의 방향값이 127쪽의 〈Tip〉 내용과 같이 지정되어 있는지 확인해 보세요.

데이터 테이블에 값이 올바르게 저장되어 차트가 잘 만들어졌나요?

– 데이터 테이블 명령 블록에 2번째 행을 입력했는지 확인해 보세요.

07 오늘 배운 내용 정리하기

변수와 데이터 테이블을 이용해 예언가 AI 룰렛을 만들어 본 소감을 적어 봅니다.

예언가 AI 룰렛 만들기 프로그램 중 바꾸고 싶은 부분이 있다면 적어 봅니다.

08 더 알아보기

데이터 테이블

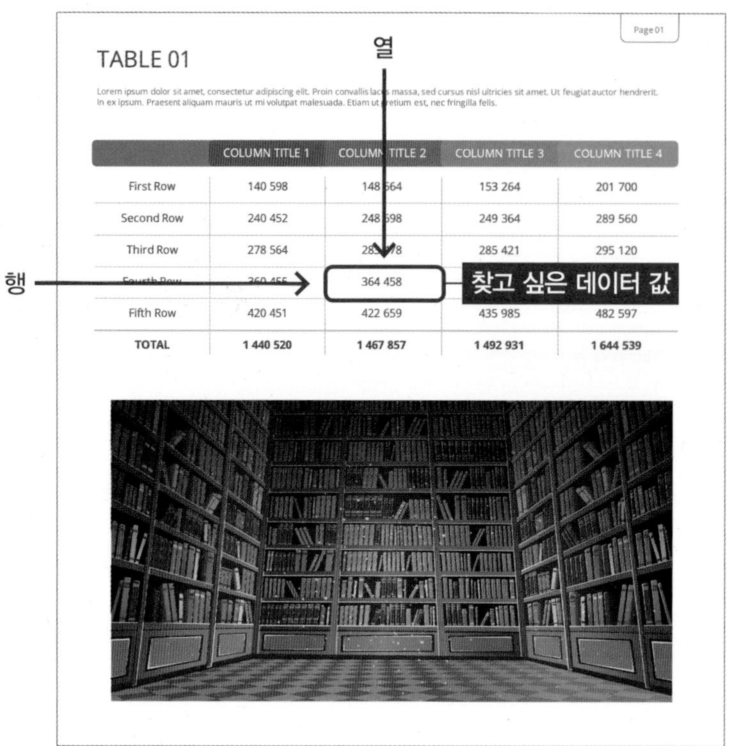

	COLUMN TITLE 1	COLUMN TITLE 2	COLUMN TITLE 3	COLUMN TITLE 4
First Row	140 598	148 564	153 264	201 700
Second Row	240 452	248 598	249 364	289 560
Third Row	278 564	28[illegible]78	285 421	295 120
Fourth Row	360 455	364 458		
Fifth Row	420 451	422 659	435 985	482 597
TOTAL	1 440 520	1 467 857	1 492 931	1 644 539

우리는 일상생활에서 다양한 값(데이터)을 보기 편하게 표로 만드는 경우가 있습니다. 이와 같은 작업을 엔트리에서는 데이터 테이블에서 처리할 수 있습니다. 엔트리에서 변수가 한 가지 값을 저장해 놓은 서랍이라면, 데이터 테이블은 다양한 값을 저장해 놓은 도서관이라고 비유할 수 있습니다. 다양한 책이 있는 도서관에서 우리가 원하는 책을 빨리 찾기 위해 일련번호를 사용하는 것처럼 데이터 테이블에서는 행과 열을 사용합니다. 예를 들어, 영수라는 학생(행)의 키(열)를 데이터 테이블에 저장하면 내가 원할 때 빠르게 값을 읽을 수 있어서 매우 유용합니다.

엔트리에서는 데이터 테이블을 바탕으로 차트도 만들 수 있습니다. 우리가 함께 만든 예언가 룰렛 게임 이외의 데이터 테이블을 이용하여 또 어떤 프로그래밍을 할 수 있을까요?

09 심화 활동하기

예언가 AI 룰렛 게임의 난이도를 더 쉽게 또는 어렵게 하려면 어떤 부분을 수정하면 좋을까요?

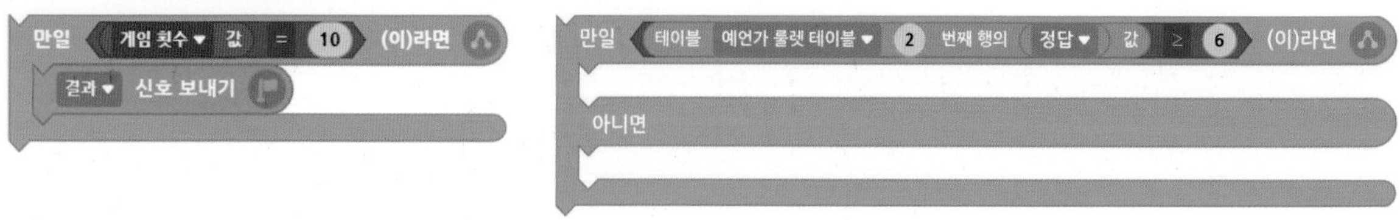

위의 힌트처럼 게임 횟수 바꾸기, 예언가에 등극하는 정답값의 기준 바꾸기 등 다양한 방법으로 수정해 봅니다.

건강한 스마트폰 사용 습관을 위한 인공지능&데이터

01 오늘의 이야기 살펴보기

우리는 생활 속에서 얼마나 스마트폰을 사용하고 있을까요?
혹시 우리는 스마트폰 이용 중독은 아닐까요?

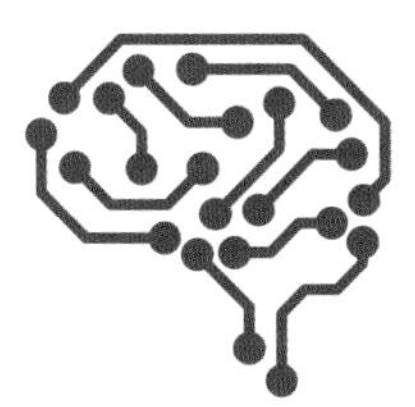

인공지능, 데이터 분석 블록을 사용해서 우리가 스마트폰을 적절하게 이용하고 있는지 알 수 있는 프로그래밍을 해 볼까요?

02 함께 만들 엔트리 작품 알아보기

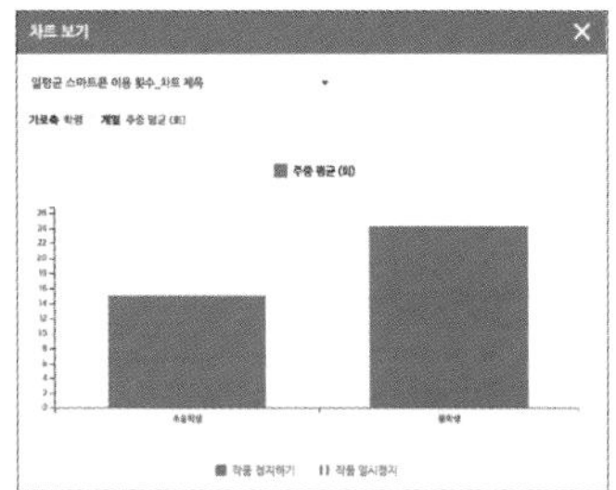

학습문제

핸드폰(사물)을 인식하면 데이터 테이블의 내용과 비교해서
스마트폰 이용이 적절한지 판단하는 프로그래밍을 해 봅니다.

03 오늘 사용할 블록 알아보기

인공지능 블록

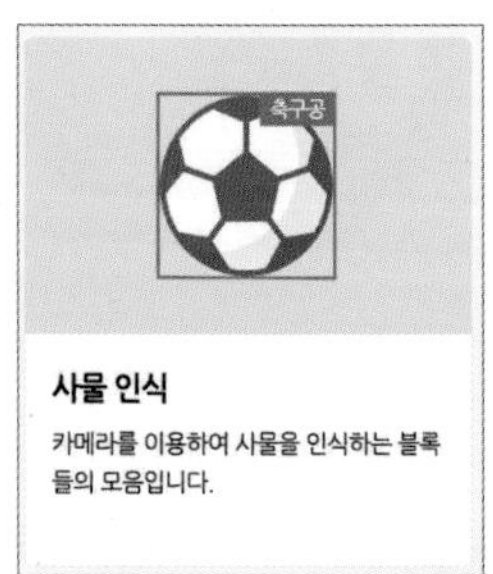

축구공
사물 인식
카메라를 이용하여 사물을 인식하는 블록들의 모음입니다.

비디오 화면 보이기▾ 컴퓨터에 연결된 카메라가 촬영하는 화면을 실행화면에서 보이게 하거나 숨깁니다.

사물 인식 시작하기▾ 사물 인식을 시작하거나 중지합니다(사물 인식: 인식한 사물의 종류를 알 수 있습니다).

사물 중 핸드폰▾ 을(를) 인식했는가? 선택한 사물이 인식된 경우 '참'으로 판단합니다.

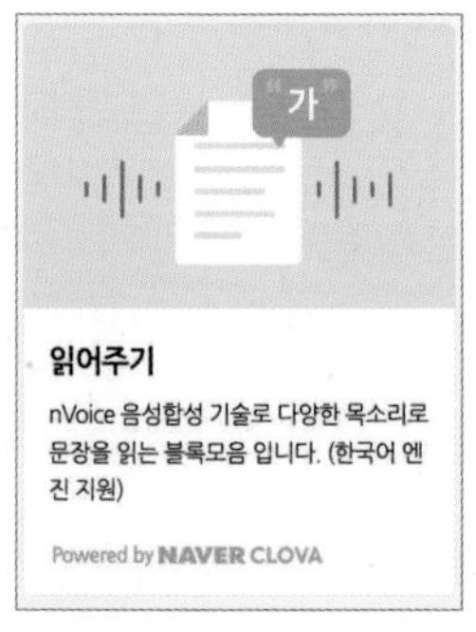

nVoice 음성합성 기술로 다양한 목소리로 문장을 읽는 블록모음 입니다. (한국어 엔진 지원)

여성▾ 목소리를 보통▾ 속도 보통▾ 음높이로 설정하기

선택한 목소리가 선택한 속도와 음높이로 설정됩니다. 선택할 수 있는 목소리에는 '여성', '남성', '친절한', '감미로운', '울리는', '장난스러운', '앙증맞은', '마녀', '악마', '야옹이', '멍멍이'가 있습니다. 속도는 '매우 느린', '느린', '보통', '빠른', '매우 빠른'이 있고, 음높이로는 '매우 낮은', '낮은', '보통', '높은', '매우 높은'이 있습니다.

엔트리 읽어주고 기다리기 입력한 문자값을 읽어 주고 다음 블록을 실행합니다.

데이터 분석 블록

`테이블 (일평균 스마트폰 이용 횟수▼) 의 (일평균 스마트폰 이용 횟수▼) 차트 창 열기`

선택한 테이블의 차트창을 엽니다.

`테이블 (일평균 스마트폰 이용 횟수▼) (2) 번째 행의 (주중 평균 (회)▼) 값`

선택한 테이블에서 입력한 행의 속성 값입니다. '속성' 값 블록 대신 '값' 블록을 결합해 사용할 수도 있습니다.

04 프로그램 살펴보기

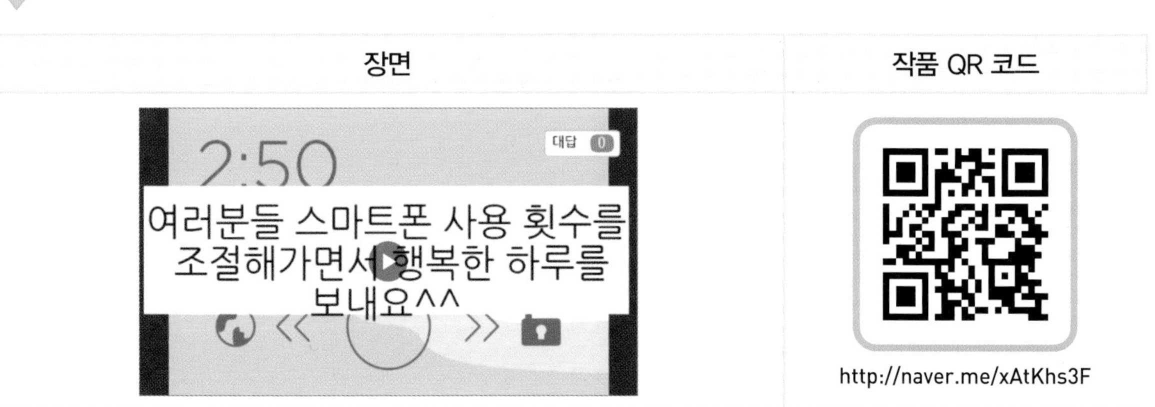

오브젝트 종류 및 해야 할 일

우주선 탄 엔트리봇 오브젝트

- **해야 할 일** 사물 인식을 시작하고 핸드폰이 인식됐는지 판단하기
- **해야 할 일** 초등학생인지 중학생인지 묻기
- **해야 할 일** 하루에 스마트폰을 몇 회 정도 사용하는지 묻기
- **해야 할 일** 데이터 테이블의 값과 비교하여 많거나 적을 때 안내하기

핸드폰 잠금화면 오브젝트

- '장면 1' 배경 오브젝트
- **해야 할 일** 투명도를 50으로 정하기

여러분들 스마트폰 사용 횟수를 조절해가면서 행복한 하루를 보내요^^

글상자 오브젝트

- 처음 실행 시 모양 숨기기를 한 후, '마무리' 〈신호〉를 받았을 때 모양 보이기
- **해야 할 일** 끝날 때 안내문을 보여 주고 마무리하기

05 함께 프로그래밍하기

① 엔트리봇 오브젝트를 삭제하기 위해 오브젝트 목록에서 [X] 버튼을 클릭합니다. 그리고 [데이터 분석] 카테고리를 클릭한 후 [테이블 불러오기] 버튼을 클릭합니다.

② [테이블 추가하기] 버튼을 클릭한 후 데이터 테이블 목록에서 [일평균 스마트폰 이용 횟수]를 선택한 다음 [추가하기] 버튼을 클릭합니다.

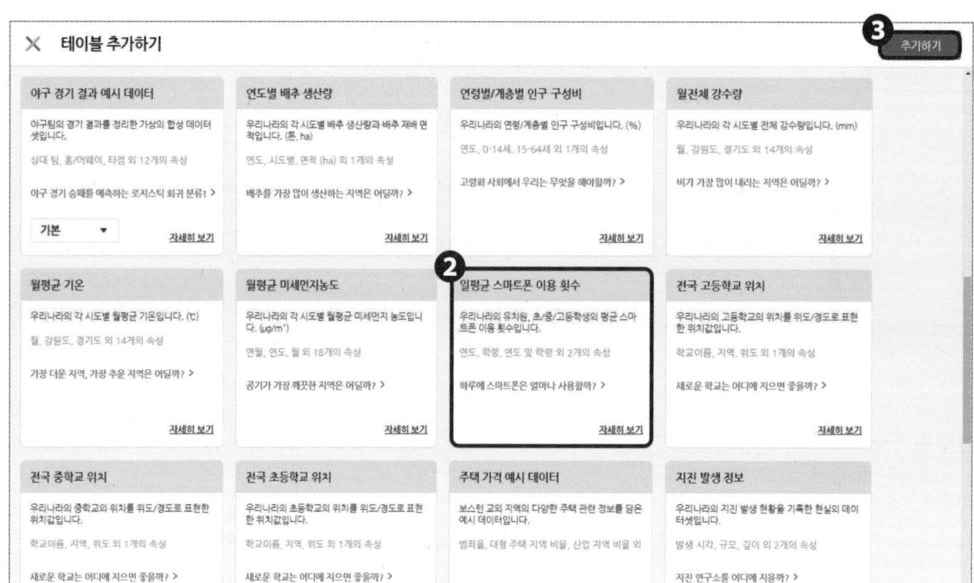

③ 사용 목적에 맞게 데이터 테이블을 수정합니다. 행 번호를 마우스 오른쪽 버튼으로 클릭한 후 [행 삭제]를 클릭하면 그 행의 데이터를 모두 삭제할 수 있습니다. 2017년 자료 중 초등학생, 중학생 데이터만 남기고 모두 삭제합니다. 그리고 연도 및 학령의 열 번호를 마우스 오른쪽 버튼으로 클릭한 후 [열 삭제]를 클릭합니다. [저장하기] 버튼을 클릭합니다.

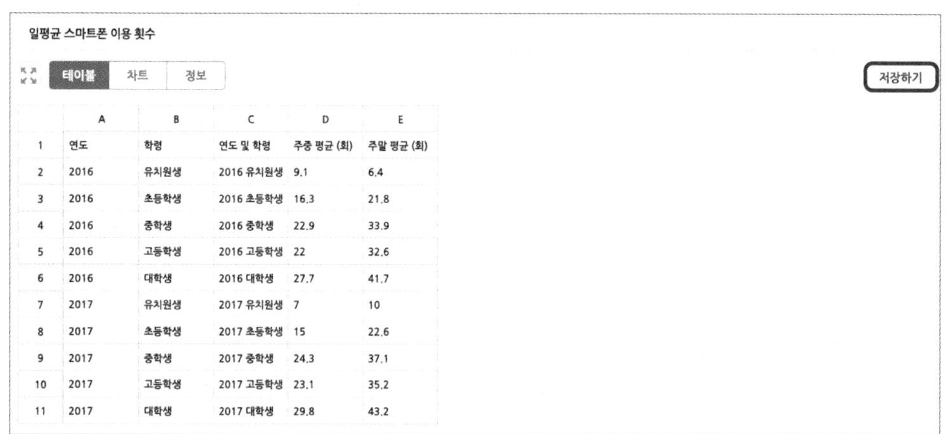

	A	B	C	D	E
1	연도	학령	연도 및 학령	주중 평균 (회)	주말 평균 (회)
2	2016	유치원생	2016 유치원생	9.1	6.4
3	2016	초등학생	2016 초등학생	16.3	21.8
4	2016	중학생	2016 중학생	22.9	33.9
5	2016	고등학생	2016 고등학생	22	32.6
6	2016	대학생	2016 대학생	27.7	41.7
7	2017	유치원생	2017 유치원생	7	10
8	2017	초등학생	2017 초등학생	15	22.6
9	2017	중학생	2017 중학생	24.3	37.1
10	2017	고등학생	2017 고등학생	23.1	35.2
11	2017	대학생	2017 대학생	29.8	43.2

④ [+오브젝트 추가하기] 버튼을 눌러 필요한 오브젝트를 추가합니다. 모양과 이름을 바꾸고 오브젝트의 위치도 적절하게 조정합니다.

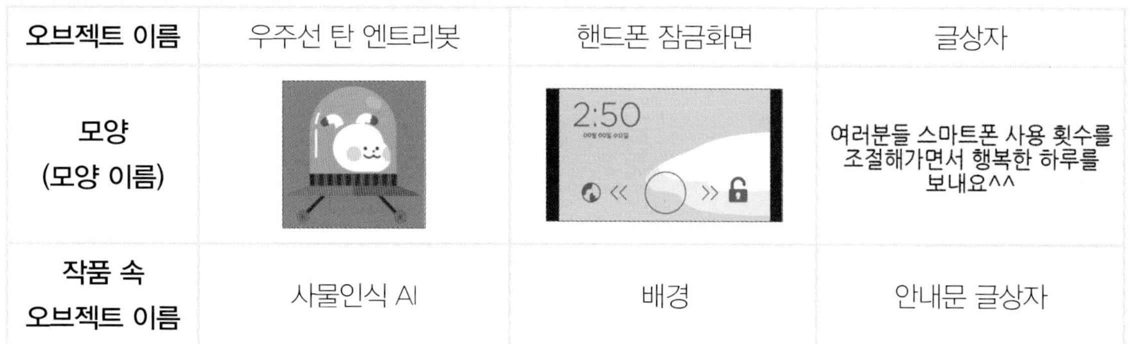

오브젝트 이름	우주선 탄 엔트리봇	핸드폰 잠금화면	글상자
모양 (모양 이름)		2:50	여러분들 스마트폰 사용 횟수를 조절해가면서 행복한 하루를 보내요^^
작품 속 오브젝트 이름	사물인식 AI	배경	안내문 글상자

⑤ [속성] 탭에서 '횟수', '학년' 〈변수〉 2개와 '마무리' 〈신호〉 1개를 추가합니다.

횟수	하루 중 스마트폰 이용 횟수를 묻고 답하는 대답값을 저장하는 변수
학년	초등학생인지 중학생인지 묻고 답하는 대답값을 저장하는 변수
마무리	모든 대답을 수합하여 변수에 값을 저장하면 '안내문' 글상자를 보여 주도록 하는 신호

⑥ 프로그램을 실행했을 때 사물을 인식하는 비디오 화면이 실행화면에 보이도록 하기 위해 배경 오브젝트의 투명도를 조절하는 명령 블록을 다음과 같이 조립합니다. 이때, 투명도는 0~100 사이의 범위 중 각자 원하는 값으로 설정하면 됩니다.

배경

⑦ [인공지능] 카테고리를 클릭한 후 [인공지능 블록 불러오기] 버튼을 클릭합니다. [읽어주기], [사물 인식]을 클릭한 후 [불러오기] 버튼을 클릭합니다.

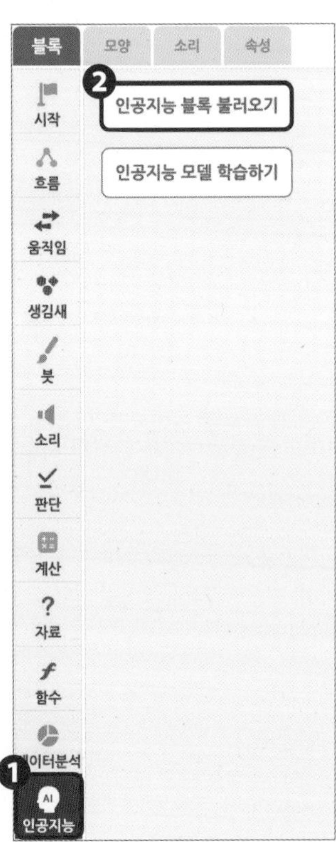

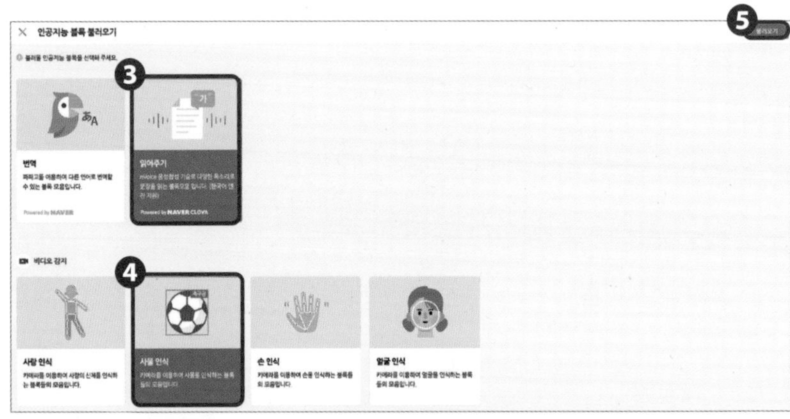

⑧ 움직이는 것과 같은 효과를 주기 위해 계속 다음 모양으로 바뀌도록 '사물인식 AI' 오브젝트에 명령 블록을 다음과 같이 조립합니다. 프로그램이 실행되면 사물 인식을 시작하며 비디오 화면이 보이고, 핸드폰이 인식되었을 때 인식한 사물이 보이도록 코드를 작성합니다.

사물인식 AI

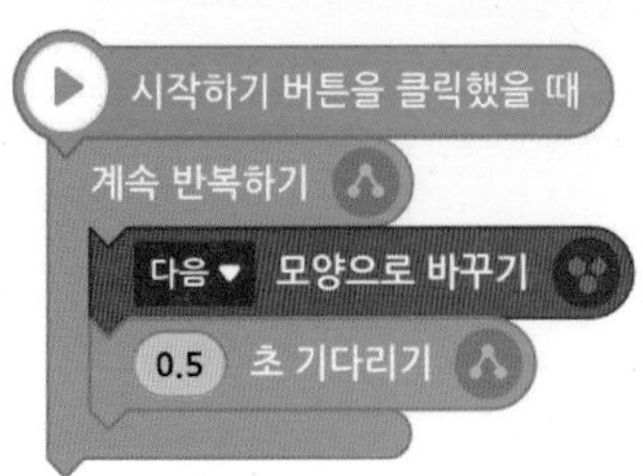

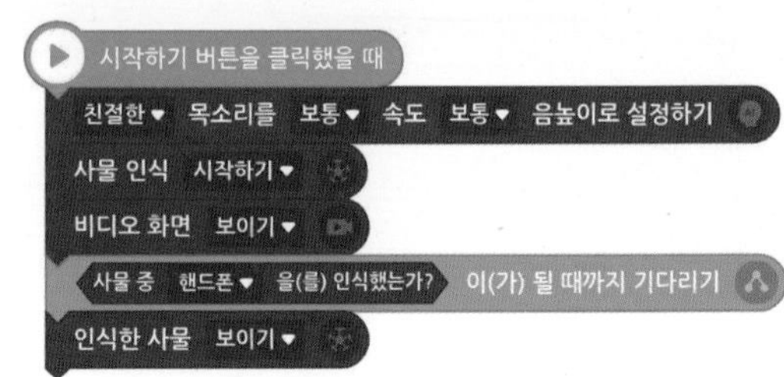

⑨ 핸드폰이 인식되면 '핸드폰이 보여요', '당신은 초등학생인가요 중학생인가요?'라고 읽어 주고 대답을 기다립니다. 초등학생인지, 중학생인지의 대답은 '학년' 〈변수〉에 저장하고, 하루에 사용하는 스마트폰 이용 횟수는 '횟수' 〈변수〉에 저장하도록 명령 블록을 다음과 같이 조립합니다.

사물인식 AI

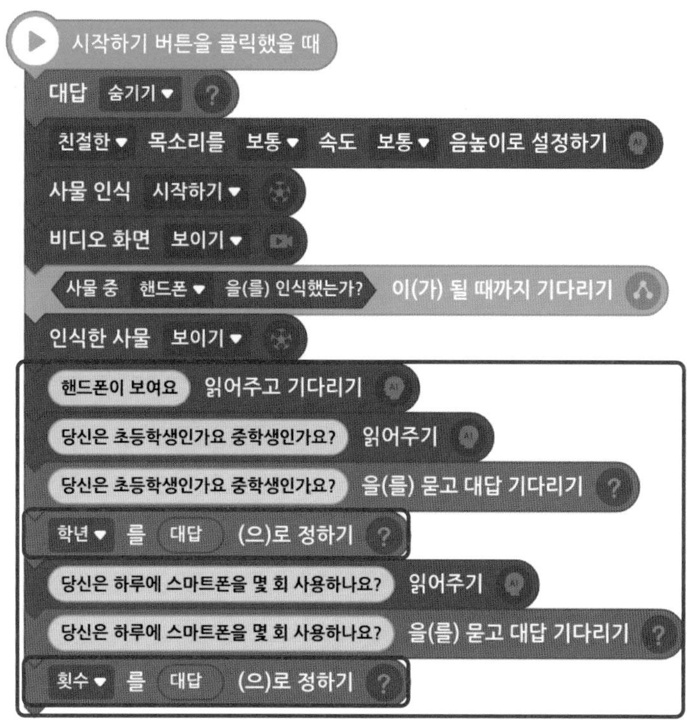

⑩ 만일 '학년' 〈변수〉 값이 초등학생일 때, 대답한 '횟수' 〈변수〉 값이 데이터 테이블의 2번째 행의 주중 평균의 값보다 크다면 '스마트폰 사용하는 횟수가 평균보다 많아요.'를 읽어 주도록 명령 블록을 다음과 같이 조립합니다. 중학생 부분도 코드를 작성합니다. 마지막으로 '마무리' 〈신호〉 보내기 명령 블록을 조립하여 코드를 완성합니다.

	A	B	C	D
1	연도	학령	주중 평균 (회)	주말 평균 (회)
2	2017	초등학생	15	22.6
3	2017	중학생	24.3	37.1

초등학생은 2번째 행

중학생은 3번째 행

사물인식 AI

⑪ 프로그램이 실행되면 모양을 숨겼다가 '마무리' 〈신호〉를 받았을 때 모양을 보이도록 '안내문' 글상자 오브젝트에 다음과 같이 코드 2개를 작성합니다. '안내문' 글상자 내용은 원하는 격려의 메시지를 입력하면 됩니다.

여러분들 스마트폰 사용 횟수를
조절해가면서 행복한 하루를
보내요^^

글상자

⑫ 프로그램이 완성되었습니다. 프로그램을 실행하고 나의 스마트폰 사용 습관을 확인해 봅니다.

06 프로그램이 잘 실행되는지 확인해 보기

사물 인식(핸드폰 인식)이 잘 되나요?

– 사물 중 핸드폰 ▾ 을(를) 인식했는가? 블록을 사용했는지 확인해 보세요.

데이터 테이블의 초등학생과 중학생의 올바른 주중 평균값으로 판단하여 대답해 주고 있나요?

– 명령 블록을 초등학생(2번째 행), 중학생(3번째 행)으로 수정했는지 확인해 보세요.

데이터 테이블의 초등학생, 중학생의 주중 평균(회)와 비교를 잘하나요?

– 초등학생(2번째 행), 중학생(3번째 행)으로 수정했는지 확인해 보세요.

07 오늘 배운 내용 정리하기

건강한 스마트폰 사용 습관을 위한 인공지능&데이터 프로그래밍 활동을 하고 알게 된 점을 적어 봅니다.

건강한 스마트폰 사용 습관을 위한 인공지능&데이터 프로그램 중 바꾸고 싶은 부분이 있다면 적어 봅니다.

08 더 알아보기

사물 인식

최근 전기차, 자율주행 자동차와 같이 우리가 흔히 알던 자동차와는 사뭇 다른 형태의 자동차가 등장하기 시작했습니다. 자율주행 자동차는 사람이 운전하지 않고 자동차에 탑재된 카메라, 컴퓨터 등을 통해 끊임없이 주변의 사물을 인식하여 충돌을 피할 수 있도록 도와줍니다.

이번 시간에 프로그래밍한 내용도 끊임없이 카메라가 사물 인식을 하여 핸드폰이 인식되면 프로그래밍한 내용을 실행하고, 데이터 테이블의 값과 비교할 수 있도록 했습니다.

사물 인식과 데이터를 이용하면 오렌지, 핸드폰, 자전거 등의 사물을 인식하고 각 사물의 크기, 색깔, 무게, 특징 등이 담긴 데이터 테이블의 값을 알려 줄 수 있는 프로그래밍도 할 수 있겠지요?

09 심화 활동하기

앞서 만들어 본 프로그램에서 주중 평균뿐만 아니라 주말 평균값을 비교하려면 어떻게 수정하는 것이 좋을까요?

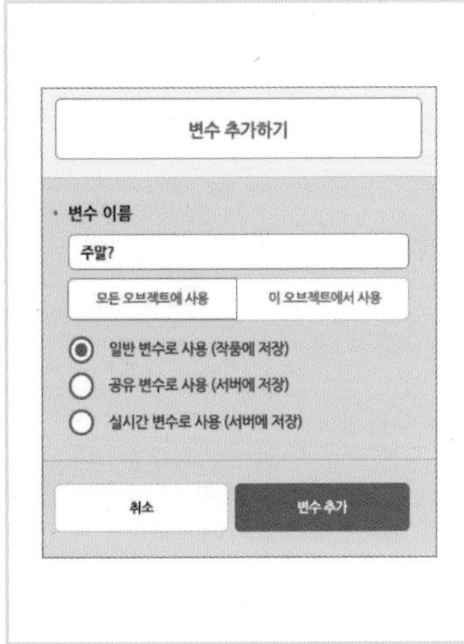	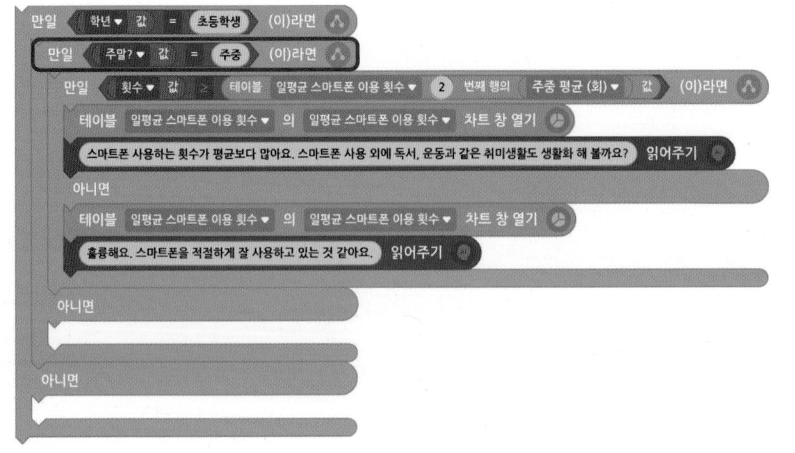
주중인지 주말인지를 묻는 변수를 만들어 봅니다.	학년이 초등학생이고 주중인지, 학년이 초등학생이고 주말인지를 구분하여 프로그래밍을 해 보도록 합니다.

계절별 선호 음악 장르를 알려 주는 챗봇

01 오늘의 이야기 살펴보기

앗! 방금 머릿속에 어떤 단어가 문득 떠올랐어요. 떠오른 단어는 어떤 계절과 관련이 있을까요?
그리고 그 계절에 어울리는 음악 장르는 무엇일까요?

머릿속에 떠오른 단어가 어떤 계절과 관련 있는지 인공지능을 통해 분류해요. 데이터 분석을 통해 계절에 따라 어떤 장르의 음악이 많이 재생되었는지 파악할 수 있어요!
엔트리에서 제공하는 인공지능과 데이터 분석을 활용해서 계절별 선호 음악 장르를 알려 주는 챗봇 프로그램을 만들어 볼까요?

02 함께 만들 엔트리 작품 알아보기

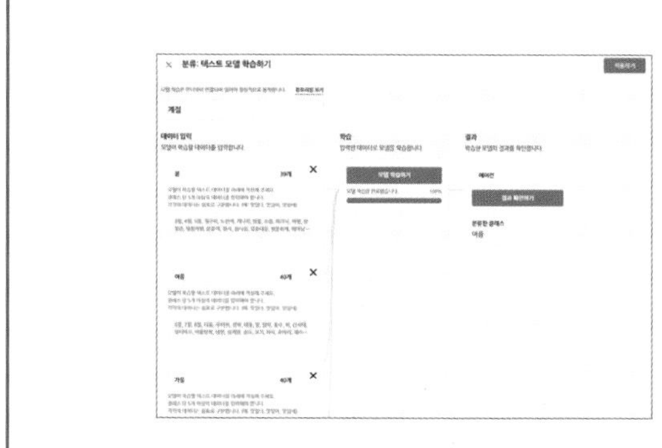

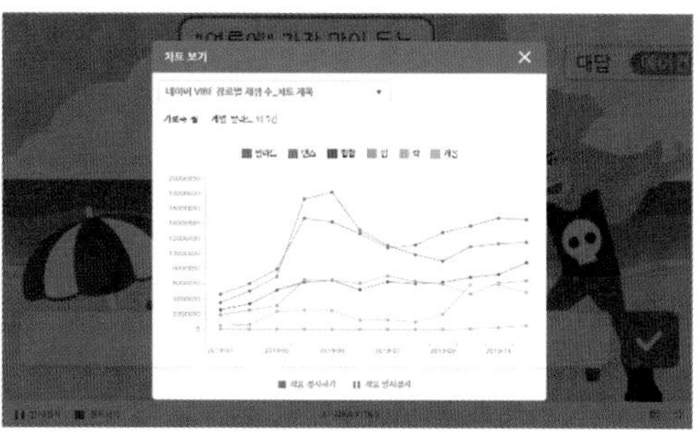

학습문제

특정 단어를 계절별로 분류하고, 계절별 선호 음악 장르를 알려 주는 프로그램을 만들어 봅니다.

03 오늘 사용할 블록 알아보기

인공지능 모델 학습 블록

엔트리 을(를) 학습한 모델로 분류하기 데이터를 입력하고 학습한 모델로 인식합니다.

분류 결과가 봄▾ 인가? 입력한 데이터의 인식 결과가 선택한 클래스인 경우 '참'으로 판단합니다.

데이터 분석 블록

테이블 네이버 VIBE 장르별 재생 수▾ 의 네이버 VIBE 장르별 재생 수_차트 제목▾ 차트 창 열기

선택한 테이블의 차트창을 엽니다.

테이블 네이버 VIBE 장르별 재생 수▾ 2 번째 행의 월▾ 값

선택한 테이블에서 입력한 행의 속성 값입니다. 속성 값 블록 대신 (행을 의미하는) 값 블록을 결합해 사용할 수도 있습니다.

04 프로그램 살펴보기

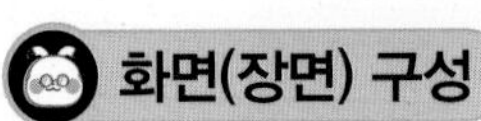

장면	작품 QR 코드
	https://naver.me/xrcJLcle

추가 장면

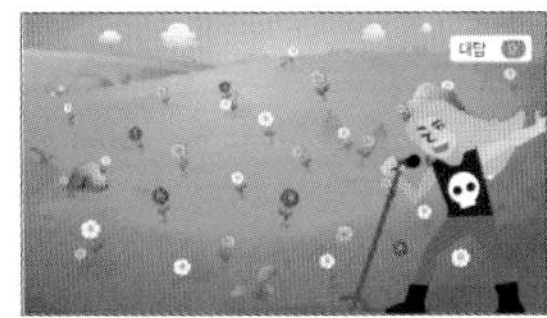

오브젝트 종류 및 해야 할 일

락커(2) 오브젝트

해야 할 일 시작하기 버튼을 클릭했을 때 사용자에게 질문하고 대답 기다리기

해야 할 일 대답을 학습한 모델로 분류하여 분류 결과에 따라 장면 이동 시키기

락커(3) 오브젝트

해야 할 일 장면이 시작되었을 때 특정 계절에 많이 재생된 음악 장르와 횟수 말하기

해야 할 일 테이블 차트 창 열기

05 함께 프로그래밍하기

① **04 프로그램 살펴보기** 의 **화면(장면) 구성** 을 참고하여 '장면 1'에 오브젝트를 추가하고, 크기와 위치를 조절합니다. 필요한 장면을 4개 더 추가합니다.

② 각각의 장면에 '락커(3)' 오브젝트를 추가하고, 아래의 표를 참고하여 장면에 따라 각기 다른 배경을 추가합니다.

장면 이름	장면2	장면3	장면4	장면5
작품 속 장면 이름	봄	여름	가을	겨울
배경 오브젝트				
오브젝트 이름	꽃밭(1)	해변가	숲속(3)	남극배경(1)

③ [인공지능] 카테고리를 클릭한 후 [인공지능 모델 학습하기] 버튼을 클릭합니다. [분류: 텍스트]를 선택한 뒤, [학습하기] 버튼을 클릭합니다.

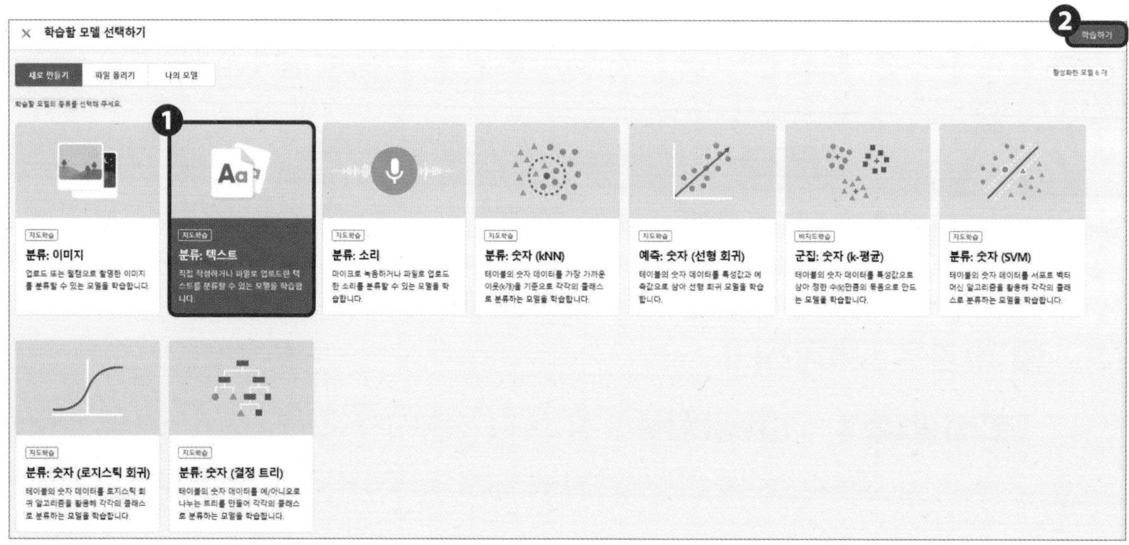

④ 새로운 모델 이름에 '계절'이라고 입력합니다. [+클래스 추가하기] 버튼을 클릭하여 클래스 4개를 만듭니다.

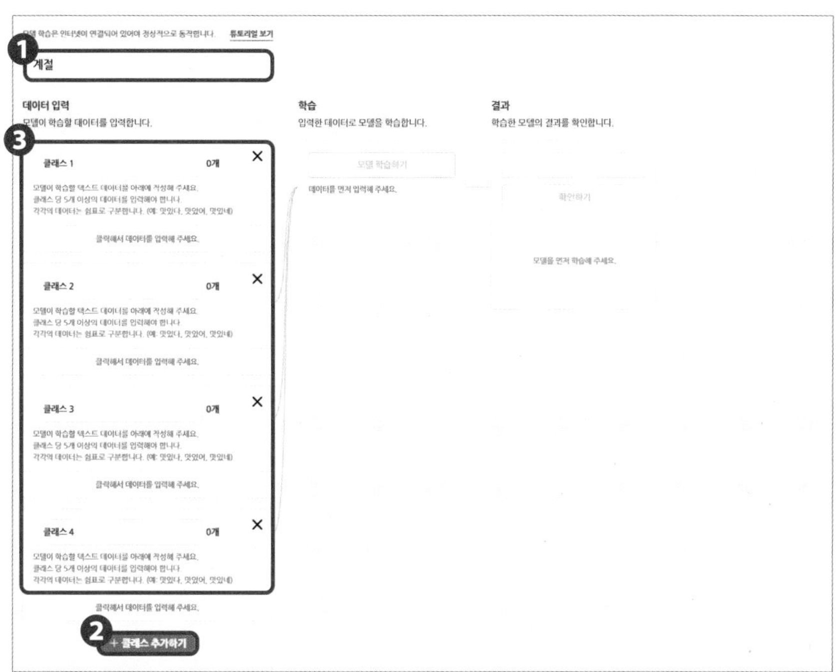

⑤ 아래의 표를 참고하여 클래스 이름을 바꾸고, 각 클래스에 데이터를 입력합니다.

클래스 이름	클래스1	클래스2	클래스3	클래스4
작품 속 클래스 이름	봄	여름	가을	겨울
입력 데이터	3월, 4월, 5월, 개구리, 노란색, 개나리, 벚꽃, 소풍, 피크닉, 여행, 장범준, 벚꽃여행, 분홍색, 황사, 봄나물, 입춘대길, 벚꽃축제, 깨어남, 설레임, 시작, 썸, 춘곤증, 청춘, 매화, 여의도, 미세먼지, 왕벚꽃, 매화축제, 꽃, 새싹, 따뜻함, 행복, 올챙이, 개학, 새학기, 입학기, 연두색, 쑥, 봄	6월, 7월, 8월, 더움, 무더위, 장마, 태풍, 땀, 땀띠, 홍수, 비, 산사태, 워터파크, 여름방학, 냉면, 삼계탕, 습도, 모기, 파리, 초파리, 해수욕장, 수영, 수영장, 자외선, 썬크림, 샤워, 매미, 열대야, 수박, 에어컨, 선풍기, 부채, 피서, 계곡, 제습기, 반바지, 여름, 시원함, 뜨거움, 태양	9월, 10월, 11월, 추석, 한가위, 천고마비, 보름달, 벌초, 성묘, 수학여행, 푸른 하늘, 독서, 추수, 밤, 대추, 홍시, 곶감, 도토리, 버섯, 포도, 배, 감, 무화과, 고구마, 전어, 코스모스, 단풍잎, 낙엽, 국화, 도토리, 억새풀, 고추잠자리, 귀뚜라미, 메뚜기, 미꾸라지, 허수아비, 참새, 황금색, 쌀, 가을	12월, 1월, 2월, 눈, 백야, 폭설, 고드름, 동장군, 장갑, 목도리, 겨울잠, 패딩, 내복, 히터, 스키장, 제설, 크리스마스, 새해, 설날, 호빵, 군고구마, 군밤, 해장국, 한파, 화재, 정전기, 산타, 추움, 귤, 이불 속, 전기장판, 핫팩, 온수매트, 보일러, 건조함, 핸드크림, 동상, 썰매장, 눈싸움, 겨울

⑥ 모든 데이터를 입력한 후 [모델 학습하기] 버튼을 클릭합니다. 학습이 완료되면 텍스트를 직접 입력해 보며 학습한 모델의 결과를 확인한 뒤 [적용하기] 버튼을 클릭합니다.

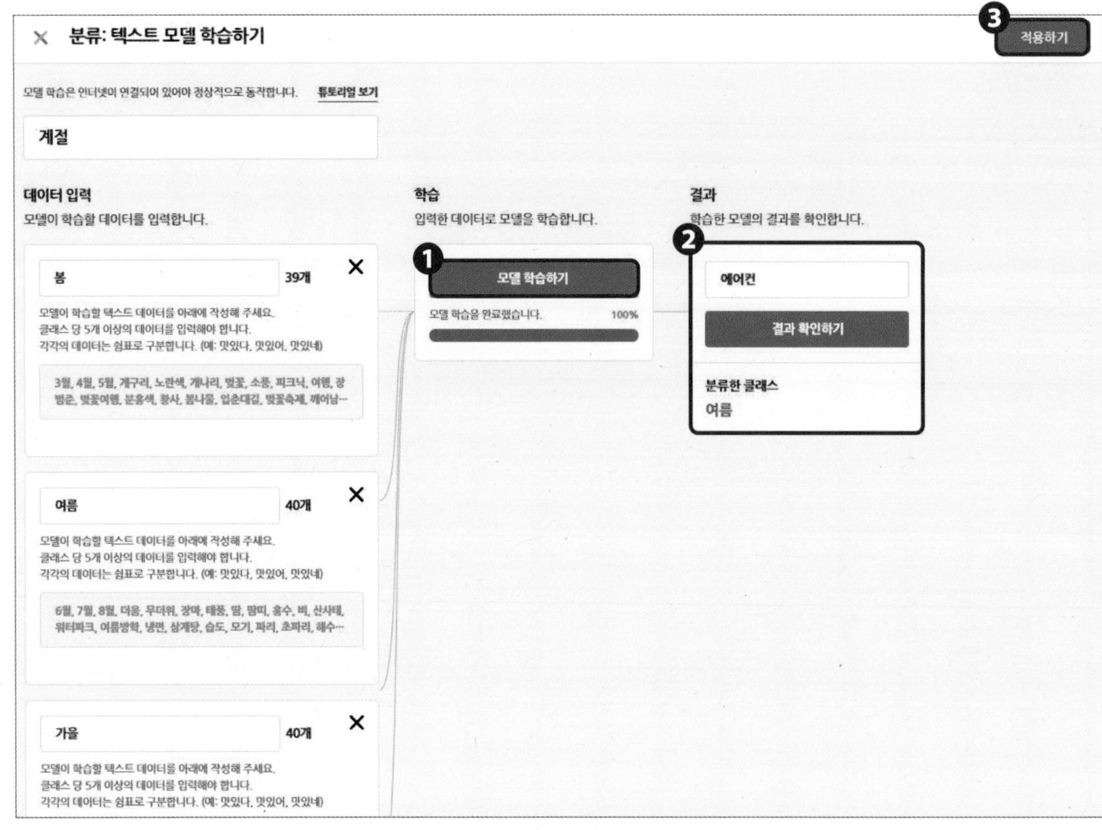

⑦ [데이터 분석] 카테고리의 [테이블 불러오기] 버튼을 클릭한 뒤, [테이블 추가하기]에서 '네이버 Vibe 장르별 재생 수' 테이블을 선택하고 [추가하기] 버튼을 클릭합니다.

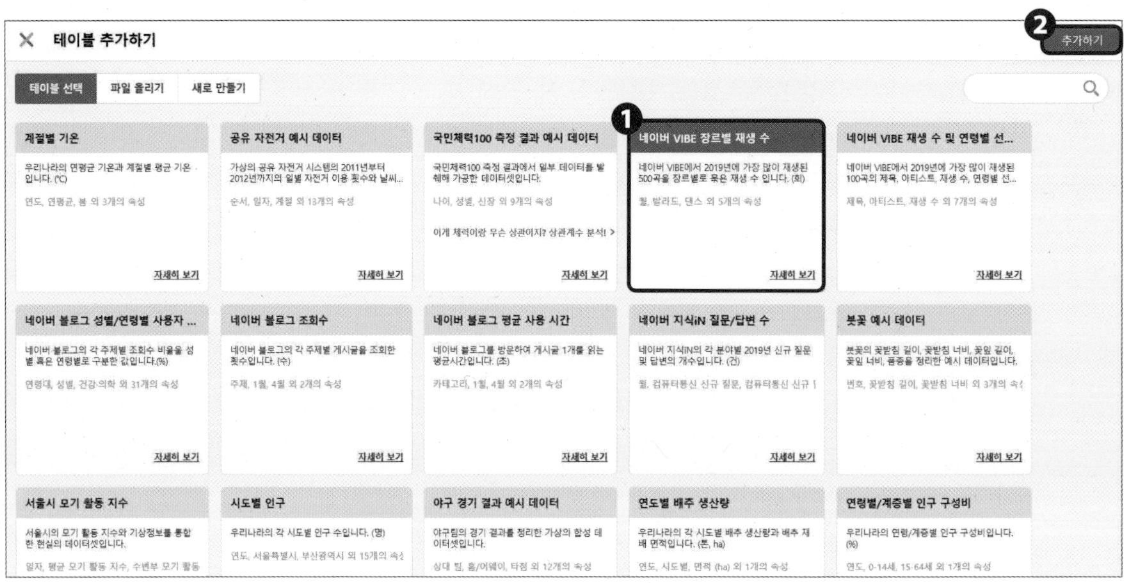

⑧ [차트] 탭을 누르고, [+] 버튼을 클릭한 후 보이는 다양한 차트 중에서 [선]을 선택하여 선 그래프를 추가합니다.

⑨ 가로축에는 '월', 계열에는 '발라드, 댄스, 힙합, 팝, 락, 캐롤'을 선택합니다. 만들어진 차트를 보면 2019년 각 계절에 많이 재생된 음악 장르는 '봄(3, 4, 5월)–댄스', '여름(6, 7, 8월)–발라드', '가을(9, 10, 11월)–발라드', '겨울(12, 1, 2월)–발라드'입니다.

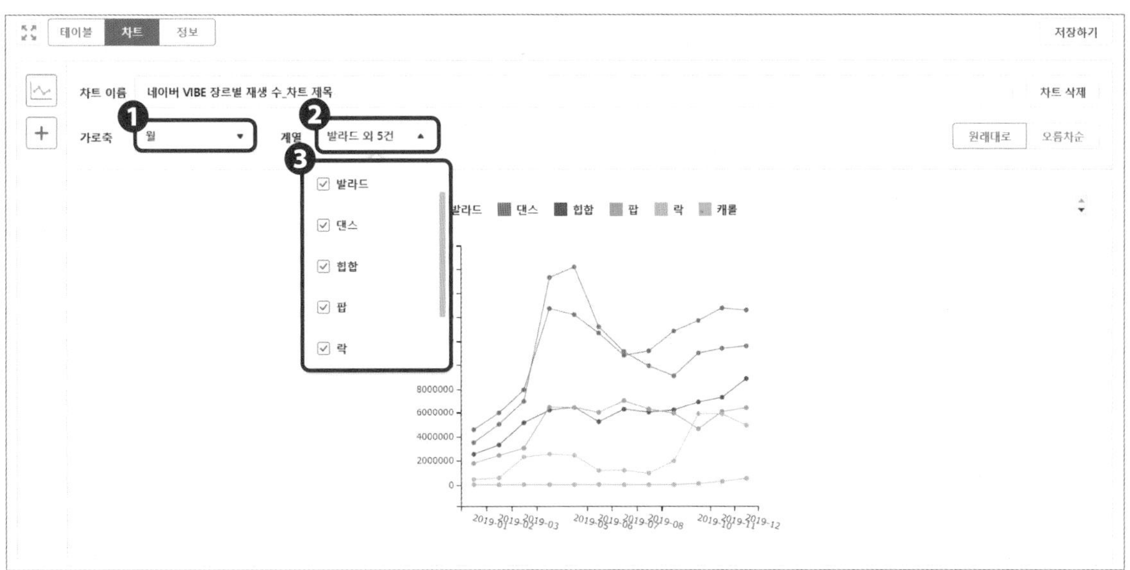

⑩ '장면 1'의 '락커(2)' 오브젝트의 명령 블록을 다음과 같이 조립합니다. 시작하기 버튼을 누르면 사용자의 대답을 기다리고, 입력받은 대답을 학습한 모델로 분류하여, 분류 결과에 따라 장면을 시작합니다.

락커(2)

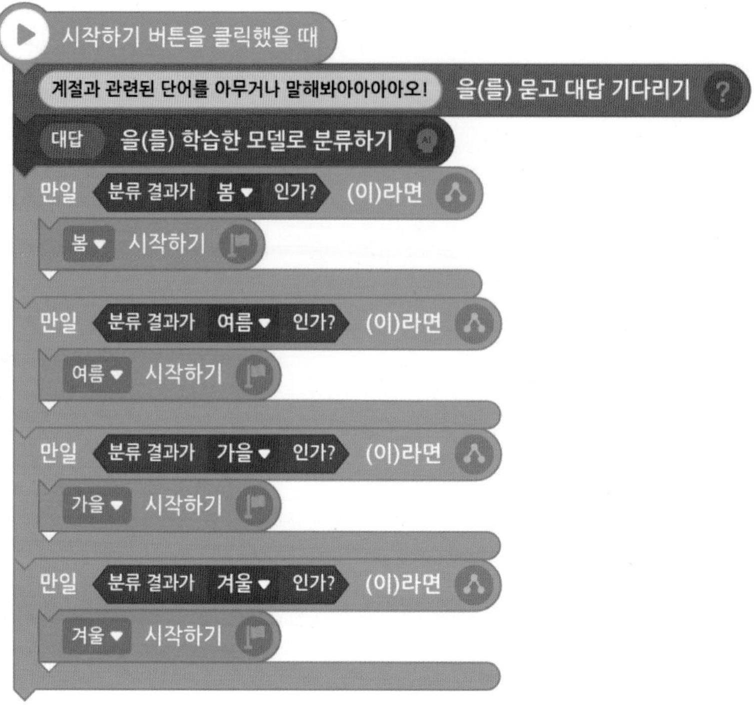

⑪ 장면 '봄'의 '락커(3)' 오브젝트 명령 블록을 다음과 같이 조립합니다. 장면이 시작되면 봄, 즉 3월, 4월, 5월에 재생된 댄스 장르 횟수를 더해서 알려 주고, 댄스 음악을 들어 보라고 말하며 차트를 보여 줍니다. 여름, 가을, 겨울 장면에서도 행의 숫자와 장르를 발라드로 바꾸면 됩니다.

락커(3)

```
(10 + 10) (안녕! 과(와) 번이나 재생되었다아아아오! 을(를) 합친 값)
((10 + (10 + 10)) 과(와) 번이나 재생되었다아아아오! 을(를) 합친 값)
테이블 네이버 VIBE 장르별 재생 수 4 번째 행의 댄스 값
테이블 네이버 VIBE 장르별 재생 수 5 번째 행의 댄스 값
테이블 네이버 VIBE 장르별 재생 수 6 번째 행의 댄스 값
((테이블 네이버 VIBE 장르별 재생 수 4 번째 행의 댄스 값) + (테이블 네이버 VIBE 장르별 재생 수 5 번째 행의 댄스 값) + 
테이블 네이버 VIBE 장르별 재생 수 6 번째 행의 댄스 값)) 과(와) 번이나 재생되었다아아아오! 을(를) 합친 값

장면이 시작되었을 때
  와우! 봄에 "댄스"는 무려 과(와) (테이블 4, 5, 6행 합친 값) 과(와) 번이나 재생되었다아아아오! 을(를) 합친 값 을(를) 합친 값 을(를) 4 초 동안 말하기
  오늘은 "댄스" 음악을 들어 보는 건 어때애애애오! 을(를) 4 초 동안 말하기
  테이블 네이버 VIBE 장르별 재생 수 창 열기
```

Tip

장면 '봄'의 코드를 작성한 후 다른 장면을 빠르게 작성하기 위해서는 장면 '봄' 위에 마우스 오른쪽 버튼을 클릭하여 [복제하기]를 하면 빠르게 프로그래밍할 수 있어요. 코드의 일부분만 수정해 봅니다.

06 프로그램이 잘 실행되는지 확인해 보기

인공지능 모델에서 내가 입력한 텍스트를 잘 분류하였나요?

– 각 클래스에 **05 함께 프로그래밍하기**에서 설명한 단어를 데이터로 모두 입력하였는지 확인해 보세요. 데이터가 많을수록 더욱더 잘 분류한답니다.

'장면 1'에서 프로그램을 실행하고 단어를 입력했을 때 봄, 여름, 가을, 겨울 장면으로 화면이 잘 전환되나요?

– '락커(2)'에 작성한 조건문에 분류 결과가 봄이면 '봄 장면'으로, 여름이면 '여름 장면'으로 설정했는지 확인해 보세요.

봄, 여름, 가을, 겨울 장면에서 가장 많이 재생된 음악 장르의 재생 횟수를 알맞게 말하였나요?

– 테이블에서 첫 번째 행은 열의 이름입니다. 1월은 1행이 아니라 2행에 있어요. 테이블을 보고 행의 번호를 확인해 보세요.

07 오늘 배운 내용 정리하기

계절별 선호 음악 장르를 알려 주는 챗봇 프로그래밍 활동을 하고 알게 된 점을 적어 봅니다.

계절별 선호 음악 장르를 알려 주는 챗봇 프로그램 중 바꾸고 싶은 부분이 있다면 적어 봅니다.

08 더 알아보기

스팸 메시지 분류

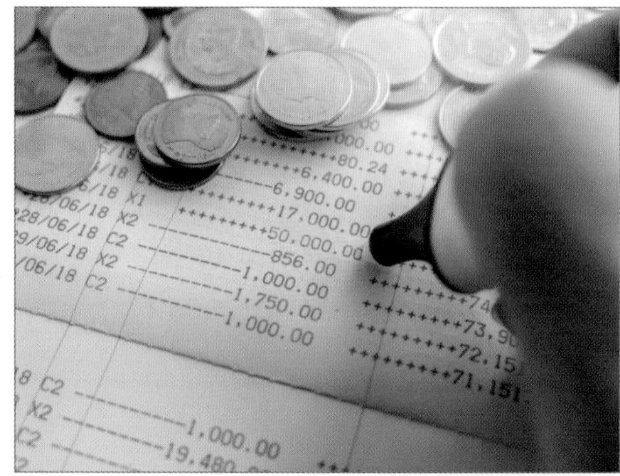

스팸 메시지는 전자 우편, 게시판, 문자 메시지, 전화, 인터넷 포털 사이트의 쪽지 기능 등을 통해 불특정 다수의 사람들에게 보내는 광고성 편지 또는 메시지를 뜻합니다.

인공지능의 지도학습 중 [분류: 텍스트]를 통해 스팸 메시지에서 반복되는 텍스트를 학습하면 내가 받은 메시지가 스팸 메시지인지 아닌지 스스로 분류하고 내 메일, 문자, 쪽지함을 깔끔하게 관리할 수 있습니다.

우리는 용돈 기입장, 가계부, 회사 지출 항목 등 다양한 곳에서 숫자와 관련된 데이터를 사용합니다. 하지만 이 데이터가 종이에 적혀 있다면 우리는 계산기나 암산을 통해 직접 필요한 데이터를 더하고, 빼고, 나누고, 곱해야 합니다.

이러한 데이터를 전산화하여 관리한다면 컴퓨터의 빠른 연산 속도를 활용해 편리하게 사칙연산하고, 데이터를 분석할 수 있습니다.

09 심화 활동하기

가장 많이 재생된 음악 장르가 무엇인지 퀴즈를 내는 프로그램으로 만들어 봅니다.
아래의 블록을 활용하면 가장 많이 재생된 음악 장르가 무엇인지 맞혀 보는 퀴즈 프로그램을 만들 수 있습니다.

안녕! 을(를) 묻고 대답 기다리기

또래 친구들의 키와 몸무게를 알려 주는 프로그램

01 오늘의 이야기 살펴보기

나는 키가 작고, 몸무게는 많이 나가는 것 같아요.
또래 친구들의 키와 몸무게는 얼마나 될까요?

공공데이터 포털에서 학생들의 키와 몸무게 데이터를 무료로 제공하고 있어요.
이 데이터를 바탕으로 가공한 데이터를 활용해 또래 친구들의 키와 몸무게를 알려 주는 프로그램을 만들어 볼까요?

02 함께 만들 엔트리 작품 알아보기

	A	B	C	D	E
1	학교명	학년	성별	키	몸무게
2	서울대도초등학	1	남	125.8	27.3
3	서울대도초등학	1	남	124.3	25.4
⋮			⋮		
3573	서울창천초등학	6	여	148.8	44.8
3574	서울창천초등학	6	여	150.9	58.4

학습문제

외부 데이터 파일을 불러오고, 이를 바탕으로 초등학생의 성별 및 학년별 키와 몸무게의 평균을 구하는 프로그램을 만들어 봅니다.

03 오늘 사용할 블록 알아보기

데이터 분석 블록

`테이블 학생건강_최종.csv ▾ 의 행 ▾ 개수`

선택한 테이블의 행(열)의 개수를 뜻하는 블록입니다.

`테이블 학생건강_최종.csv ▾ 2 번째 행의 학교명 ▾ 값`

선택한 테이블에서 입력한 행의 속성값입니다. 속성값 블록 대신 (행을 의미하는) 값 블록을 결합해 사용할 수도 있습니다.

04 프로그램 살펴보기

화면(장면) 구성

장면	작품 QR 코드
만족행 개수 0 / 키 합계 0 / 몸무게 합계 0 / 검토 행 0 / 손주 학년 0 / 손주 성별 0 / 대답 0	https://naver.me/xUFx0YGo

오브젝트 종류 및 해야 할 일

해야할 일 ▶ 시작 버튼을 클릭했을 때 '건강이 최고'라고 2초 동안 말하기
해야할 일 ▶ 손주 성별, 학년 질문하고 대답 기다리기
해야할 일 ▶ 대답을 '손주 성별', '손주 학년' 〈변수〉로 정하기
해야할 일 ▶ 신호 보내기

할아버지 오브젝트

해야할 일 ▶ 신호를 받았을 때 손주 성별, 학년 4초 동안 말하기
해야할 일 ▶ '검토 행', '몸무게 합계', '키 합계', '만족행 개수' 〈변수〉 만들고 값 정하기
해야할 일 ▶ 테이블을 분석하며 손주 성별, 학년의 평균 키와 몸무게 구하고 말하기

코치(1) 오브젝트

05 함께 프로그래밍하기

① 04 **프로그램 살펴보기** 의 화면(장면) 구성 을 참고하여 '장면 1'에 오브젝트를 추가하고 크기와 위치를 조절합니다.

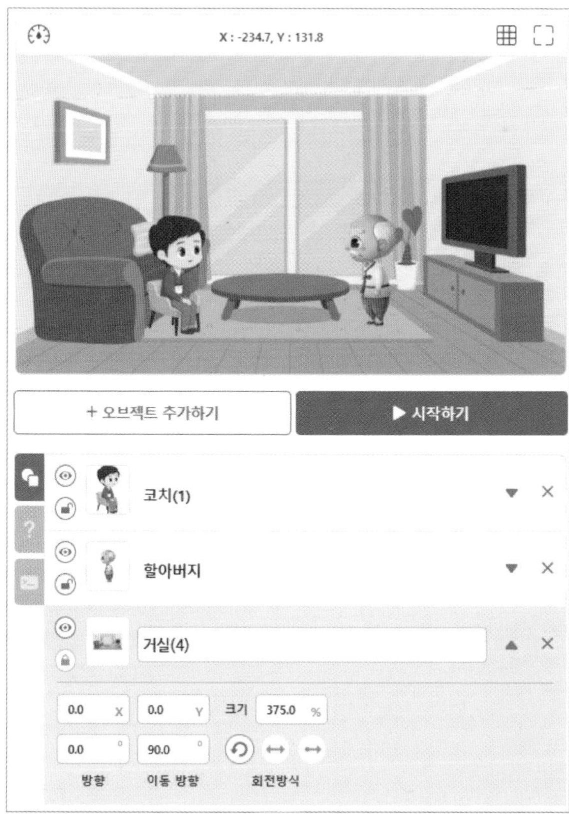

② [데이터 분석] – [테이블 불러오기] – [테이블 추가하기] – [파일 올리기] – [파일 선택]을 클릭합니다.

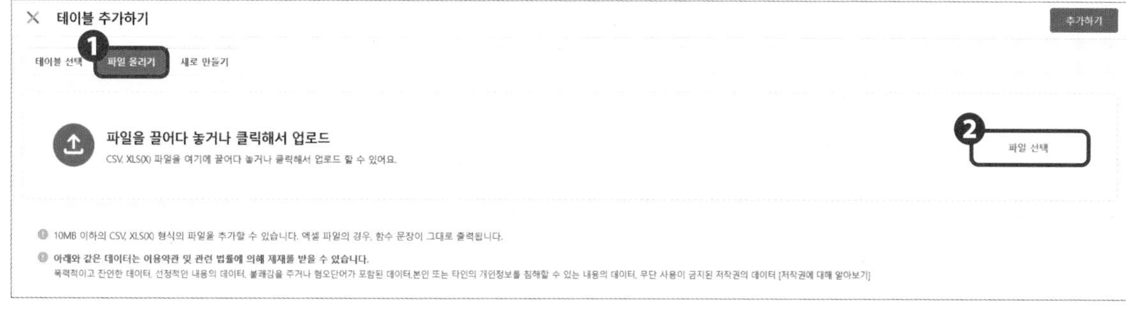

③ 'http://bit.ly/entrydata10'에서 '학생건강_최종.csv'를 다운받고, 해당 파일을 추가합니다.

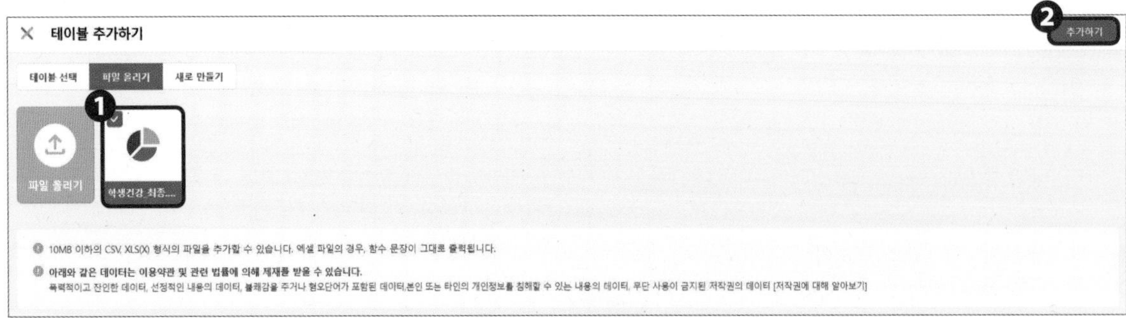

④ [속성] 탭에서 '손주 성별', '손주 학년', '검토 행', '몸무게 합계', '키 합계', '만족행 개수' 〈변수〉 6개와 '대답 정리'〈신호〉 1개를 추가합니다.

⑤ '할아버지' 오브젝트의 명령 블록을 다음과 같이 조립합니다. 시작하기 버튼을 클릭했을 때 건강이 최고라는 말을 하고, 사용자의 응답을 받아 '손주 성별', '손주 학년' 〈변수〉에 저장합니다. 마지막으로 '대답 정리' 〈신호〉를 보냅니다.

할아버지

```
시작하기 버튼을 클릭했을 때
아범아, 손주들 건강이 최고인 거 알고 있지? 을(를) 2 초 동안 말하기▼
우리 손주 성별이 뭐더라? 을(를) 묻고 대답 기다리기
손주 성별▼ 를 대답 (으)로 정하기
몇 학년이더라? 을(를) 묻고 대답 기다리기
손주 학년▼ 를 대답 (으)로 정하기
대답 정리▼ 신호 보내기
```

⑥ '코치(1)' 오브젝트의 명령 블록을 다음과 같이 조립합니다. '대답 정리' 〈신호〉를 받으면 입력받은 '손주 성별' 및 '손주 학년' 〈변수〉를 말하고, '검토 행' 〈변수〉를 1로, '몸무게 합계'와 '키 합계', '만족행 개수' 〈변수〉는 0으로 정합니다.

2행부터 테이블의 행이 끝날 때까지 입력받은 '손주 성별' 및 '손주 학년' 〈변수〉 값과 테이블의 성별과 학년을 비교하여 이 두 개가 일치하는 경우 '몸무게 합계'와 '키 합계' 〈변수〉에 해당 행의 몸무게와 키의 값을 더하고 '만족행 개수' 〈변수〉에 1을 더합니다. 모든 행의 검토가 끝나면 '평균 키'와 '평균 몸무게'를 말합니다.

코치(1)

```
대답 정리▼ 신호를 받았을 때
((손주 성별▼ 값) 과(와) (이고,) 과(와) (손주 학년▼ 값) 과(와) (학년 맞아요, 아버지.) 을(를) 합친 값 을(를) 합친 값 을(를) 합친 값) 을(를) 4 초 동안 말하기▼
검토 행▼ 를 1 (으)로 정하기
몸무게 합계▼ 를 0 (으)로 정하기
키 합계▼ 를 0 (으)로 정하기
만족행 개수▼ 를 0 (으)로 정하기
(테이블 학생건강_최종.csv▼ 의 행▼ 개수) - 1 번 반복하기
    검토 행▼ 에 1 만큼 더하기
    만일 ((손주 성별▼ 값) 의 1 번째 글자) = (테이블 학생건강_최종.csv▼ (검토 행▼ 값) 번째 행의 (성별▼) 값) (이)라면
        만일 ((손주 학년▼ 값) 의 1 번째 글자) = (테이블 학생건강_최종.csv▼ (검토 행▼ 값) 번째 행의 (학년▼) 값) (이)라면
            몸무게 합계▼ 에 (테이블 학생건강_최종.csv▼ (검토 행▼ 값) 번째 행의 몸무게▼ 값) 만큼 더하기
            키 합계▼ 에 (테이블 학생건강_최종.csv▼ (검토 행▼ 값) 번째 행의 키▼ 값) 만큼 더하기
            만족행 개수▼ 에 1 만큼 더하기
(키 평균은) 과(와) ((키 합계▼ 값) / (만족행 개수▼ 값)) 을(를) 합친 값 을(를) 2 초 동안 말하기▼
(몸무게 평균은) 과(와) ((몸무게 합계▼ 값) / (만족행 개수▼ 값)) 을(를) 합친 값 을(를) 2 초 동안 말하기▼
너무 걱정 마셔요 아버지 을(를) 4 초 동안 말하기▼
```

Tip

공공데이터 포털에 있는 "학생건강검사 결과분석 rawdata_서울_2015"에는 초등학생뿐만 아니라 중학생, 고등학생의 건강정보 데이터가 있습니다. 이 데이터를 활용해 중학생과 고등학생 데이터도 분석해 보세요.

06 프로그램이 잘 실행되는지 확인해 보기

'검토행' 〈변수〉의 값에 오류가 발생하거나 변하지 않나요?

- 테이블의 1행은 열 이름입니다. 검토 행의 초깃값을 1로 정해야 하고, 반복할 때마다 1씩 더했는지 확인해 보세요.
- 검토는 열 이름 행을 제외하고 반복해야 하므로 조건문 [10 번 반복하기] 에서 n번은 '테이블 행 개수'에서 1을 빼야 해요.

프로그램을 실행하고 키와 몸무게 평균 값을 말하는 데 오랜 시간이 걸리나요?

- 열 이름 행을 포함해 행 3574개, 열 5개, 총 17870개의 셀을 분석합니다. 많은 양의 데이터를 분석하기 때문에 시간이 걸리는 것이니 당황하지 말고 잠시 기다린 후 프로그램이 잘 실행되는지 확인해 보세요.

평균 키와 몸무게를 말하는 데 오류가 발생하나요?

- 이번 프로그래밍에서는 많은 변수를 활용했어요. 활용하고자 하는 변수를 제대로 입력했는지 확인해 보세요.

07 오늘 배운 내용 정리하기

또래 친구들의 키와 몸무게를 알려 주는 프로그래밍 활동을 통해 알게 된 점을 적어 봅니다.

또래 친구들의 키와 몸무게를 알려 주는 프로그램 중 바꾸고 싶은 부분이 있다면 적어 봅니다.

08 더 알아보기

데이터 분석 언어

데이터를 분석하는 프로그래밍 언어는 다양합니다. 그 중 Python과 R을 데이터 분석에 많이 활용합니다. 데이터 분석 외에도 게임을 만들거나 매크로 프로그램을 만드는 등 다양한 프로그램을 만드는 게 목적이라면 Python을 추천하고, 데이터 분석에 초점을 기울이고 싶다면 R을 추천합니다. 만약 시간이 된다면 두 프로그래밍 언어가 비슷한 부분도 많이 있으니 Python과 R 모두 학습해 보는 건 어떨까요?

09 심화 활동하기

모든 초등학교가 아닌 특정 초등학교의 성별 및 학년의 키와 몸무게를 알려 주는 프로그램으로 만들어 봅니다. 아래 변수를 추가하고, 조건문을 수정해 봅니다.

초등학교 ▾ 값

PART 2

이번 파트는 엔트리 인공지능 블록, 인공지능 모델 학습하기 블록과 함께 햄스터 로봇을 연결하여 우리 생활에 도움을 주는 인공지능 햄스터 로봇뿐만 아니라 재미있고 사회에 도움을 주는 인공지능 햄스터 로봇까지, 인공지능을 기반으로 한 다양한 피지컬 컴퓨팅 활동으로 구성하였습니다.

인공지능 &

햄스터 로봇

음성 인식으로 그림을 그리는 AI 햄스터 로봇

01 오늘의 이야기 살펴보기

햄스터 로봇으로 그림을 그려 보고 싶어요.
로봇이 내가 말하는 도형을 알아듣고 그리게 할 수 있을까요?

고민을 해결해 줄게요!
음성 인식을 통해 쉽고 재미있게 햄스터 로봇으로 그림을 그리는 프로그램을 만들어 볼까요?

02 함께 만들 엔트리 작품 알아보기

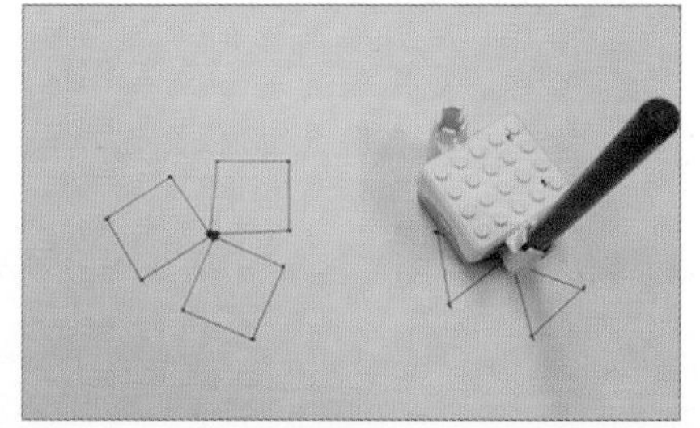

학습문제

음성 인식을 통해 도형의 이름을 듣고 햄스터 로봇이
그대로 도형을 그리게 하는 프로그램을 만들어 봅니다.

03 오늘 사용할 블록 알아보기

인공지능 모델 학습 블록

블록	설명
학습한 모델로 분류하기	데이터를 입력하고 학습한 모델로 인식합니다.
분류 결과가 트라이앵글▼ 인가?	입력한 데이터의 인식 결과가 선택한 클래스인 경우 '참'으로 판단합니다.

햄스터 로봇 블록

블록	설명
앞으로 3 cm▼ 이동하기	입력한 거리(cm)/시간(초)/펄스만큼 앞으로 이동합니다.

오른쪽 펜▼ 중심으로 90 도▼ 앞쪽▼ 방향으로 돌기

왼쪽/오른쪽 펜/바퀴 중심으로 입력한 각도(도)/시간(초)/펄스만큼 앞쪽/뒤쪽 방향으로 회전합니다.

04 프로그램 살펴보기

화면(장면) 구성

장면	작품 QR 코드
	https://naver.me/FWfuV0UW

오브젝트 종류 및 해야 할 일

교실(2) 오브젝트

- '장면 1' 배경 오브젝트

엔트리봇 오브젝트

해야 할 일 장면이 시작되었을 때, 원하는 도형이 무엇이냐고 말하고 '트라이앵글'이나 '렉탱글' 신호 보내기

크레파스 오브젝트

해야 할 일 입력받은 음성을 학습한 모델로 분류하고, 분류 결과에 따라 신호를 보내 '트라이앵글'이라면 삼각형을 그리고, '렉탱글'이라면 사각형 그리기

해야 할 일 분류 결과에 따라 햄스터 로봇이 삼각형 또는 사각형을 그리며 움직이게 하기

05 함께 프로그래밍하기

① 시작하기 버튼을 클릭했을 때 명령 블록만 남기고, 나머지 블록들은 모두 삭제합니다.

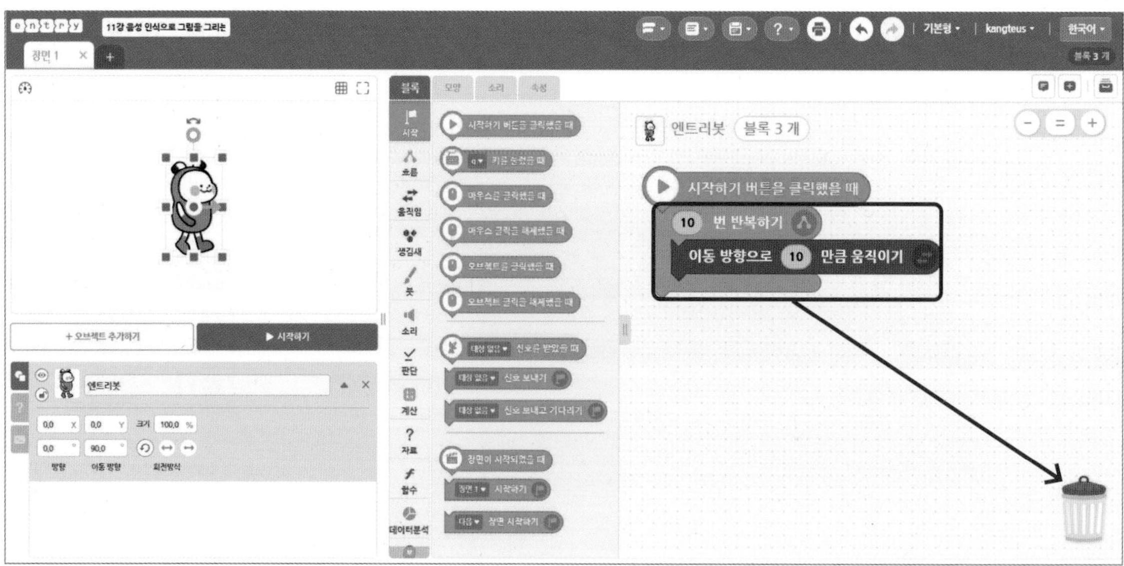

② [+오브젝트 추가하기] 버튼을 클릭해 필요한 오브젝트를 추가합니다.

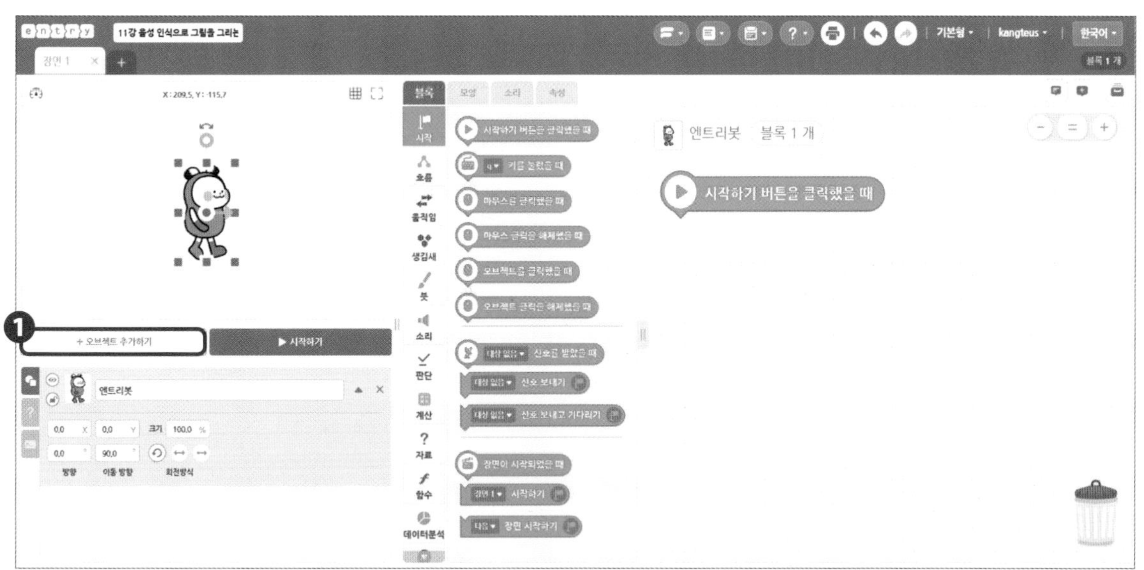

오브젝트 이름	교실(2)	크레파스
모양 (모양 이름)	(교실(2))	(크레파스_빨강)
작품 속 오브젝트 이름	교실(2)	크레파스

③ '엔트리봇' 오브젝트와 '크레파스' 오브젝트의 위치를 다음과 같이 설정합니다.

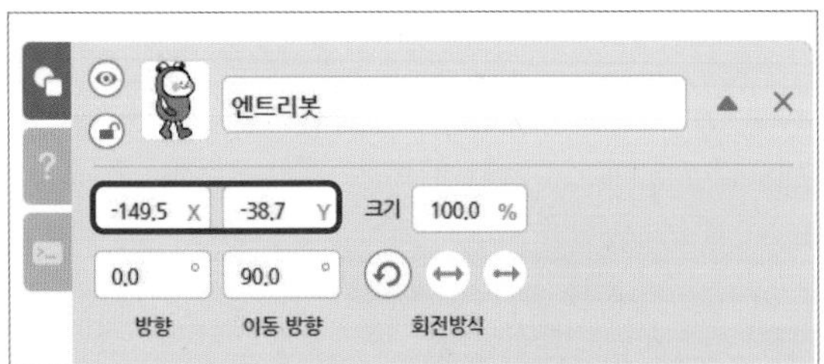

④ [인공지능] 카테고리를 클릭한 후 [인공지능 모델 학습하기] 버튼을 클릭합니다.

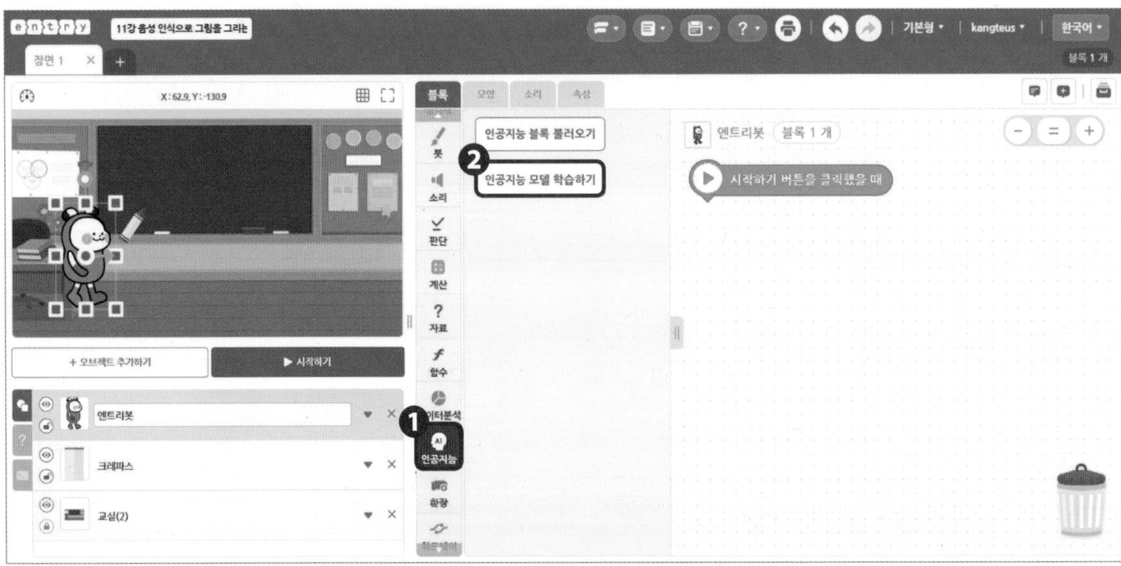

⑤ [분류: 소리]를 클릭한 후 [학습하기] 버튼을 클릭합니다.

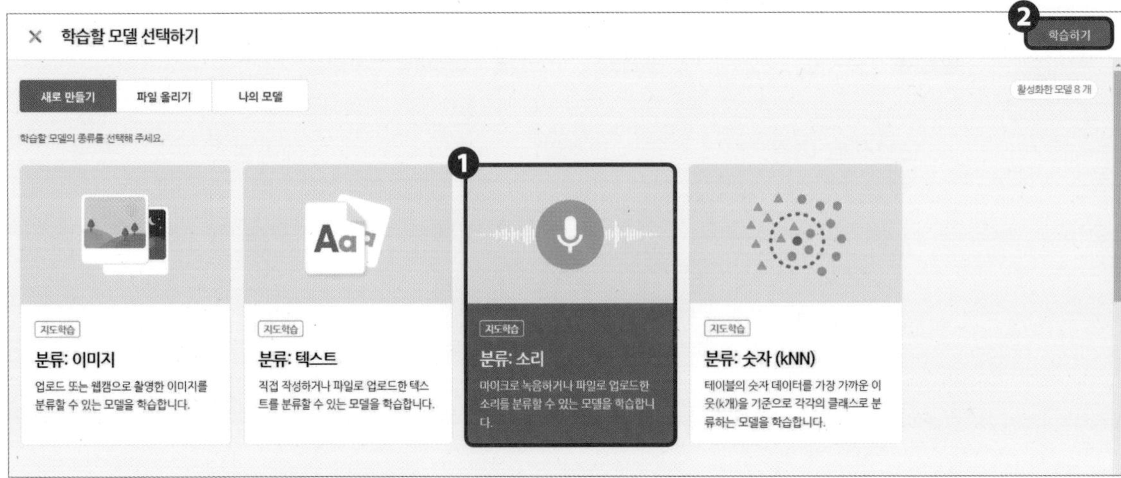

⑥ 새로운 모델 이름에 '도형'이라고 입력합니다. '트라이앵글', '렉탱글' 클래스 2개를 만듭니다. 이때, '삼각형'이나 '사각형'은 음성 인식할 때 구분이 잘 안될 수 있기 때문에 '트라이앵글', '렉탱글'로 클래스명을 설정합니다.

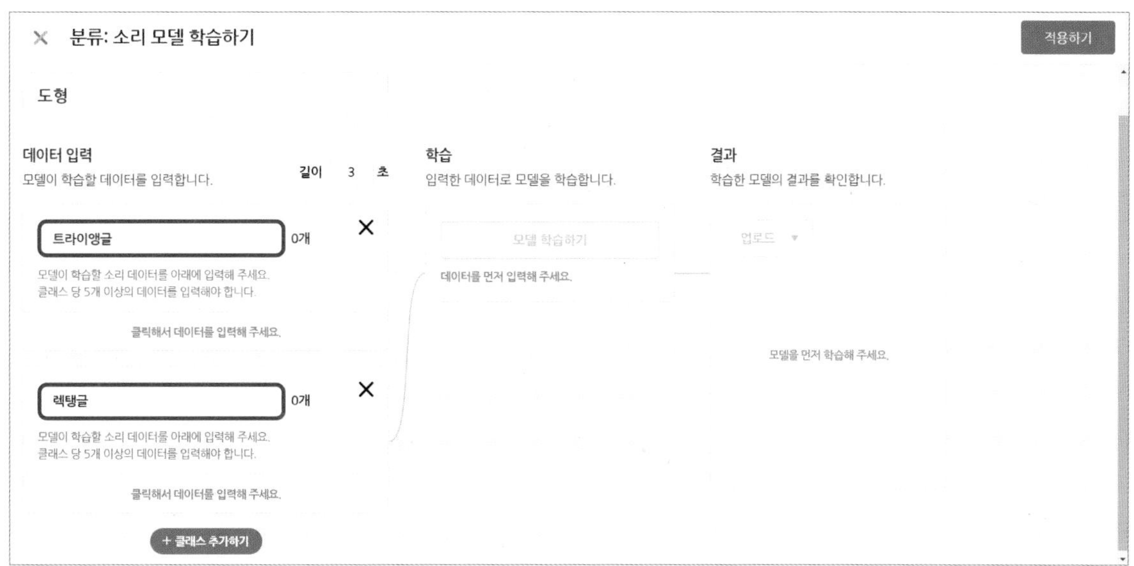

⑦ '트라이앵글' 클래스 데이터 입력창에서 [업로드]를 [녹음]으로 변경한 뒤, 마이크 모양 버튼을 클릭하여 다양한 음성 톤으로 '트라이앵글'이라고 소리내어 10회 이상 녹음합니다.

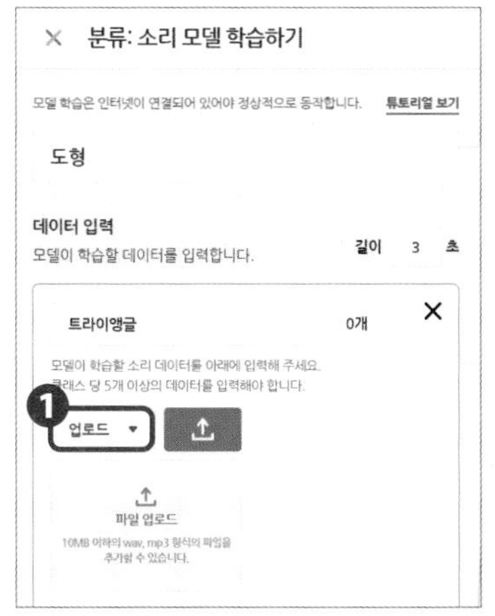

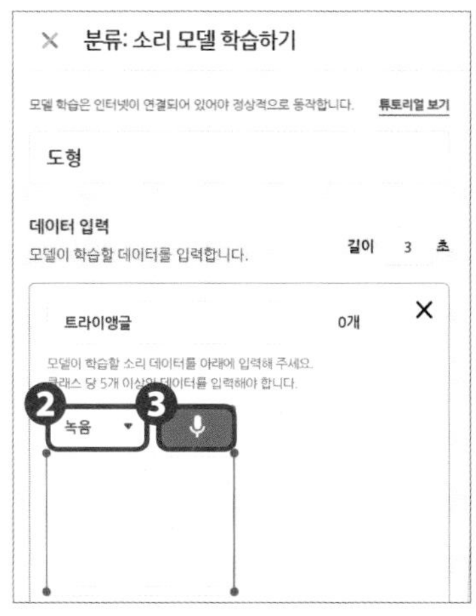

⑧ 같은 방법으로 '렉탱글' 클래스에 10개 이상 목소리를 녹음합니다.

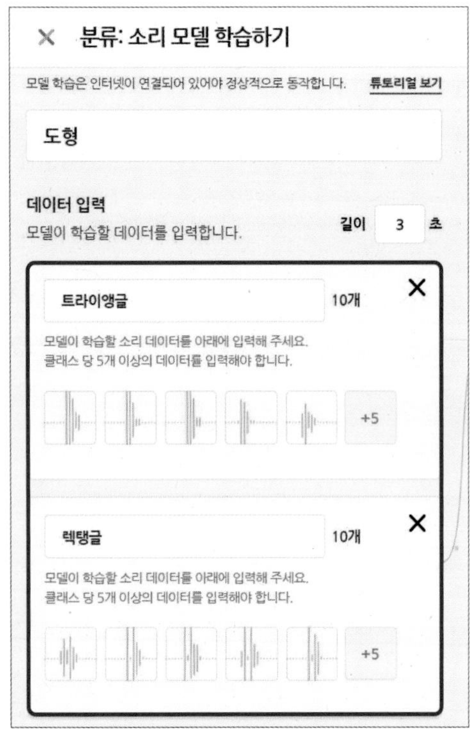

⑨ [모델 학습하기] 버튼을 클릭하고, 학습을 마치면 [적용하기] 버튼을 클릭합니다.

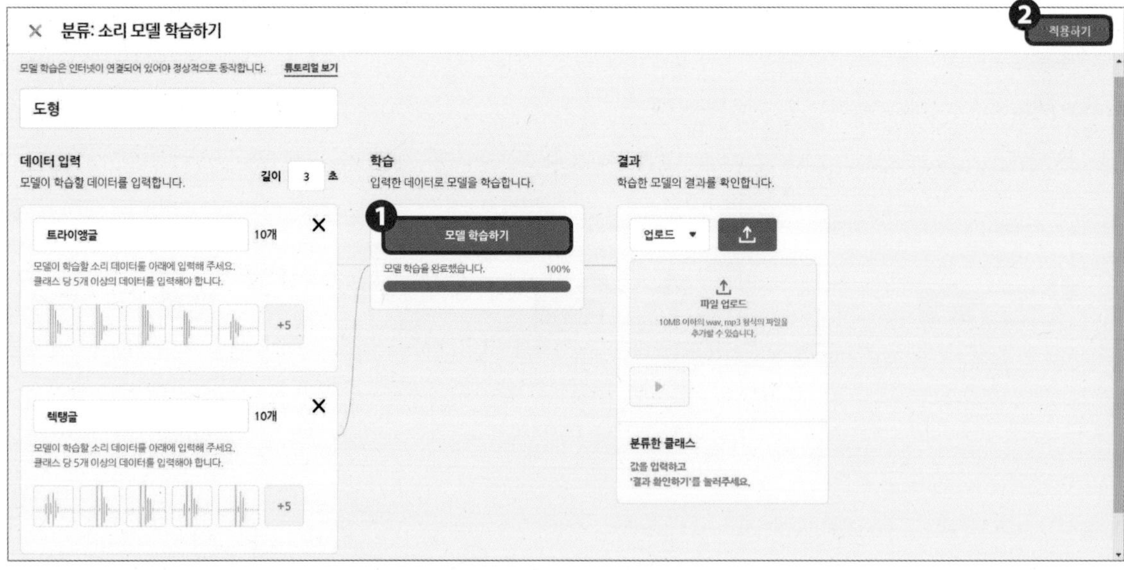

⑩ 모델 학습이 완료되었습니다. 햄스터 로봇을 연결하기 위해 [하드웨어] 카테고리를 클릭합니다. [연결 프로그램 열기] – [Entry_HW 열기] 버튼을 클릭합니다.

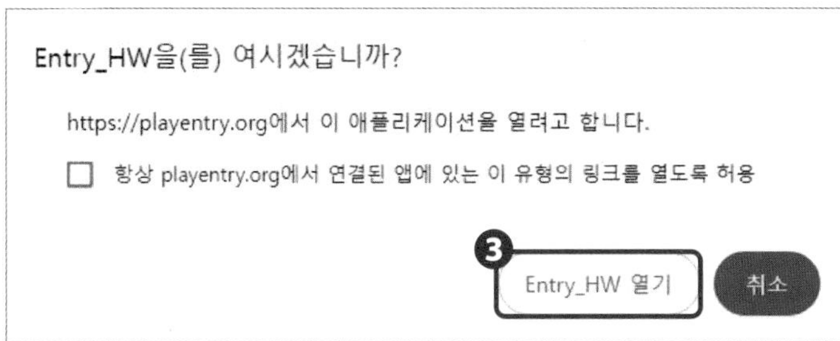

⑪ 검색창에 '햄스터'를 입력하고, 햄스터S를 클릭합니다. 햄스터 키트에 있는 USB 동글을 컴퓨터에 연결하고 햄스터S의 전원을 켭니다.

⑫ 로봇 연결이 완료되었습니다. [속성] 탭을 클릭해서 '트라이앵글', '렉탱글' 〈신호〉 2개를 추가합니다.

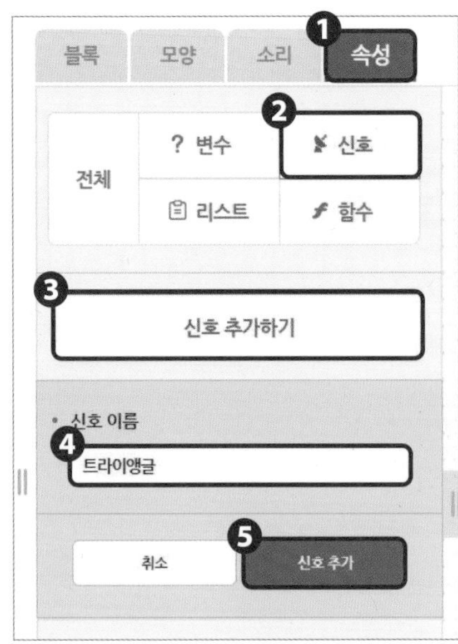

⑬ 시작하기 버튼을 클릭했을 때 어떤 도형을 그릴 것인지 묻고, 입력받은 음성이 '트라이앵글'인지 '렉탱글'인지 분류해서 '크레파스'에 신호를 보내는 명령 블록을 '엔트리봇' 오브젝트에 다음과 같이 조립합니다.

엔트리봇

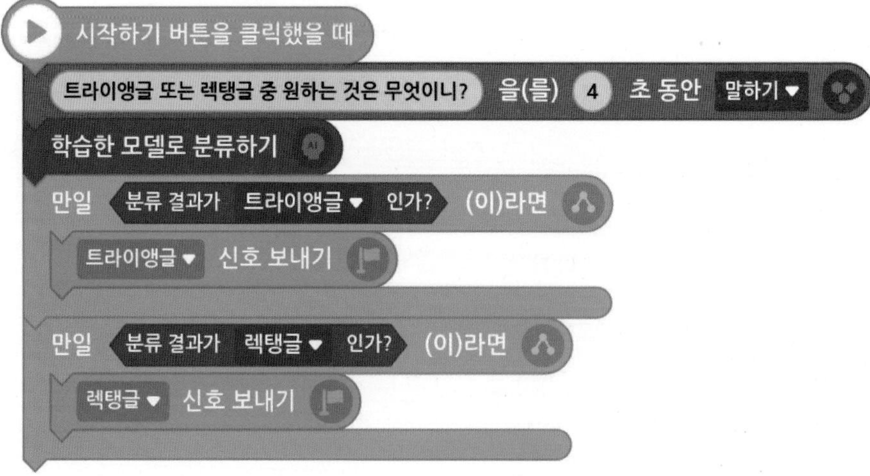

⑭ 음성 분류에 따라 '트라이앵글' 신호를 받았을 때와 '렉탱글' 신호를 받았을 때 분필이 칠판으로 이동해 삼각형이나 사각형을 그리고, 그림이 지워진 뒤 햄스터 로봇이 종이에 삼각형이나 사각형을 그리도록 하는 명령 블록을 '크레파스' 오브젝트에 다음과 같이 조립합니다.

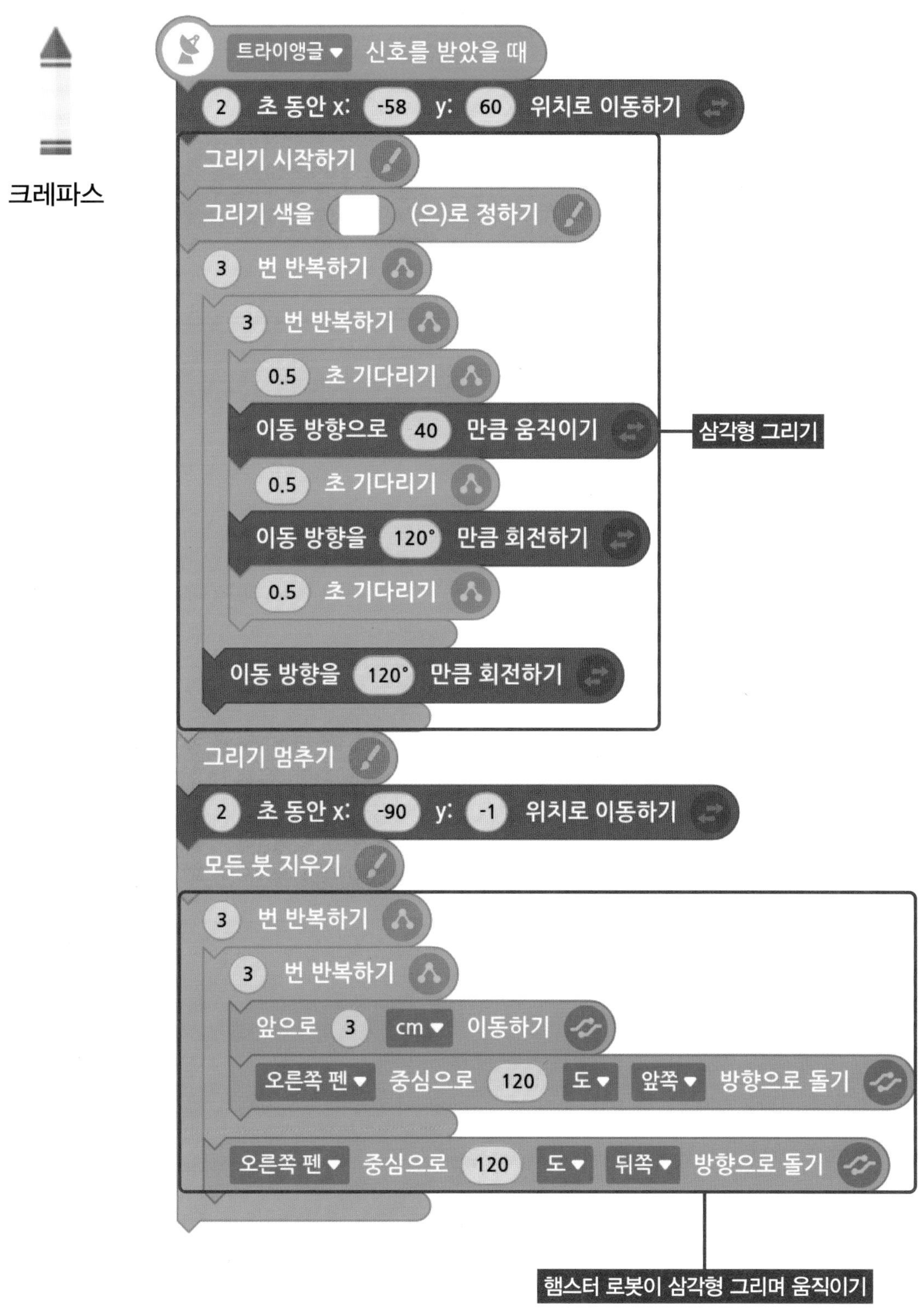
크레파스
트라이앵글 신호를 받았을 때
2 초 동안 x: -58 y: 60 위치로 이동하기
그리기 시작하기
그리기 색을 (으)로 정하기
3 번 반복하기
3 번 반복하기
0.5 초 기다리기
이동 방향으로 40 만큼 움직이기
0.5 초 기다리기
이동 방향을 120° 만큼 회전하기
0.5 초 기다리기
이동 방향을 120° 만큼 회전하기
삼각형 그리기
그리기 멈추기
2 초 동안 x: -90 y: -1 위치로 이동하기
모든 붓 지우기
3 번 반복하기
3 번 반복하기
앞으로 3 cm 이동하기
오른쪽 펜 중심으로 120 도 앞쪽 방향으로 돌기
오른쪽 펜 중심으로 120 도 뒤쪽 방향으로 돌기
햄스터 로봇이 삼각형 그리며 움직이기

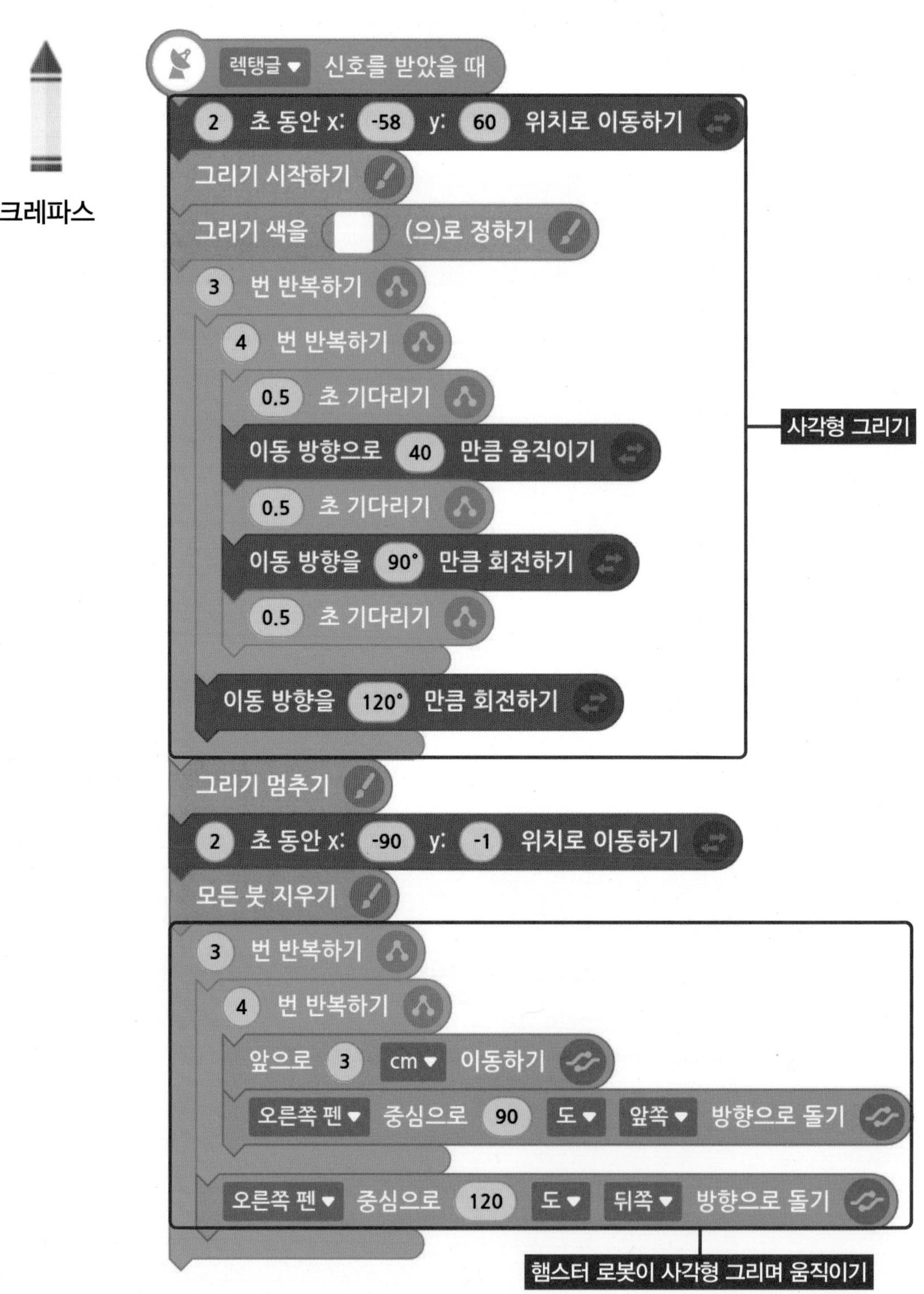
크레파스
렉탱글 신호를 받았을 때
2 초 동안 x: -58 y: 60 위치로 이동하기
그리기 시작하기
그리기 색을 (으)로 정하기
3 번 반복하기
4 번 반복하기
0.5 초 기다리기
이동 방향으로 40 만큼 움직이기
0.5 초 기다리기
이동 방향을 90° 만큼 회전하기
0.5 초 기다리기
이동 방향을 120° 만큼 회전하기
사각형 그리기
그리기 멈추기
2 초 동안 x: -90 y: -1 위치로 이동하기
모든 붓 지우기
3 번 반복하기
4 번 반복하기
앞으로 3 cm 이동하기
오른쪽 펜 중심으로 90 도 앞쪽 방향으로 돌기
오른쪽 펜 중심으로 120 도 뒤쪽 방향으로 돌기
햄스터 로봇이 사각형 그리며 움직이기

⑮ 프로그램이 완성되었습니다. 프로그램을 실행하고 '트라이앵글', '렉탱글'이라고 외치면 햄스터 로봇이 내가 말한 도형을 그리는지 확인해 봅니다.

06 프로그램이 잘 실행되는지 확인해 보기

장면이 시작되었을 때 음성 인식이 잘 되나요?

- 컴퓨터에 마이크가 있는지, 인터넷 브라우저에서 마이크 접근을 허용했는지, 마이크가 음소거 되어 있는 것은 아닌지 확인해 보세요.
- 다양한 톤으로 모델을 녹음했는지 확인해 보세요.

실행화면의 '크레파스' 오브젝트는 의도한 대로 이동하나요?

- '크레파스' 오브젝트의 위치를 확인해 보세요.
- '크레파스' 오브젝트의 방향을 확인해 보세요.
- '크레파스' 이동 명령 블록의 위치값을 확인해 보세요.

프로그램을 실행했을 때 햄스터 로봇이 의도한 대로 이동하나요?

- 햄스터 로봇 블록의 위치 이동값을 확인해 보세요.
- 햄스터 로봇 블록의 각도를 확인해 보세요.

07 오늘 배운 내용 정리하기

음성 인식으로 그림을 그리는 AI 햄스터 로봇 프로그래밍 활동을 하고 알게 된 점을 적어 봅니다.

음성 인식으로 그림을 그리는 AI 햄스터 로봇 프로그램 중 바꾸고 싶은 부분이 있다면 적어 봅니다.

08 더 알아보기

인공지능 화가

최근 인공지능 로봇 소피아가 이탈리아 미술가와 협력하여 제작한 작품이 68만 8888달러(한화 약 7억 7844만원)에 팔렸습니다. 사람의 표정을 읽고 따라 할 수 있을 정도로 표현력이 뛰어난 것으로 알려진 로봇인 소피아는 작품 제작을 위해 함께 협업한 화가의 화법을 반복적으로 학습한 뒤 자신의 초상화를 그렸다고 합니다. 소피아는 〈로이터〉와의 인터뷰에서 "사람들이 나의 작품을 좋아하길 바라며 향후 사람과 새롭고 즐거운 방식으로 협업할 수 있길 바란다"고 말했습니다.

이렇듯 인공지능은 기계학습 알고리즘을 이용해 수많은 실제 그림을 보고 훈련하는 방식으로 그림 실력을 쌓습니다. 학습을 많이 하면 할수록 더욱 사람이 그린 것 같은 그림이 만들어지겠죠? 인공지능이 그린 작품은 앞으로 더 발전할 것으로 보입니다.

09 심화 활동하기

프로그램을 조금 수정해서 나만의 음성 인식으로 그림을 그리는 AI 햄스터 로봇 프로그램을 만들어 봅니다. 삼각형이나 사각형 말고 내가 좋아하는 도형이나 하트, 웃는 얼굴과 같은 간단한 그림을 그릴 수 있도록 해 봅니다.

앞으로 3 cm▾ 이동하기
오른쪽 펜▾ 중심으로 90 도▾ 앞쪽▾ 방향으로 돌기
방향을 90° 만큼 회전하기
이동 방향으로 40 만큼 움직이기

이미지 모델 학습을 통해 분리수거를 하는 AI 햄스터 로봇

01 오늘의 이야기 살펴보기

쓰레기 분리수거를 해야 해요.
햄스터 로봇이 나 대신 분리수거를 해 줄 수는 없을까요?

고민을 해결해 줄게요!
인공지능 모델 학습을 통해 쉽고 재미있게 햄스터 로봇이 분리수거를 하는 프로그램을 만들어 볼까요?

02 함께 만들 엔트리 작품 알아보기

학습문제

이미지 모델 학습을 통해 사진을 보고 햄스터 로봇이 해당하는
분리수거 장소로 이동하는 프로그램을 만들어 봅니다.

03 오늘 사용할 블록 알아보기

인공지능 모델 학습 블록

학습한 모델로 분류하기 : 데이터를 입력하고 학습한 모델로 인식합니다.

분류 결과가 우유갑▼ 인가? : 입력한 데이터의 인식 결과가 선택한 클래스인 경우 '참'으로 판단합니다.

분류 결과 : 입력한 데이터를 모델에서 인식한 결괏값입니다. 값은 모델의 클래스 이름(텍스트)으로 표현됩니다.

엔트리 읽어주기 : 입력한 문자값을 설정된 목소리로 읽습니다.

햄스터 로봇 블록

말판 앞으로 한 칸 이동하기 : 말판 위에서 앞으로 한 칸 이동합니다.

집게 열기▼ : 집게를 열거나 닫습니다.

왼쪽▼ 으로 90 도▼ 제자리 돌기 : 입력한 각도(도)/시간(초)/펄스만큼 왼쪽/오른쪽 방향으로 제자리에서 회전합니다.

말판 왼쪽▼ 으로 한 번 돌기 : 말판 위에서 왼쪽/오른쪽 방향으로 제자리에서 90도 회전합니다.

뒤로 5 cm▼ 이동하기 : 입력한 거리(cm)/시간(초)/펄스만큼 뒤로 이동합니다.

앞으로 5 cm▼ 이동하기 : 입력한 거리(cm)/시간(초)/펄스만큼 앞으로 이동합니다.

04 프로그램 살펴보기

화면(장면) 구성

장면 1	햄스터 로봇 활동판	작품 QR 코드
	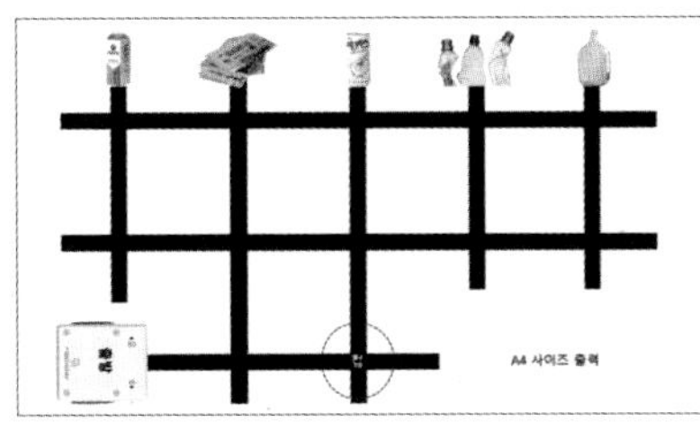	 https://naver.me/5tew5YOR

오브젝트 종류 및 해야 할 일

거실(4) 오브젝트

- '장면 1' 배경 오브젝트

오브젝트

- 다양한 표정 엔트리봇 오브젝트 [모양] 탭에서 '다양한 표정 엔트리봇_궁금', '다양한 표정 엔트리봇_기쁨'만 남겨 두기

해야 할 일 장면이 시작되었을 때, '분리수거' 함수 실행하기

해야 할 일 '우유갑' 신호를 받았을 때, 다음 모양으로 바꾸고 '우유갑' 함수 실행하기

해야 할 일 '신문지' 신호를 받았을 때, 다음 모양으로 바꾸고 '신문지' 함수 실행하기

해야 할 일 '캔' 신호를 받았을 때, 다음 모양으로 바꾸고 '캔' 함수 실행하기

해야 할 일 '플라스틱 병' 신호를 받았을 때, 다음 모양으로 바꾸고 '플라스틱 병' 함수 실행하기

해야 할 일 '유리병' 신호를 받았을 때, 다음 모양으로 바꾸고 '유리병' 함수 실행하기

05 함께 프로그래밍하기

① '엔트리봇' 오브젝트를 삭제하기 위해 오브젝트 목록에서 [X] 버튼을 클릭하고, [+오브젝트 추가하기] 버튼을 클릭해 필요한 오브젝트를 추가합니다.

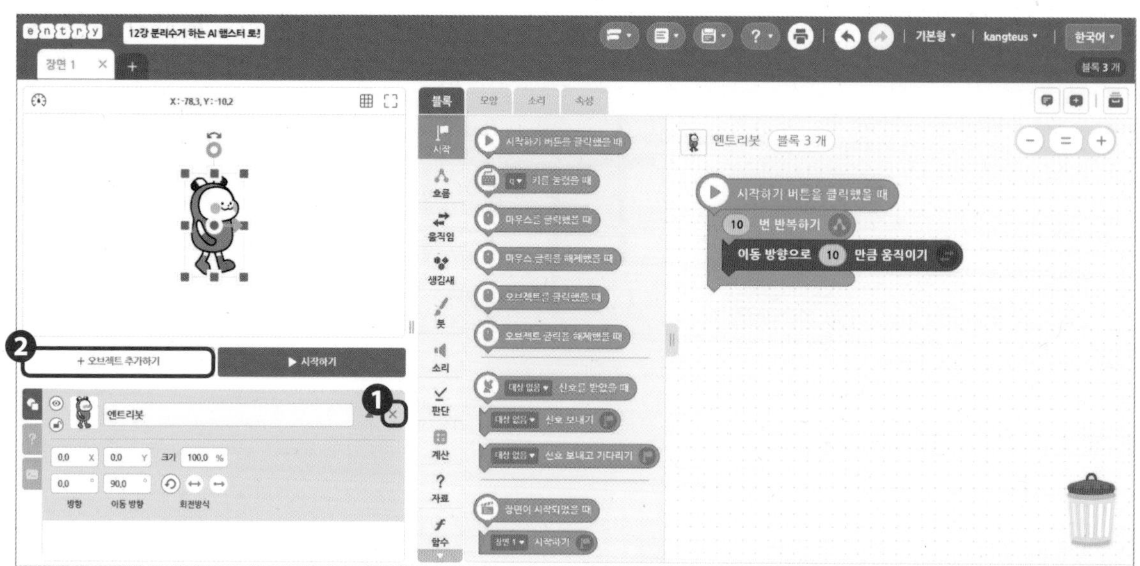

오브젝트 이름	거실(4)	다양한 표정 엔트리봇
모양 (모양 이름)	(거실_2)	(다양한 표정 엔트리봇_미소)
작품 속 오브젝트 이름	거실(4)	다양한 표정 엔트리봇

② 필요한 모양만 남겨 두기 위해 '다양한 표정 엔트리봇'을 선택한 뒤, [모양] 탭을 클릭해서 '다양한 표정 엔트리봇_궁금'과 '다양한 표정 엔트리봇_기쁨'만 남기고 다른 모양은 [X] 버튼을 클릭합니다.

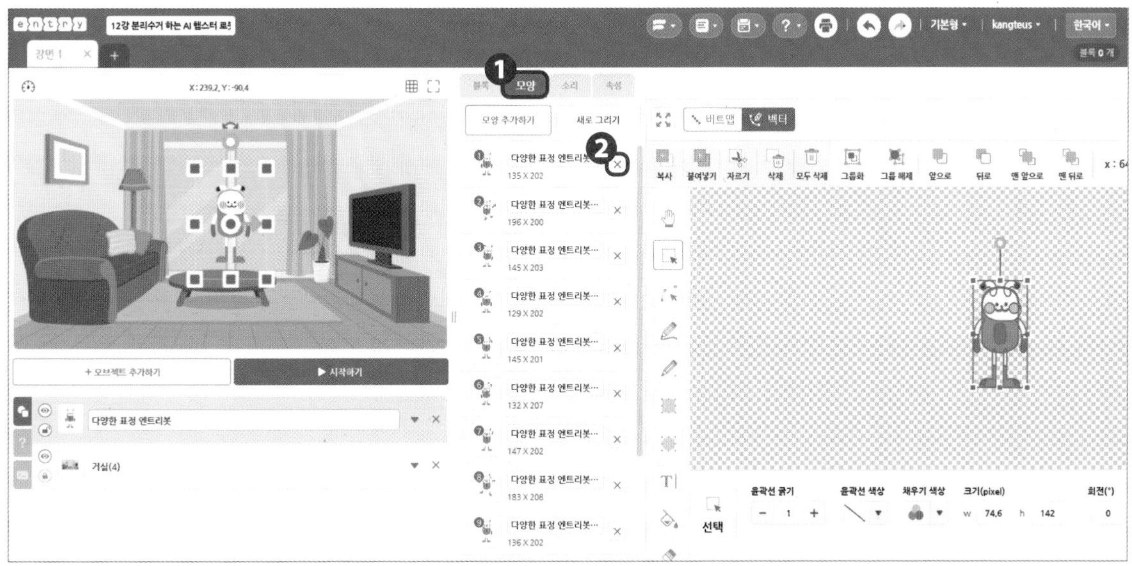

③ [인공지능] 카테고리를 클릭한 후 [인공지능 블록 불러오기] 버튼을 클릭합니다.

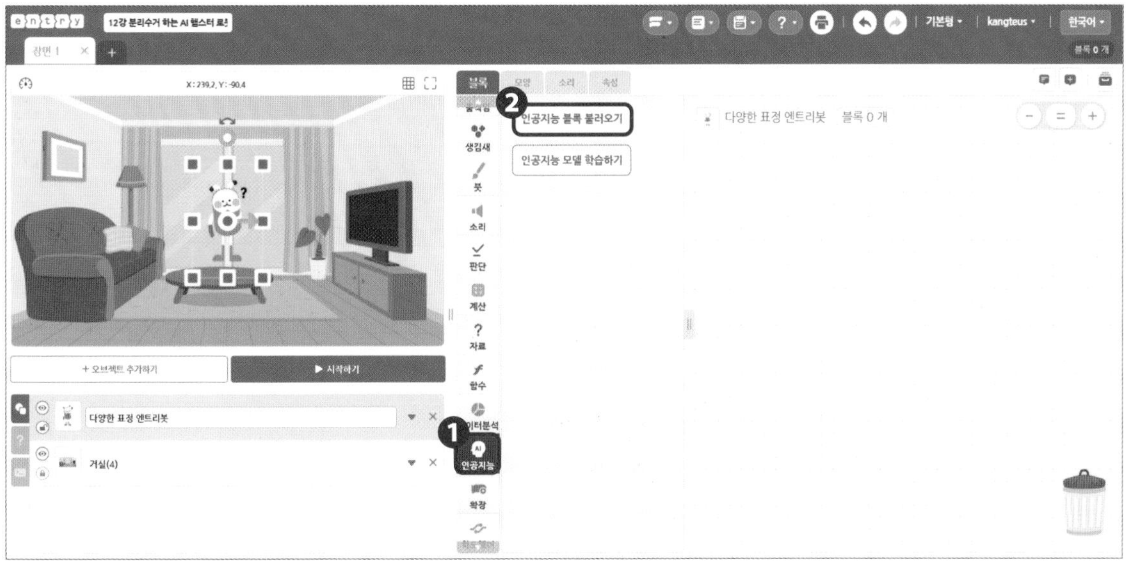

④ [읽어주기]를 선택하고 [불러오기]를 클릭합니다.

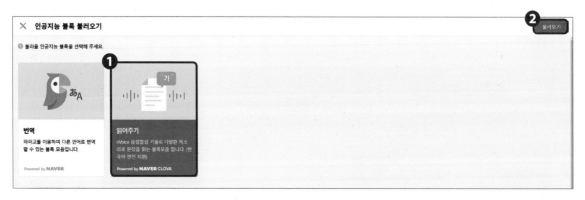

⑤ [인공지능] 카테고리에서 [인공지능 모델 학습하기]를 클릭합니다.

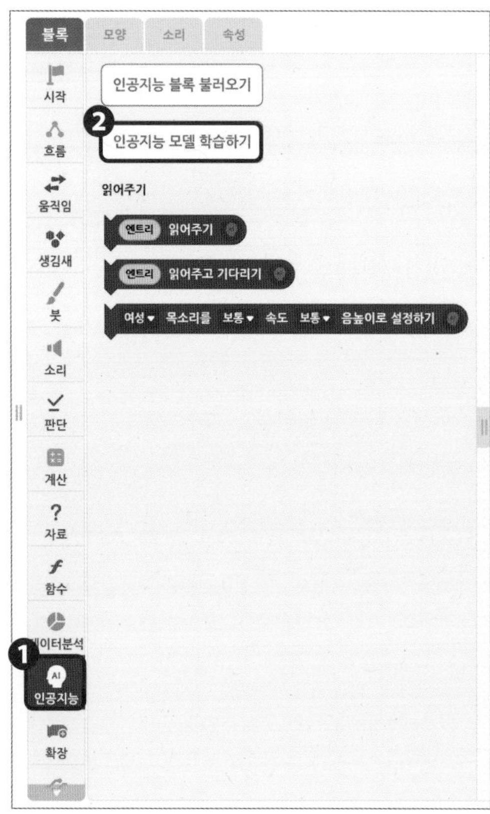

⑥ [분류: 이미지]를 클릭한 후 [학습하기] 버튼을 클릭합니다.

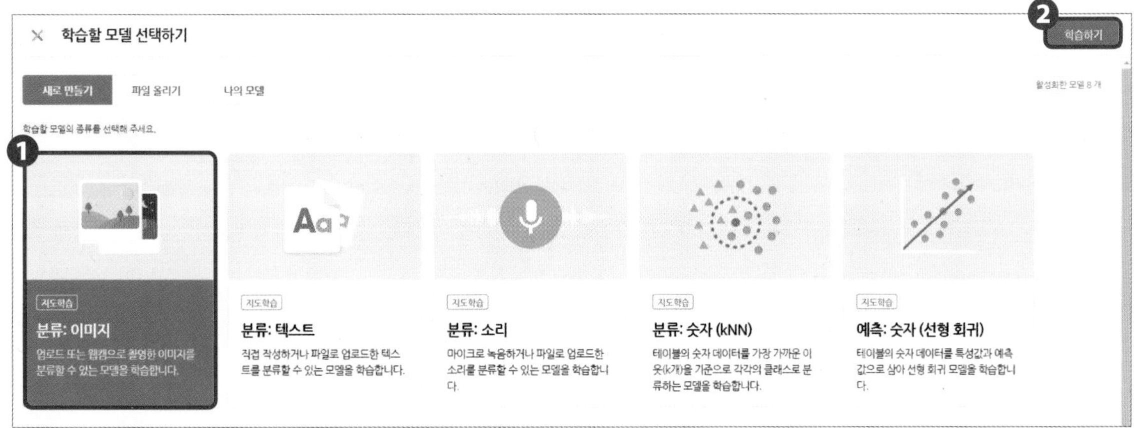

⑦ '분리수거'라는 모델을 만들고 '우유갑', '유리병', '캔', '신문지', '플라스틱 병'이라는 클래스를 만듭니다.

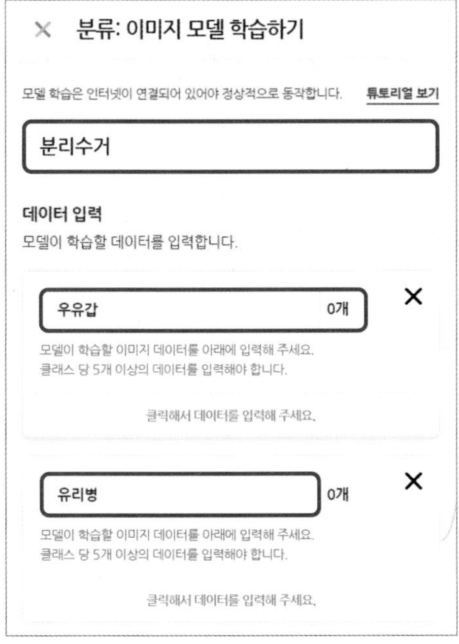

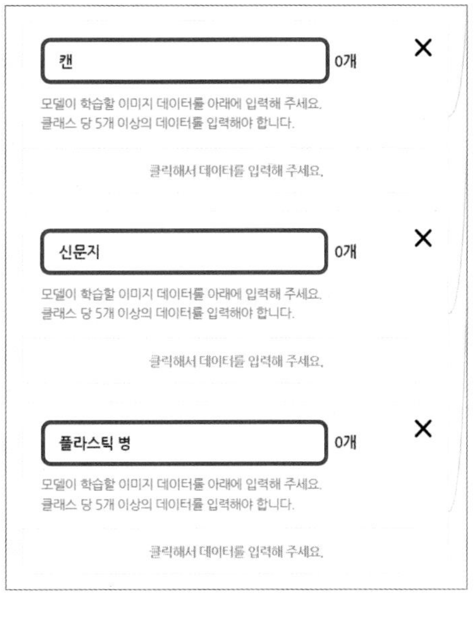

⑧ '우유갑' 클래스 데이터 입력창에서 [업로드]를 [촬영]으로 변경한 뒤, 카메라 모양 버튼을 클릭하여 다양한 방향으로 우유갑 사진을 20개 이상 촬영합니다.

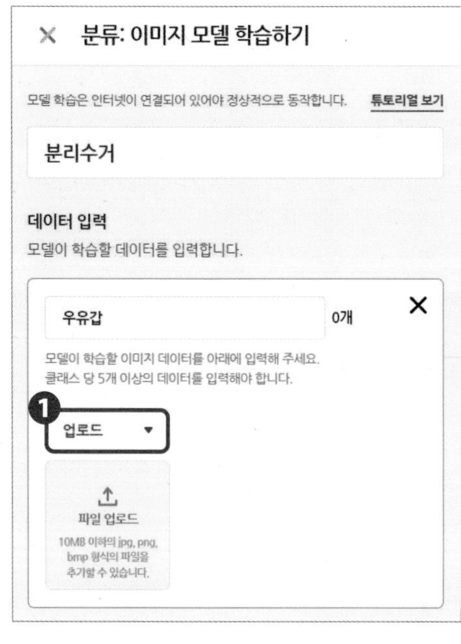

⑨ 같은 방법으로 '유리병', '캔', '신문지', '플라스틱 병' 클래스에 20개 이상 사진을 촬영합니다.

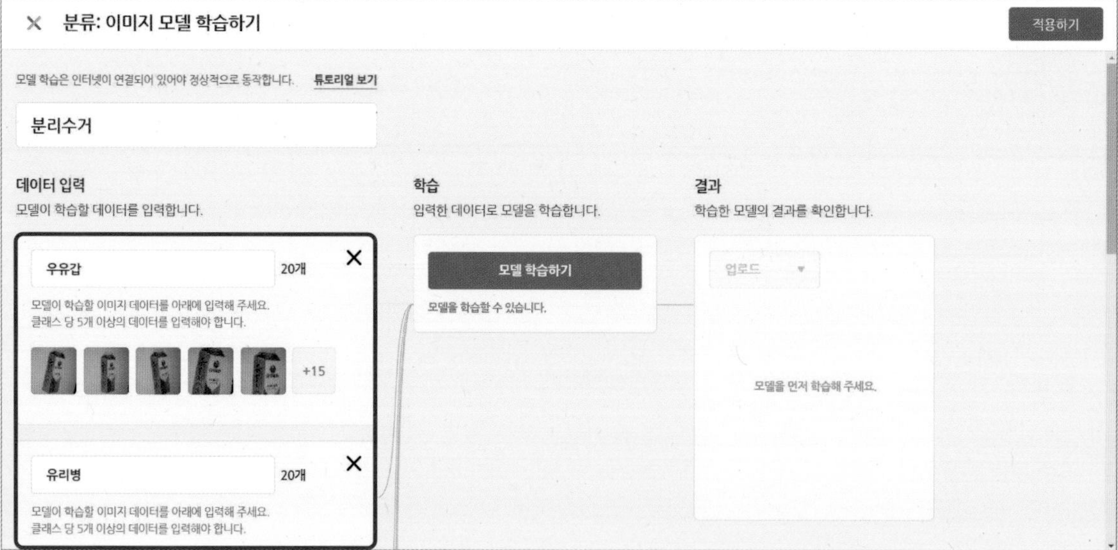

⑩ [모델 학습하기] 버튼을 클릭하고, 학습을 마치면 [적용하기] 버튼을 누릅니다.

⑪ 모델 학습이 완료되었습니다. 햄스터 로봇에 집게를 연결합니다. 방향을 잘 맞춰서 햄스터 로봇 위에 조립하고, 전선을 연결합니다.

⑫ 햄스터 로봇을 연결하기 위해 [하드웨어] 카테고리를 클릭합니다. [연결 프로그램 열기] – [Entry_HW 열기] 버튼을 클릭합니다.

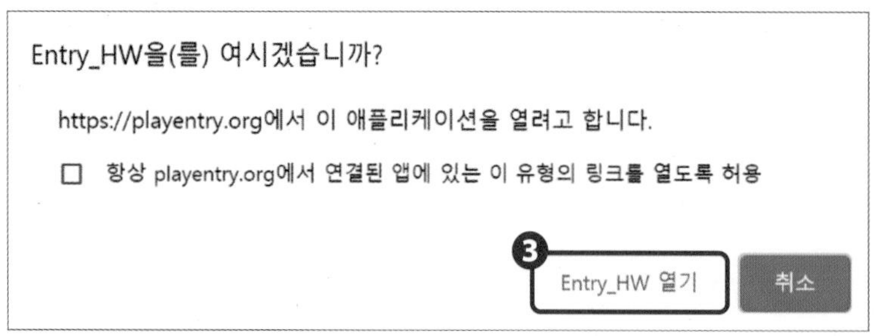

⑬ 검색창에 '햄스터'를 입력하고, 햄스터S를 클릭합니다. 햄스터 키트에 있는 USB 동글을 컴퓨터에 연결하고 햄스터 로봇의 전원을 켭니다.

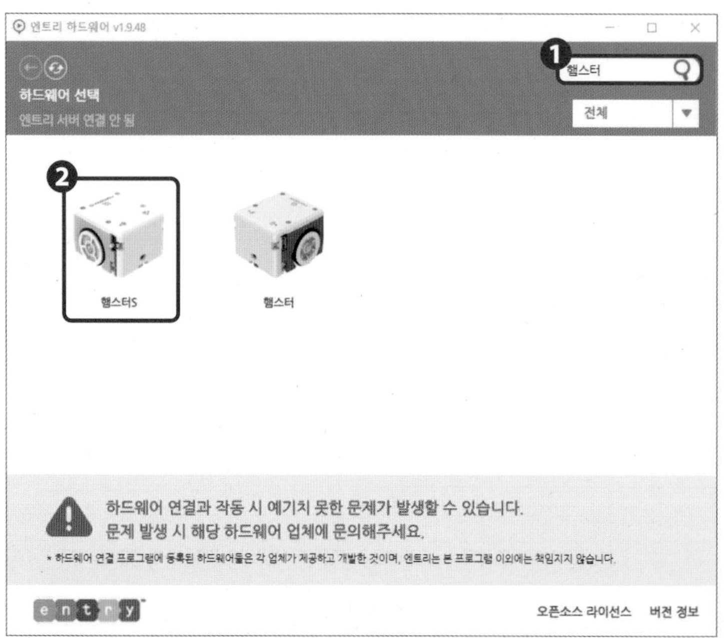

⑭ 로봇 연결이 완료되었습니다. [속성] 탭을 클릭해서 '분리수거', '우유갑', '유리병', '신문지', '캔', '플라스틱 병' 〈함수〉 6개를 추가합니다.

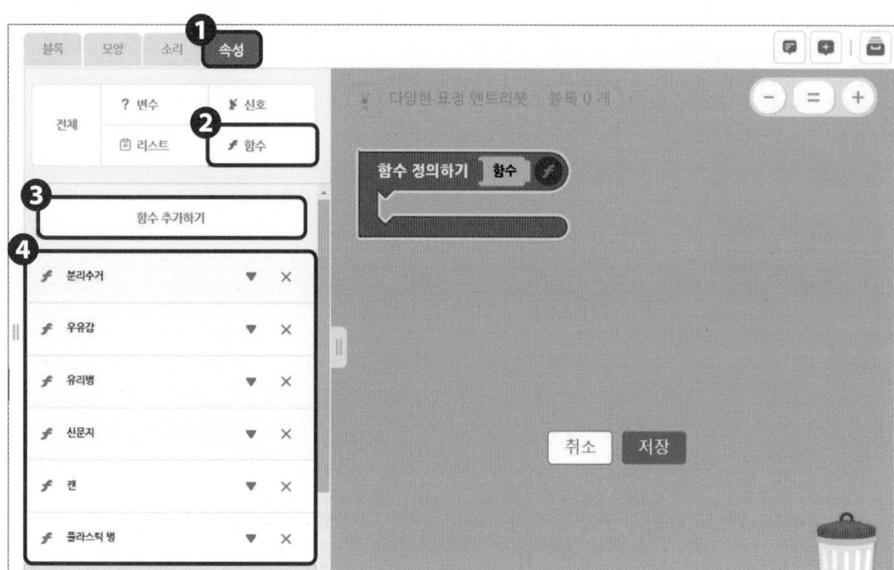

이 책에서 햄스터 로봇 실습을 위해 사용하는 활동판은 영진닷컴 홈페이지(https://www.youngjin.com)에서 내려받을 수 있습니다.

⑮ 시작하기 버튼을 클릭했을 때, '분리수거' 함수 블록을 실행하고, 분류 결과에 따라 각각의 신호를 받은 햄스터 로봇이 쓰레기가 담긴 컵을 잡고 각각의 분리수거 장소로 이동하도록 명령 블록을 다음과 같이 조립합니다.

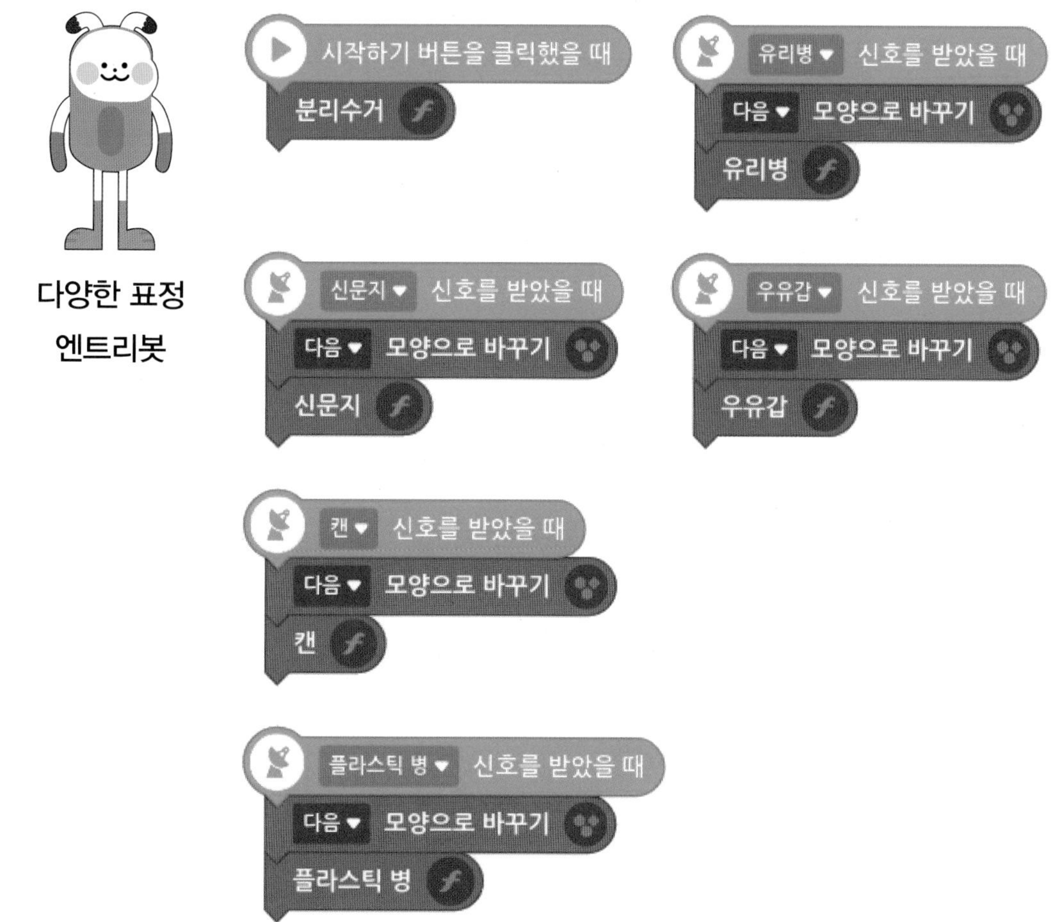

⑯ '분리수거' 함수는 다음과 같이 명령 블록을 조립합니다.

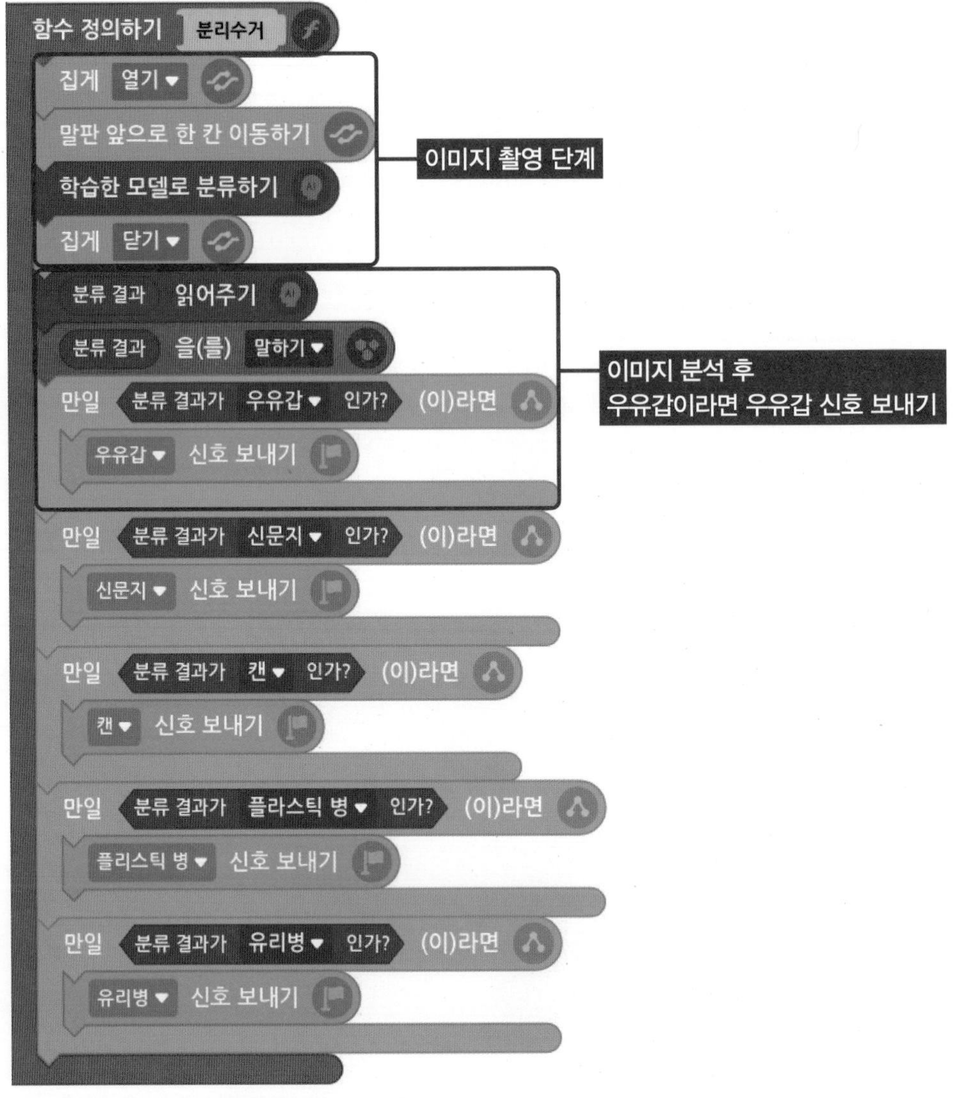

⑰ '우유갑', '신문지', '캔', '플라스틱 병', '유리병' 함수 블록도 다음과 같이 조립합니다.

신문지

신문지 함수

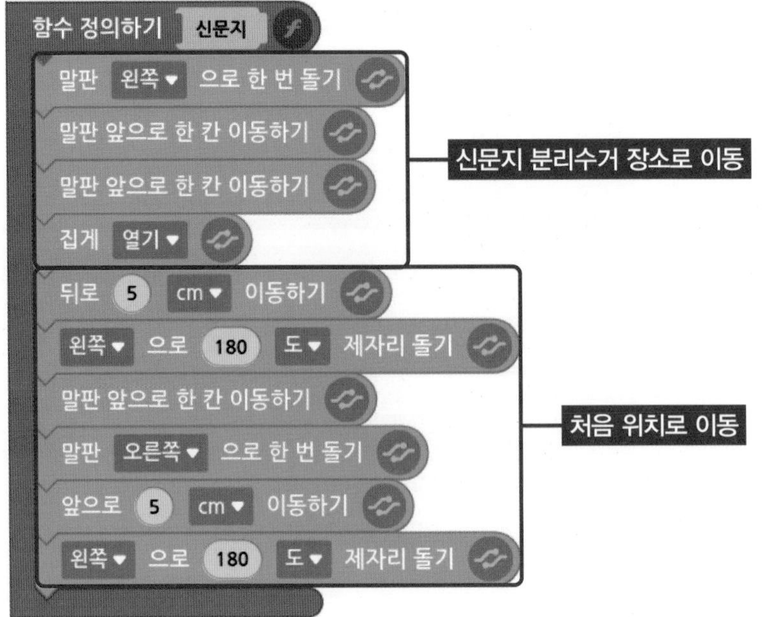
함수 정의하기 신문지
말판 왼쪽 으로 한 번 돌기
말판 앞으로 한 칸 이동하기
말판 앞으로 한 칸 이동하기
집게 열기
뒤로 5 cm 이동하기
왼쪽 으로 180 도 제자리 돌기
말판 앞으로 한 칸 이동하기
말판 오른쪽 으로 한 번 돌기
앞으로 5 cm 이동하기
왼쪽 으로 180 도 제자리 돌기
신문지 분리수거 장소로 이동
처음 위치로 이동

캔

캔 함수

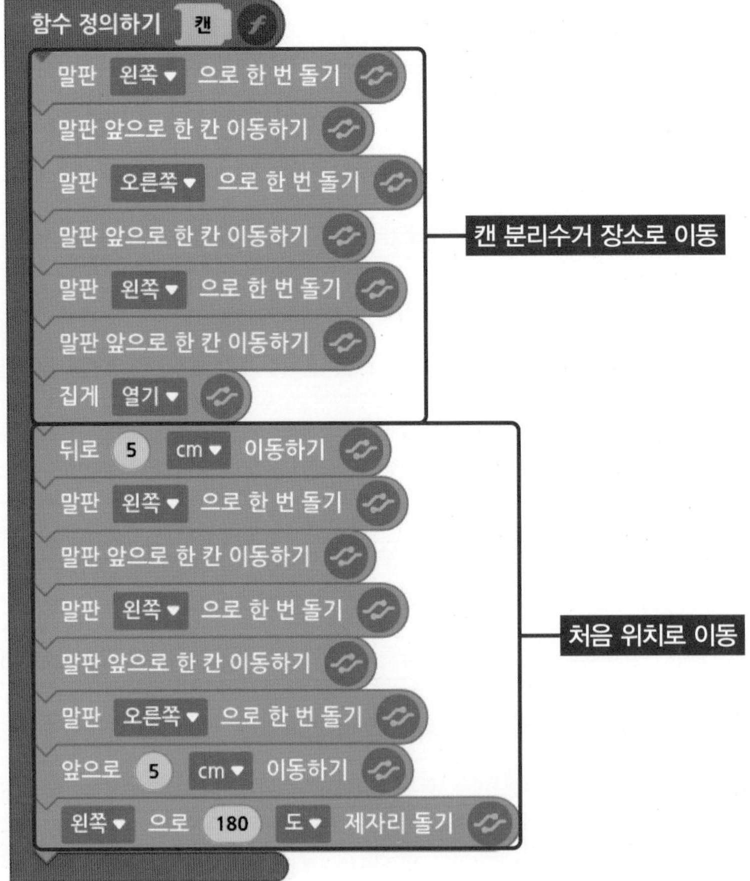
함수 정의하기 캔
말판 왼쪽 으로 한 번 돌기
말판 앞으로 한 칸 이동하기
말판 오른쪽 으로 한 번 돌기
말판 앞으로 한 칸 이동하기
말판 왼쪽 으로 한 번 돌기
말판 앞으로 한 칸 이동하기
집게 열기
뒤로 5 cm 이동하기
말판 왼쪽 으로 한 번 돌기
말판 앞으로 한 칸 이동하기
말판 왼쪽 으로 한 번 돌기
말판 앞으로 한 칸 이동하기
말판 오른쪽 으로 한 번 돌기
앞으로 5 cm 이동하기
왼쪽 으로 180 도 제자리 돌기
캔 분리수거 장소로 이동
처음 위치로 이동

플라스틱 병

플라스틱 병 함수

함수 정의하기 플라스틱 병
말판 왼쪽 으로 한 번 돌기
말판 앞으로 한 칸 이동하기
말판 오른쪽 으로 한 번 돌기
말판 앞으로 한 칸 이동하기
말판 앞으로 한 칸 이동하기
말판 왼쪽 으로 한 번 돌기
말판 앞으로 한 칸 이동하기
집게 열기
뒤로 5 cm 이동하기
말판 왼쪽 으로 한 번 돌기
말판 앞으로 한 칸 이동하기
말판 앞으로 한 칸 이동하기
말판 왼쪽 으로 한 번 돌기
말판 앞으로 한 칸 이동하기
말판 오른쪽 으로 한 번 돌기
앞으로 5 cm 이동하기
왼쪽 으로 180 도 제자리 돌기
플라스틱 병 분리수거 장소로 이동
처음 위치로 이동

유리병 함수

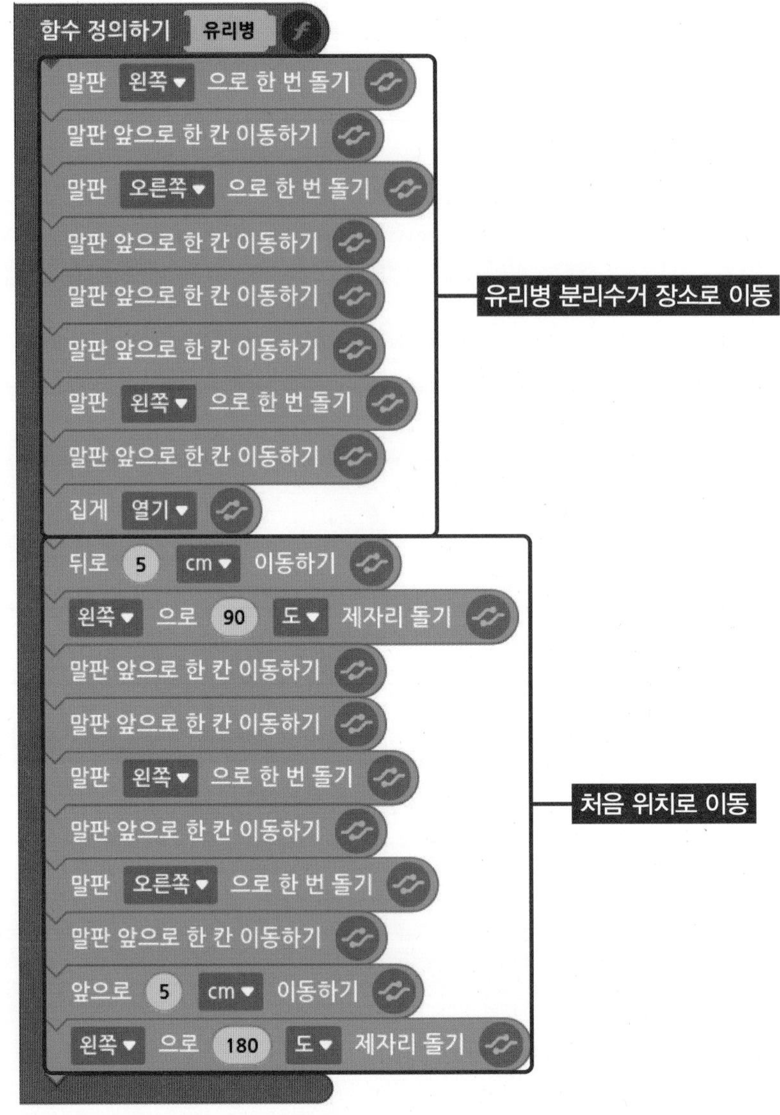

⑱ 프로그램이 완성되었습니다. 프로그램을 실행하면 [데이터 입력] 창이 나옵니다. 우유갑이나 플라스틱 병 등의 사진을 촬영하고 [적용하기]를 누르면 햄스터 로봇이 분리수거를 실행합니다.

06 프로그램이 잘 실행되는지 확인해 보기

장면이 시작되었을 때 이미지 인식이 잘 되나요?

- 컴퓨터에 카메라가 있는지, 인터넷 브라우저에서 카메라 접근을 허용했는지 확인해 보세요.
- 카메라가 잘 작동하는지 확인해 보세요.
- 물건(또는 사진)을 너무 가까이 혹은 너무 멀리 둔 것은 아닌지 확인해 보세요.

의도한 대로 이미지 인식이 잘 되나요?

- 클래스당 다양한 방향으로 20장 이상의 이미지를 학습시켰는지 확인해 보세요.
- 이미지가 선명한지 확인해 보세요.

의도한 대로 햄스터 로봇이 잘 이동하나요?

- '우유갑', '신문지', '캔', '플라스틱 병', '유리병' 함수 블록을 확인해 보세요.
- '분리수거' 함수 블록을 확인해 보세요.

07 오늘 배운 내용 정리하기

이미지 모델 학습을 통해 분리수거를 하는 AI 햄스터 로봇 프로그래밍 활동을 하고 알게 된 점을 적어 봅니다.

이미지 모델을 통해 학습 분리수거를 하는 AI 햄스터 로봇 프로그램 중 바꾸고 싶은 부분이 있다면 적어 봅니다.

08 더 알아보기

인공지능 분리수거 로봇

최근 쓰레기 배출이 늘어나면서 재활용품 분리수거 문제가 커지고 있습니다. 재활용 폐기물의 80%가 선별 과정에서 일반 쓰레기와 섞여 소각 및 매립되면서 분리수거율에 비해 재활용률이 현저히 낮다고 하는데요. 이런 상황을 해결하기 위해 여러 곳에서는 분리수거 로봇을 개발하고 있습니다.

오늘 살펴볼 로봇은 미국 매사추세츠 공과대학교(MIT)와 예일대 연구진이 개발한 로사이클(RoCycle) 로봇입니다. 이 로봇은 촉각을 이용해 쓰레기를 분류합니다. 기존에도 일부 쓰레기 분류 단계에서 기계를 사용하기는 했지만, 대부분의 쓰레기 분류는 수작업이 필요합니다. 이런 상황에서 쓰레기가 점점 늘어나다 보니 재활용이 잘 이루어지지 않았다고 합니다. 그러나 이번에 연구진이 개발한 재활용품 분류 로봇 로사이클은 집게 모양의 두 손가락을 이용해 촉각으로 물체를 파악하고, 재활용 여부를 분류합니다. 정확도가 85% 정도라고 하니 생각보다 높지 않나요? 아직은 이동성이 없고 속도가 낮아 실용화하기에는 어렵다지만, 앞으로 차츰 발전할 것으로 보입니다.

09 심화 활동하기

프로그램을 조금 수정해서 나만의 분리수거 AI 햄스터 로봇 프로그램을 만들어 봅니다.

- '우유갑', '신문지', '캔', '플라스틱 병', '유리병' 뿐만 아니라 다른 물건도 분리수거를 할 수 있도록 모델을 추가해 봅니다.

분류 결과가 우유갑▾ 인가?　　학습한 모델로 분류하기

- 분리수거를 완료하고 처음 위치로 돌아온 다음 '분리수거를 완료했습니다.'를 말하는 코드를 추가해 봅시다.

엔트리 읽어주기

여성▾ 목소리를 보통▾ 속도 보통▾ 음높이로 설정하기

손으로 소통하는 반려 AI 햄스터 로봇

01 오늘의 이야기 살펴보기

혼자 사는 어르신과 몸이 불편한 사람들을 위해 반려 로봇을 선물했어요.
그런데! 또박또박 말하기 어려운 사람들, 버튼을 조작하기 어려운 사람들에게는 반려 로봇이 도움이 되지 못하는군요.

고민을 해결해 줄게요.
목소리를 내기 어렵거나 앞이 잘 보이지 않아도, 손동작을 통해 손으로 말하고 소통하는 AI 반려 로봇을 만들어 볼까요?

02 함께 만들 엔트리 작품 알아보기

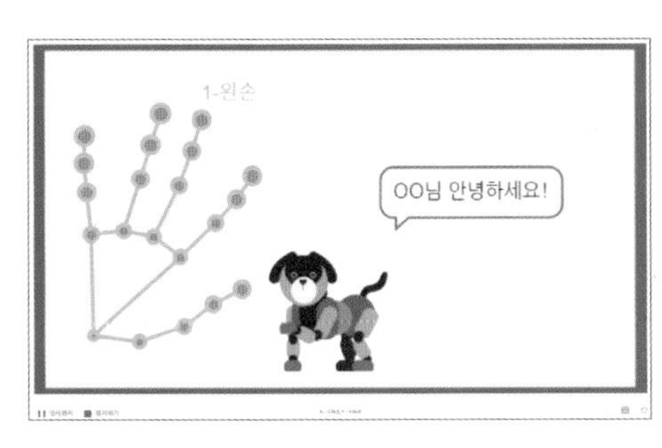

학습문제

손의 위치나 모양 등을 인식하여
원하는 동작을 수행하는 반려 AI 햄스터 로봇을 만들어 봅시다.

03 오늘 사용할 블록 알아보기

인공지능 블록

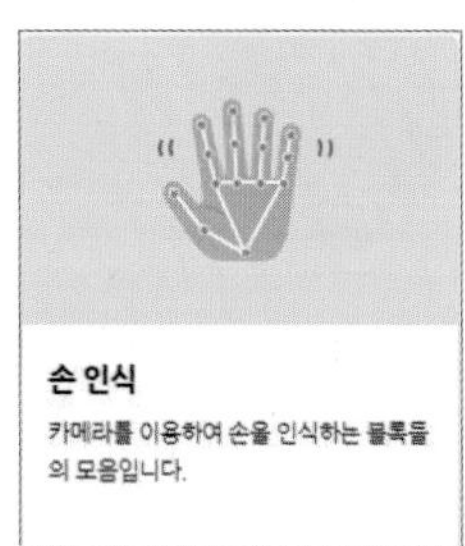

손 인식
카메라를 이용하여 손을 인식하는 블록들의 모음입니다.

`손 인식 시작하기▾` 손 인식을 시작하거나 중지합니다.

`인식한 손 보이기▾` 인식한 손의 형태를 실행화면에 보이게 하거나 숨깁니다.

`손을 인식했을 때` 손을 인식하면 아래에 연결된 블록들을 실행합니다.

`1▾ 번째 손의 모양이 쥔 손▾ 인가?` 입력한 순서의 손이 선택한 모양이라면 '참'으로 판단합니다.

`손을 인식했는가?` 손을 인식한 경우 '참'으로 판단합니다.

햄스터 로봇 블록

`왼쪽 바퀴 30 오른쪽 바퀴 30 (으)로 정하기`

왼쪽과 오른쪽 바퀴의 속도를 입력한 값(–100 ~ 100%)으로 각각 설정합니다. 양수값을 입력하면 바퀴가 앞으로 회전하고, 음수값을 입력하면 뒤로 회전합니다. 숫자 0을 입력하면 정지합니다.

`왼쪽▾ LED를 R: 255 G: 0 B: 0 (으)로 정하기`

왼쪽/오른쪽/양쪽 LED의 R, G, B 값을 입력한 값으로 각각 설정합니다.

`왼쪽▾ LED를 ■ 로 정하기` 왼쪽/오른쪽/양쪽 LED를 선택한 색깔로 켭니다.

`왼쪽▾ LED 끄기` 왼쪽/오른쪽/양쪽 LED를 끕니다.

`삐▾ 소리 1 번 재생하고 기다리기` 선택한 소리를 입력한 횟수만큼 재생하고, 재생이 완료될 때까지 기다립니다.

`소리 끄기` 소리를 끕니다.

`정지하기` 양쪽 바퀴를 정지합니다.

`왼쪽 근접 센서▾` 왼쪽 근접 센서의 값(값의 범위: 0~255, 초깃값: 0)

04 프로그램 살펴보기

화면(장면) 구성

장면	작품 QR 코드
	 https://naver.me/xZG0Q8gF

오브젝트 종류 및 해야 할 일

속이 빈 사각형 오브젝트

- 배경 오브젝트
- 속이 빈 사각형 오브젝트 모양 중 원하는 색상을 선택하거나 내가 원하는 색상으로 자유롭게 변경하여 사용하기

로봇 강아지 오브젝트

해야 할 일 손 인식 기능을 활성화하고, 비디오 연결 상태 및 손 인식 상태를 확인하기

해야 할 일 손이 정확하게 인식되었을 경우, 손의 모양이나 위치를 분석하기

해야 할 일 분석 결과에 따라 멘트를 하거나 정해진 동작을 수행하기

05 함께 프로그래밍하기

① 색종이나 꾸미기 재료 등을 사용하여 햄스터 로봇을 멋진 반려 로봇으로 만들어 봅니다.

② 필요한 오브젝트를 추가합니다. **04 프로그램 살펴보기**의 화면(장면) 구성 을 참고하여 '장면'에 오브젝트를 추가하고, 크기와 위치를 조절합니다.

오브젝트 이름	속이 빈 사각형	로봇 강아지
모양 (모양 이름)	(속이빈사각형_4)	(로봇 강아지_01)
작품 속 오브젝트 이름	테두리	반려 로봇

③ [인공지능] 카테고리를 클릭한 후 [인공지능 블록 불러오기] 버튼을 클릭합니다.

④ [손 인식]을 클릭한 후 [불러오기] 버튼을 클릭합니다.

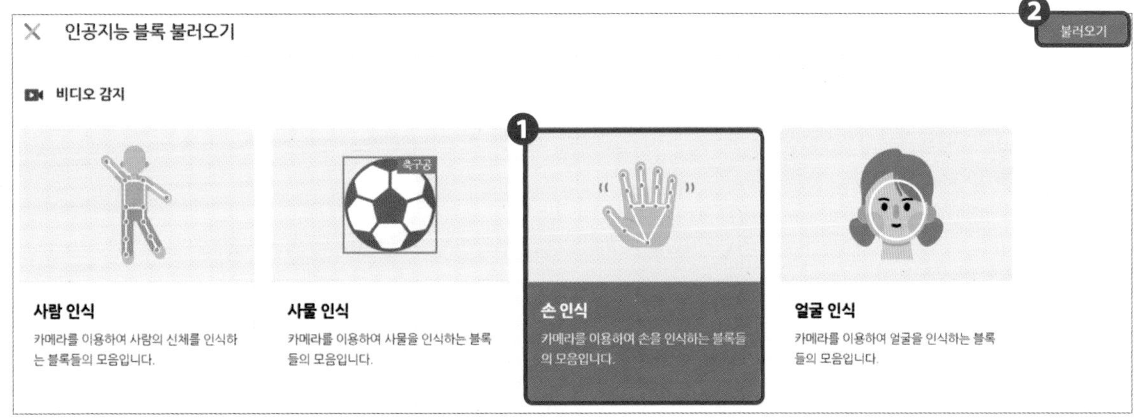

⑤ 시작하기 버튼을 클릭했을 때 손 인식을 시작하고, 손 인식 상태를 확인하도록 '반려 로봇' 오브젝트에 다음과 같이 명령 블록을 조립합니다.

⑥ [속성] 탭에서 '다가오기', '애교부리기', '노래하기', '긴급상황', '기다리기', '수동모드' 〈신호〉 6개를 추가합니다.

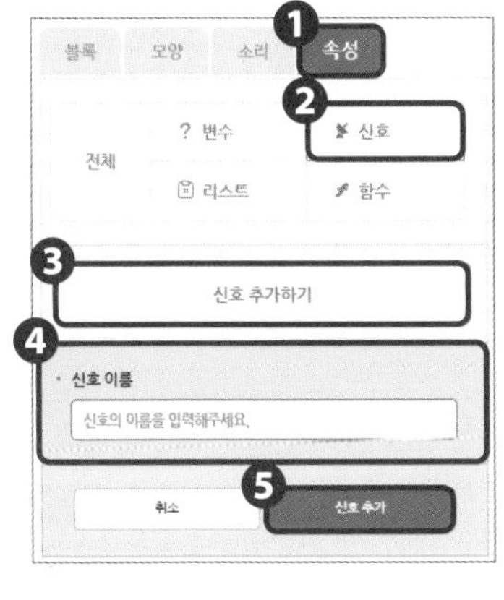

〈신호〉를 만들 때에는 이름만 보아도 어떤 신호인지 알 수 있도록 직관적으로 쉽게 이름을 짓는 것이 좋습니다.

⑦ 손을 인식했을 때, 손의 모양이나 위치에 따라서 멘트를 하거나 정해진 동작을 수행할 수 있도록 다음과 같이 명령 블록을 조립합니다.

반려 로봇

```
손을 인식했을 때
인식한 손 보이기▾
계속 반복하기
    만일 < 1▾ 번째 손의 모양이 가리킨 손▾ 인가? > (이)라면
        다가오기▾ 신호 보내기
    만일 < 1▾ 번째 손의 모양이 브이 사인▾ 인가? > (이)라면
        애교부리기▾ 신호 보내기
    만일 < 1▾ 번째 손의 모양이 엄지 위로▾ 인가? > (이)라면
        노래하기▾ 신호 보내기
    만일 < 1▾ 번째 손의 모양이 엄지 아래로▾ 인가? > (이)라면
        긴급상황▾ 신호 보내기
    만일 < 1▾ 번째 손의 모양이 편 손▾ 인가? > (이)라면
        기다리기▾ 신호 보내기
    만일 < 1▾ 번째 손의 모양이 쥔 손▾ 인가? > (이)라면
        수동모드▾ 신호 보내기
```

⑧ 손을 인식했을 때 손의 모양이 '가리킨 손'이라면 반려 로봇이 나에게 가까이 다가와서 멈출 수 있도록, '다가오기' 신호를 받았을 때는 다음과 같이 명령 블록을 조립합니다.

반려 로봇

```
다가오기▾ 신호를 받았을 때
저를 부르셨나요? 가까이 가겠습니다. 을(를) 2 초 동안 말하기▾
로봇 강아지_06_경례▾ 모양으로 바꾸기
계속 반복하기
    만일 < (왼쪽 근접 센서▾) < 30 또는▾ (오른쪽 근접 센서▾) < 30 > (이)라면
        왼쪽 바퀴 50 오른쪽 바퀴 50 (으)로 정하기
    아니면
        정지하기
        로봇 강아지_01▾ 모양으로 바꾸기
        반복 중단하기
```

⑨ 손을 인식했을 때 손의 모양이 '브이 사인'이라면 반려 로봇이 눈을 깜빡이고 빙글빙글 돌면서 귀여운 모습을 보여 줄 수 있도록, '애교부리기' 신호를 받았을 때는 다음과 같이 명령 블록을 조립합니다.

반려 로봇

```
애교부리기 ▾ 신호를 받았을 때
저 귀엽죠? 저를 보면서 행복해지세요. 을(를) 2 초 동안 말하기 ▾
로봇 강아지_07_행복 ▾ 모양으로 바꾸기
10 번 반복하기
    양쪽 ▾ LED를 R: 0 부터 255 사이의 무작위 수 G: 0 부터 255 사이의 무작위 수 B: 0 부터 255 사이의 무작위 수 (으)로 정하기
    0.5 초 기다리기
왼쪽 바퀴 -100 오른쪽 바퀴 100 (으)로 정하기
3 초 기다리기
정지하기
로봇 강아지_01 ▾ 모양으로 바꾸기
```

⑩ 손을 인식했을 때 손의 모양이 '엄지 위로'라면 반려 로봇이 생일 축하 노래를 불러 줄 수 있도록, '노래하기' 신호를 받았을 때는 다음과 같이 명령 블록을 조립합니다.

반려 로봇

```
노래하기 ▾ 신호를 받았을 때
생일 축하합니다! 을(를) 2 초 동안 말하기 ▾
로봇 강아지_05_물구나무 ▾ 모양으로 바꾸기
생일 ▾ 소리 1 번 재생하고 기다리기
로봇 강아지_01 ▾ 모양으로 바꾸기
```

⑪ 손을 인식했을 때 손의 모양이 '엄지 아래로'라면 반려 로봇이 긴급상황을 알리기 위해 LED를 켜고 경고음을 낼 수 있도록, '긴급상황' 신호를 받았을 때는 다음과 같이 명령 블록을 조립합니다.

반려 로봇

```
긴급상황 ▾ 신호를 받았을 때
긴급상황! 긴급상황입니다! 병원으로 전화연결하겠습니다! 을(를) 2 초 동안 말하기 ▾
로봇 강아지_11_슬퍼 ▾ 모양으로 바꾸기
양쪽 ▾ LED를 [■] 로 정하기
10 번 반복하기
    삐 ▾ 소리 1 번 재생하고 기다리기
양쪽 ▾ LED 끄기
로봇 강아지_01 ▾ 모양으로 바꾸기
```

⑫ 손을 인식했을 때 손의 모양이 '편 손'이라면 반려 로봇이 모든 동작을 멈추고 다음 명령을 기다릴 수 있도록, '기다리기' 신호를 받았을 때는 다음과 같이 명령 블록을 조립합니다.

반려 로봇

```
기다리기▼ 신호를 받았을 때
정지하기
소리 끄기
양쪽▼ LED 끄기
로봇 강아지_02_앉아▼ 모양으로 바꾸기
기다리겠습니다. 을(를) 3 초 동안 말하기▼
모든▼ 코드 멈추기
```

⑬ 손을 인식했을 때 손의 모양이 '쥔 손'이라면 반려 로봇이 수동모드로 전환되고 사용자 손목의 좌표를 통해 반려 로봇을 조종할 수 있도록, '수동모드' 신호를 받았을 때는 다음과 같이 명령 블록을 조립합니다.

반려 로봇

```
수동모드▼ 신호를 받았을 때
수동모드로 전환됩니다. 을(를) 2 초 동안 말하기▼
로봇 강아지_01▼ 모양으로 바꾸기
계속 반복하기
  만일 1▼ 번째 손의 모양이 쥔 손▼ 인가? (이)라면
    만일 1▼ 번째 손의 손목▼ 없음▼ 의 x▼ 좌표 < -100 (이)라면
      왼쪽 바퀴 0 오른쪽 바퀴 30 (으)로 정하기
    아니면
      만일 1▼ 번째 손의 손목▼ 없음▼ 의 x▼ 좌표 > 100 (이)라면
        왼쪽 바퀴 30 오른쪽 바퀴 0 (으)로 정하기
      아니면
        만일 1▼ 번째 손의 손목▼ 없음▼ 의 y▼ 좌표 > 50 (이)라면
          왼쪽 바퀴 30 오른쪽 바퀴 30 (으)로 정하기
        아니면
          만일 1▼ 번째 손의 손목▼ 없음▼ 의 y▼ 좌표 < -50 (이)라면
            왼쪽 바퀴 -30 오른쪽 바퀴 -30 (으)로 정하기
          아니면
            정지하기
  아니면
    정지하기
```

⑭ 프로그램이 완성되었습니다. 프로그램을 실행하여 손의 모양이나 위치에 따라서 오브젝트 및 햄스터 로봇이 올바르게 움직이는지 확인해 봅니다.

06 프로그램이 잘 실행되는지 확인해 보기

조건에 따라 명령 블록이 정확하게 실행되나요?

- 시작 블록(시작하기 버튼을 클릭했을 때, 손을 인식했을 때, 다가오기▼ 신호를 받았을 때)이 정확하게 사용되어 있는지 확인해 보세요.
- 신호 보내기 블록과 신호를 받았을 때 블록이 짝을 이루고 있는지 확인해 보세요.

손의 모양이나 좌표에 따라 정확하게 분류 및 인식이 되나요?

- 엔트리에서 설정되어 있는 손의 모양이 어떤 형태를 의미하는지 이해하기 위해 카메라에 다양한 손 모양을 인식시켜 정확한 데이터를 확인해 보세요.
- 손의 모양을 인식할 때 손이 정확하게 인식될 수 있도록 카메라 가까이에서 촬영해 보세요.

손의 모양이나 좌표를 인식했을 때 햄스터 로봇이 정확하게 움직이나요?

- 햄스터 로봇의 이동, LED, 소리 블록 등이 정확하게 사용되고 있는지 확인해 보세요.
- 햄스터 로봇 블록을 여러 개 사용했다면, 블록이 실행되면서 다른 블록에 영향을 주지 않는지 확인해 보세요.

07 오늘 배운 내용 정리하기

반려 AI 햄스터 로봇 프로그래밍 활동을 하고 알게 된 점을 적어 봅니다.

반려 AI 햄스터 로봇 프로그램 중 바꾸고 싶은 부분이 있다면 적어 봅니다.

08 더 알아보기

AI 반려 로봇

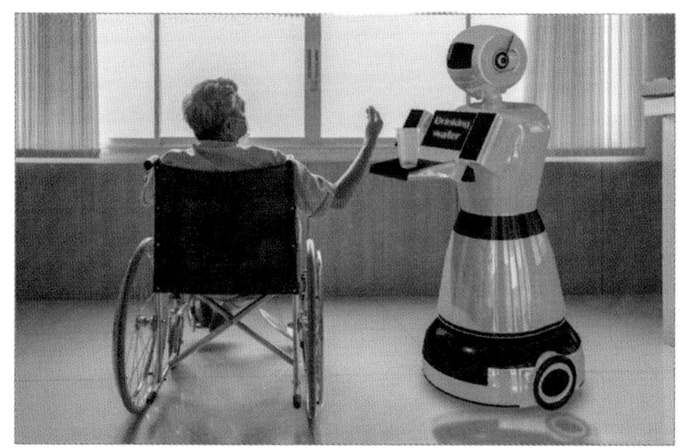

1990년대 말 로봇 반려견의 형태로 보급되기 시작한 반려 로봇 사업은 시간이 지날수록 점차 확대 및 발전하고 있습니다. 기존에는 입력된 명령을 수행하거나 반응을 보이는 등 단순하고 기초적인 수준의 상호작용이었다면, 최근에는 인공지능(AI) 기술과의 융합을 통해 사용자의 얼굴이나 목소리 등을 인식하고 감정을 분석하거나 데이터 분석을 통한 지속적인 정서적 교감을 하는 반려 로봇도 만날 수 있습니다.

또한 최근 중장년층의 고독사를 예방하거나 생활 속에서 도움이 필요한 장애인을 돕기 위해 인공지능(AI) 반려 로봇을 적극적으로 활용하고 보급하는 지방자치단체가 점차 늘고 있습니다. 이러한 반려 로봇은 대화형 인공지능 기능을 갖추고 있기 때문에 사용자와 자연스러운 대화를 나눌 뿐만 아니라 원하는 노래와 영상을 제공하고, 다른 사람(지인이나 병원 등)에게 자동으로 영상통화를 연결하는 등의 기능도 제공합니다.

특히 정기적으로 복용해야 하는 약이 있다면 정해진 시간에 알람을 울리고 약을 제공하거나, 사용자에게 평소와 다른 이상한 언행이나 패턴이 발견될 경우 온라인으로 연결된 관제 센터에 긴급 구조 지원 및 응급 호출 신호를 보내는 등의 기술은 복지의 사각지대에 놓인 많은 사람을 위해 인공지능(AI)이 주는 긍정적인 영향입니다. 앞으로도 AI 반려 로봇과 관련한 많은 발전과 지원이 기대됩니다.

09 심화 활동하기

손 인식을 통한 햄스터 로봇 조작에 익숙해졌다면, 보다 세밀한 조작을 통해 그리퍼(집게)를 활용한 놀이 활동도 가능합니다. 손의 좌표를 통해 햄스터를 이동시키고, 손가락의 움직임을 통해 그리퍼를 조작해 봅니다. 정해진 위치까지 컵을 빠르게 많이 옮기는 놀이 활동을 해 봅니다.

```
손을 인식했을 때
계속 반복하기
  만일 ((1▾ 번째 손의 엄지▾ 끝▾ 의 x▾ 좌표) - (1▾ 번째 손의 검지▾ 끝▾ 의 x▾ 좌표)) 의 절댓값▾ < 50 (이)라면
    집게 닫기▾
  아니면
    집게 열기▾
```

늦잠꾸러기를 깨워 주는 알리미 AI 햄스터 로봇

01 오늘의 이야기 살펴보기

으악! 또 지각이에요.
도대체 왜! 아침마다 알람을 끄고 다시 자는 걸까요?
내 잠을 확실하게 깨워 줄 알람 시계는 없을까요?

알람을 쉽게 끄지 못하도록 기상 미션을 해결해야만 하는 알리미 AI 햄스터 로봇을 만들어 볼까요?

02 함께 만들 엔트리 작품 알아보기

학습문제

기상 미션(영어단어 암기)을 해결하면 시끄러운 알람이 멈추는
도망 다니는 알람 햄스터 로봇을 만들어 봅니다.

03 오늘 사용할 블록 알아보기

인공지능 블록

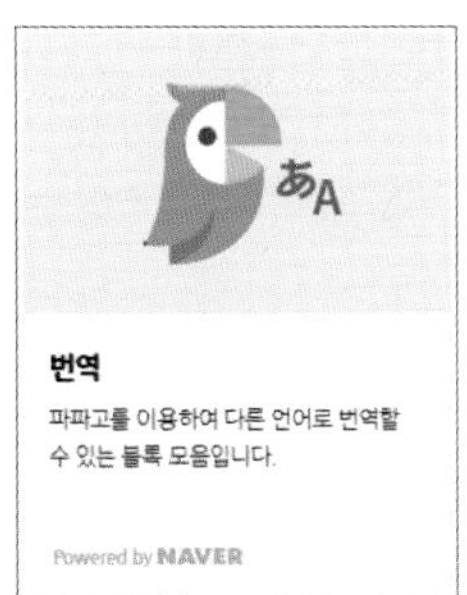

번역
파파고를 이용하여 다른 언어로 번역할 수 있는 블록 모음입니다.
Powered by NAVER

한국어▾ 엔트리 을(를) 영어▾ (으)로 번역한 값

입력한 문자값을 선택한 언어로 번역합니다. 입력은 3,000자까지 가능합니다.

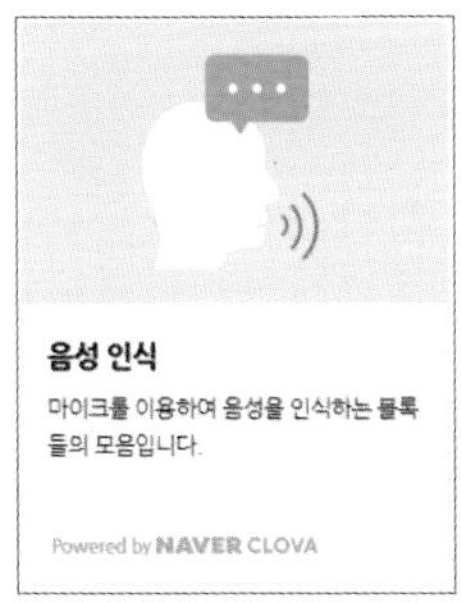

한국어▾ 음성 인식하기

마이크를 통해 녹음된 음성을 인식합니다.

음성을 문자로 바꾼 값

사람의 목소리를 문자로 변환한 값입니다. 목소리가 입력되지 않거나, 음성 인식 도중 오류가 발생한 경우 null 값을 반환합니다.

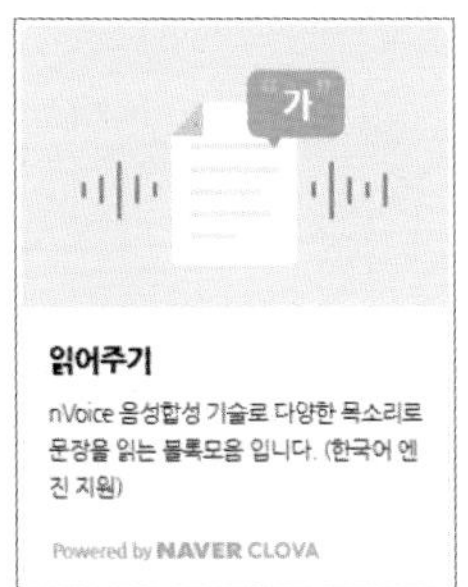

nVoice 음성합성 기술로 다양한 목소리로 문장을 읽는 블록모음 입니다. (한국어 엔진 지원)

엔트리 읽어주기

입력한 문자값을 설정된 목소리로 읽습니다. 입력은 2,500자까지 가능합니다. 인터넷에 연결되어 있지 않거나 인터넷 환경이 불안할 경우, 해당 블록이 실행되지 않고 다음 블록으로 넘어갈 수 있습니다.

햄스터 로봇 블록

오른쪽 바닥 센서▾

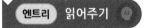

오른쪽 바닥 센서의 값(값의 범위: 0~100, 초깃값: 0)

`왼쪽 바퀴 (30) 오른쪽 바퀴 (30) (으)로 정하기`

왼쪽과 오른쪽 바퀴의 속도를 입력한 값(-100~100%)으로 각각 설정합니다. 양수값을 입력하면 바퀴가 앞으로 회전하고, 음수값을 입력하면 뒤로 회전합니다. 숫자 0을 입력하면 정지합니다.

`버저 음을 (1000) (으)로 정하기`

버저 소리의 음높이를 입력한 값(Hz)으로 설정합니다. 소수점 둘째 자리까지 입력할 수 있습니다. 숫자 0을 입력하면 버저 소리를 끕니다.

04 프로그램 살펴보기

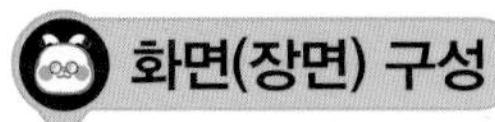

화면(장면) 구성

장면	작품 QR 코드
음성 인식 속도 0 경고음 0	 https://naver.me/FFSUtAmS

오브젝트 종류 및 해야 할 일

방(3) 오브젝트

- 배경 오브젝트
- 배경 오브젝트 중 거실, 방, 마룻바닥 등 원하는 배경을 선택하여 사용하기

로봇청소기(3) 오브젝트

해야 할 일 초기 속도값(10)과 경고음값(100) 정하기

해야 할 일 오브젝트가 경계선에 닿을 때마다 속도와 경고음값에 일정한 값을 더하고, 뒤로 이동한 후 무작위 각도만큼 회전하여 다시 이동하도록 정하기

해야 할 일 리스트에 등록한 한국어 단어 중 하나를 선택하여 정답 변수에 저장하고, 영어로 번역하여 읽어 주기

해야 할 일 기상 미션을 해결(햄스터 로봇을 뒤집고, 영어 단어 정답 맞히기)하면, 알람시계 멈추기

05 함께 프로그래밍하기

① 필요한 오브젝트를 추가합니다. **04 프로그램 살펴보기** 의 화면(장면) 구성 을 참고하며 '장면'에 오브젝트를 추가하고 크기와 위치를 조절합니다.

오브젝트 이름	방(3)	로봇청소기(3)
모양 (모양 이름)	(방_3)	(로봇청소기(3)_1)
작품 속 오브젝트 이름	방	알람시계

② [속성] 탭에서 '속도', '경고음', '영어단어정답' 〈변수〉 3개를 추가합니다. 변수 이름은 자유롭게 내가 원하는 대로 정해도 됩니다.

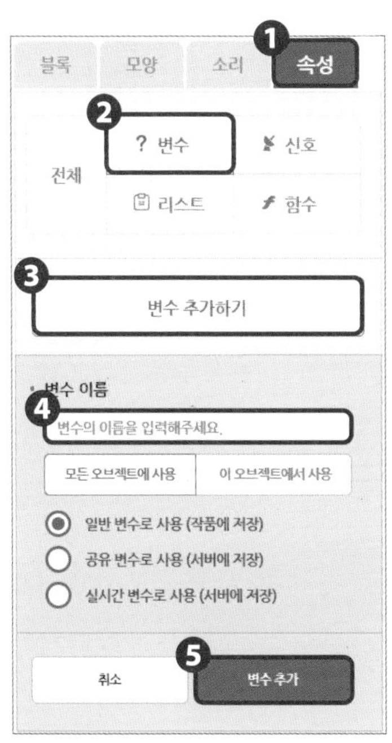

〈변수〉를 만들 때에는 이름만 보아도 무슨 변수인지 알 수 있도록 직관적으로 쉽게 이름을 짓는 것이 좋습니다.

③ [속성] 탭에서 오브젝트에 필요한 '과일채소' 〈리스트〉 1개를 추가합니다. 리스트의 이름이나 리스트에 포함되는 단어는 자유롭게 내가 원하는 대로 입력해도 됩니다. 영어 단어 문제로 출제하고자 하는 단어를 리스트에 등록합니다.

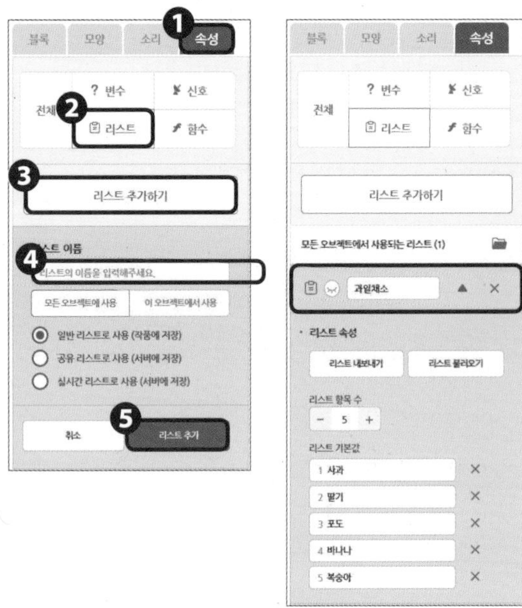

'과일채소' 〈리스트〉와 '영어단어정답' 〈변수〉 이름 옆에 있는 눈 모양을 클릭하여 실행화면에서 리스트와 변수가 보이지 않도록 설정합니다. 리스트와 변수가 실행화면에 표시되어 있으면 정답을 보면서 퀴즈를 푸는 것과 같습니다. 눈 모양을 눌러 리스트와 변수의 노출 상태를 변경하기 바랍니다.

④ [인공지능] 카테고리를 클릭한 후 [인공지능 블록 불러오기] 버튼을 클릭합니다.

⑤ [번역], [읽어주기], [음성 인식]을 선택한 후 [불러오기] 버튼을 클릭합니다.

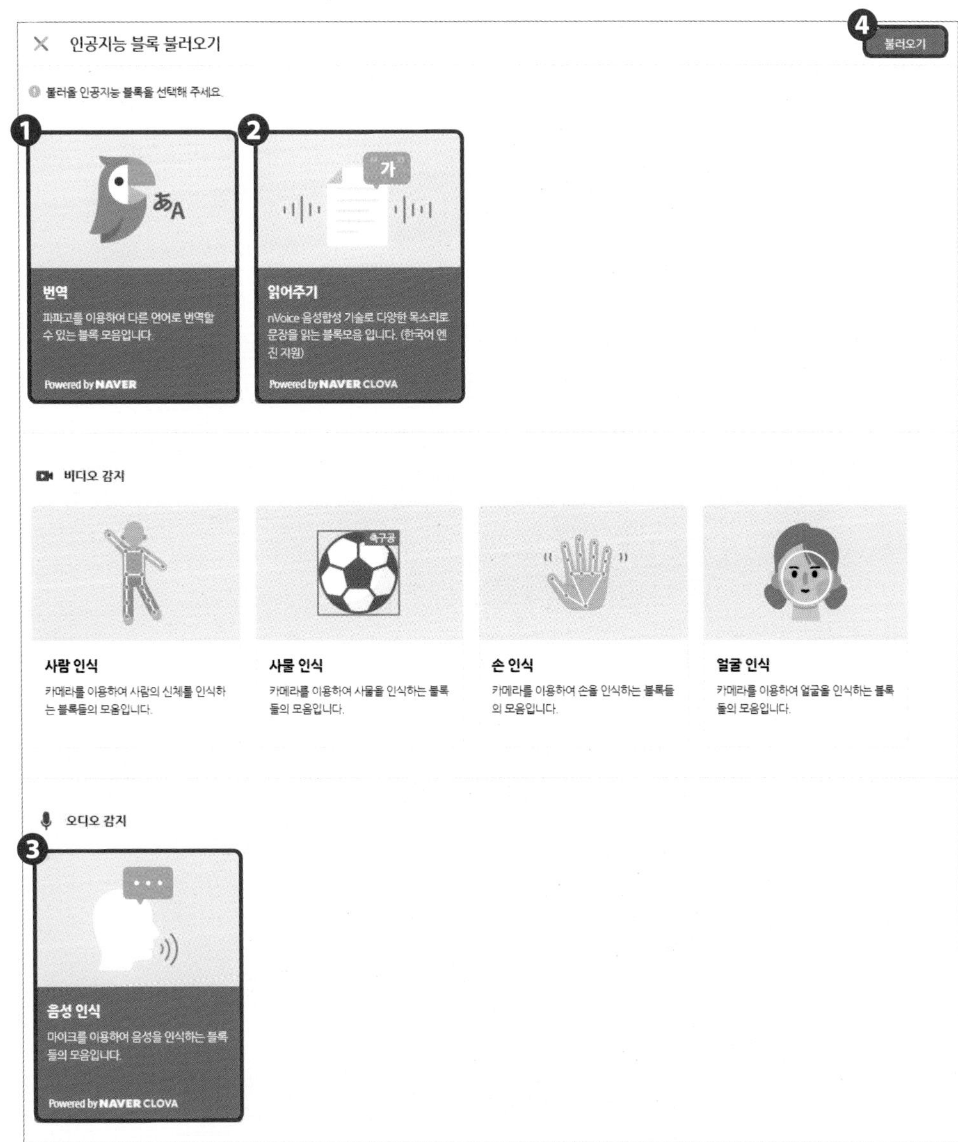

인공지능 블록 불러오기
불러오기
불러올 인공지능 블록을 선택해 주세요.
번역
파파고를 이용하여 다른 언어로 번역할 수 있는 블록 모음입니다.
Powered by NAVER
읽어주기
nVoice 음성합성 기술로 다양한 목소리로 문장을 읽는 블록모음 입니다. (한국어 엔진 지원)
Powered by NAVER CLOVA
비디오 감지
사람 인식
카메라를 이용하여 사람의 신체를 인식하는 블록들의 모음입니다.
사물 인식
카메라를 이용하여 사물을 인식하는 블록들의 모음입니다.
손 인식
카메라를 이용하여 손을 인식하는 블록들의 모음입니다.
얼굴 인식
카메라를 이용하여 얼굴을 인식하는 블록들의 모음입니다.
오디오 감지
음성 인식
마이크를 이용하여 음성을 인식하는 블록들의 모음입니다.
Powered by NAVER CLOVA

⑥ 시작하기 버튼을 클릭했을 때 햄스터 로봇의 속도값과 경고음값의 기본값을 각각의 〈변수〉에 저장하도록 '알람시계' 오브젝트의 명령 블록을 다음과 같이 조립합니다.

알람시계
시작하기 버튼을 클릭했을 때
속도 를 10 (으)로 정하기
경고음 를 100 (으)로 정하기

⑦ 햄스터 로봇의 양쪽 바퀴를 '속도' 〈변수〉 값으로 정하고, 버저 음을 '경고음' 〈변수〉 값으로 정합니다.

⑧ 햄스터 로봇이 벽(경계선)을 만날 때마다 뒤로 이동한 후 회전하고, '속도'와 '경고음' 〈변수〉 값에 일정한 수를 더하여 더 빠르게 이동하도록 '알람시계' 오브젝트의 명령 블록을 다음과 같이 조립합니다.

알람시계

시작하기 버튼을 클릭했을 때
속도 를 10 (으)로 정하기
경고음 를 100 (으)로 정하기
계속 반복하기
만일 오른쪽 바닥 센서 < 50 또는 왼쪽 바닥 센서 < 50 (이)라면
뒤로 1 초 이동하기
왼쪽 으로 90 부터 180 사이의 무작위 수 도 제자리 돌기
속도 에 10 만큼 더하기
경고음 에 100 만큼 더하기
아니면
왼쪽 바퀴 속도 값 오른쪽 바퀴 속도 값 (으)로 정하기
버저 음을 경고음 값 (으)로 정하기

⑨ 햄스터 로봇을 거꾸로 뒤집은 상태에서 영어 단어의 정답을 맞히면 햄스터 로봇이 알람소리와 이동을 멈추도록 '알람시계' 오브젝트의 명령 블록을 다음과 같이 조립합니다.

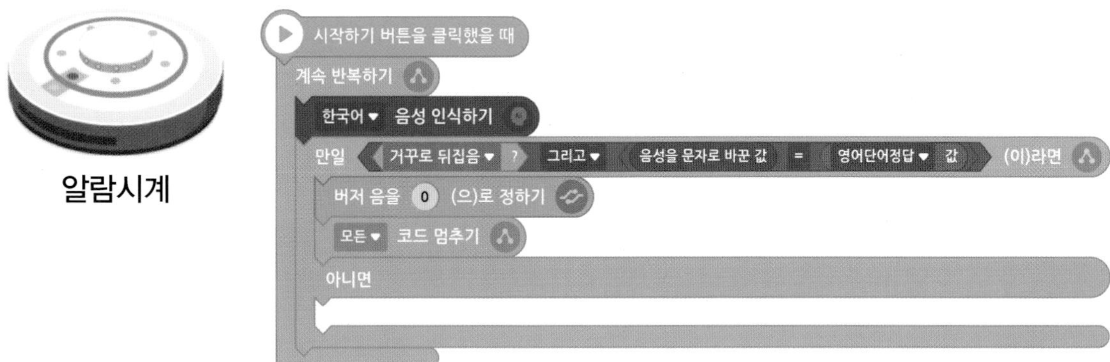

⑩ '과일채소' 〈리스트〉에 있는 한국어 단어 중 하나를 무작위로 선택한 후 '영어단어정답' 〈변수〉에 저장합니다. '영어단어정답' 〈변수〉에 저장된 한국어 단어를 영어로 번역하여 읽어 주도록 명령 블록을 다음과 같이 조립합니다.

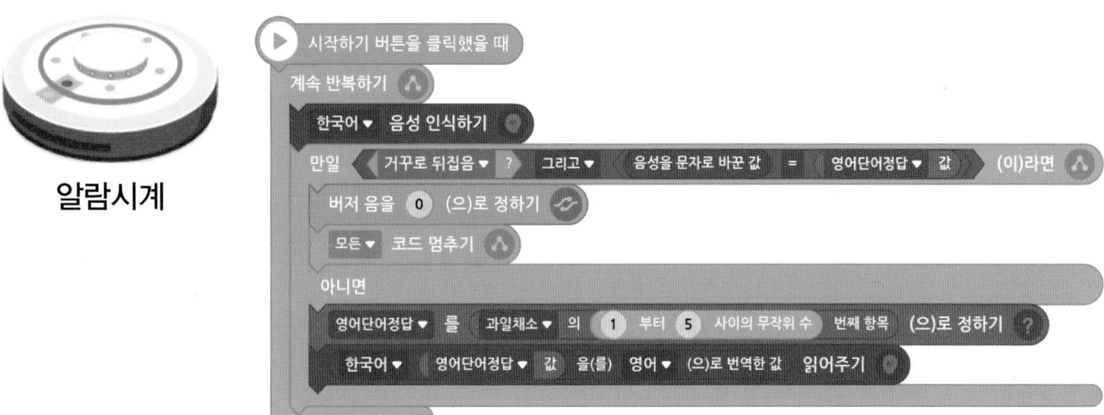

⑪ 미션에 성공하면, 햄스터 로봇과 '알람시계' 오브젝트가 모두 멈추도록 명령 블록을 다음과 같이 조립합니다.

알람시계

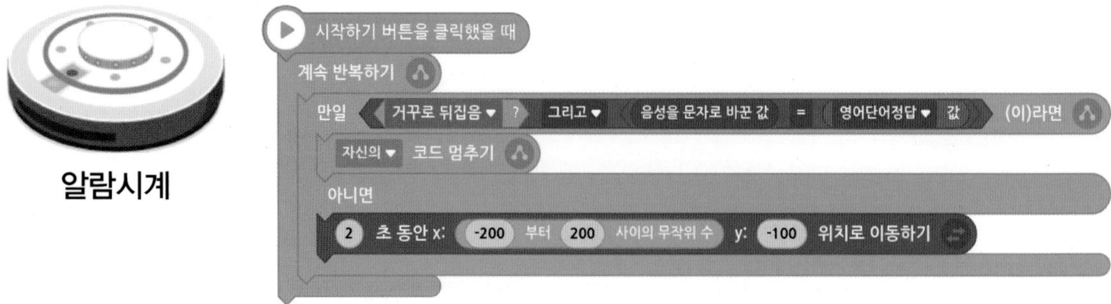

Tip

오브젝트와 햄스터 로봇을 움직이거나 멈추게 하는 블록은 별개로 작동합니다. 블록을 모아서 하나의 꾸러미로 조립할 수도 있지만, 오브젝트와 햄스터 로봇의 블록이 서로 다른 블록의 실행을 방해하는 경우가 발생하기도 합니다. 이런 경우, 필요한 블록을 각각 구분하여 따로(병렬 방식) 조립하면 각각의 블록이 정상적으로 실행되도록 할 수 있습니다.

⑫ 프로그램이 완성되었습니다. 프로그램을 실행하고, 정답 여부(음성 인식)에 따라 오브젝트 및 햄스터 로봇이 올바르게 움직이는지 확인해 봅니다.

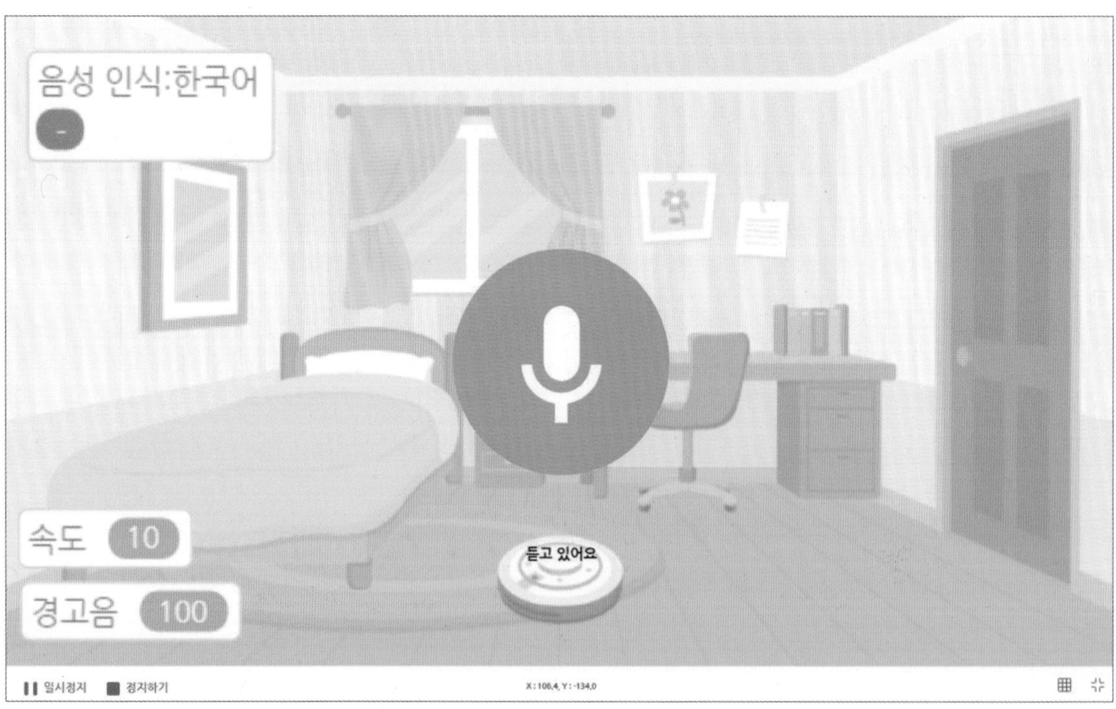

06 프로그램이 잘 실행되는지 확인해 보기

햄스터 로봇의 이동 속도가 너무 느리거나 빠른가요?

- 속도 변수에 저장한 초깃값을 확인해 보세요. 초깃값 조절을 통해 속도를 조절할 수 있어요.
- 햄스터 로봇의 이동 속도 변화를 크게 하려면, 속도 변숫값에 더해지는 값을 10보다 크게 입력해 보세요.

햄스터 로봇의 버저 음이 시간이 지나도 커지지 않나요?

- 햄스터 로봇의 버저 음 블록은 소리의 크기가 아닌 음높이(Hz)를 의미하기 때문에 버저 음의 차이가 크게 느껴지지 않을 수도 있습니다.

미션을 성공했을 때, 전체 프로젝트의 실행이 정지하나요?

- [모든▼ 코드 멈추기] 또는 [자신의▼ 코드 멈추기] 등 프로젝트를 정지하는 블록을 정확하게 사용했는지 확인해 보세요.
- 오브젝트 정지 블록과 햄스터 로봇 정지 블록이 서로 다른 명령 블록으로(병렬 방식) 조립되어 있는지 확인해 보세요.

07 오늘 배운 내용 정리하기

도망 다니는 알리미 AI 햄스터 로봇 프로그래밍 활동을 하고 알게 된 점을 적어 봅니다.

도망 다니는 알리미 AI 햄스터 로봇 프로그램 중 바꾸고 싶은 부분이 있다면 적어 봅니다.

08 더 알아보기

가전제품과 인공지능

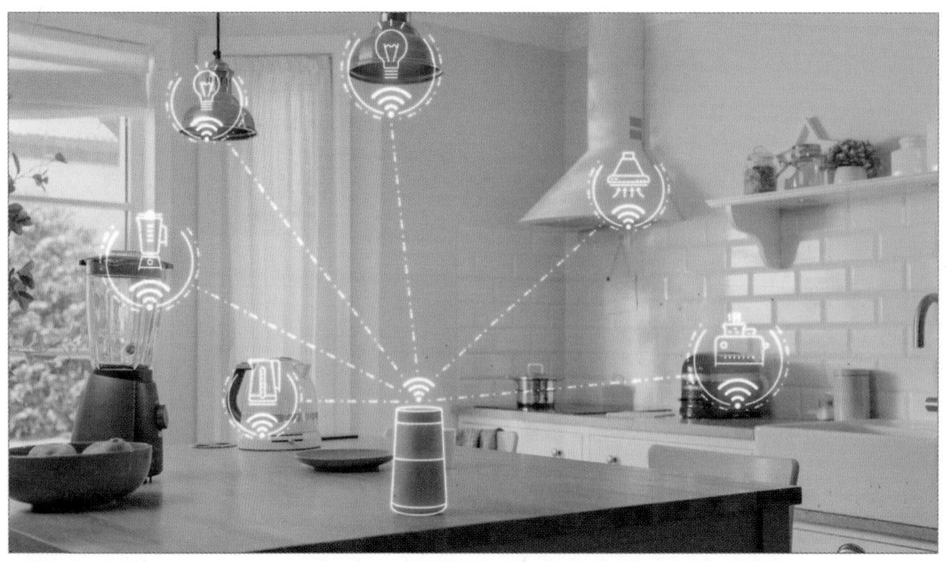

알람 시계가 인공지능을 만나 스마트 알람 시계가 된 것처럼 우리 주변의 가전제품도 인공지능을 만나 스마트 가전제품이 되었습니다. 우리의 생활 속에서 함께 하는 인공지능 가전제품의 사례를 확인해 봅니다.

첫째, 우리가 무더운 여름을 견딜 수 있도록 도와주는 에어컨입니다. 인공지능 에어컨은 주변의 사람 위치나 사람 유무 등을 실시간으로 체크하여, 1시간 이상 사람이 없으면 설정 온도를 높여 스스로 에너지 절감 모드로 변경됩니다. 또한 반대로 주변 사람의 활동량을 체크하여 인원이 많아지거나 움직임이 많아지면 온도나 바람의 세기를 스스로 조절합니다.

둘째, 우리들의 지루한 하루를 즐거움으로 채워 주는 TV입니다. 인공지능 TV는 수많은 영상 콘텐츠 빅데이터를 학습하여 사용자가 시청하는 영상의 장르나 테마에 맞게 사운드 설정이나 화질 등을 스스로 조절합니다. 또한, 화질 개선을 위한 알고리즘을 스스로 업데이트하여 사용자가 최적의 상태로 영상을 시청할 수 있도록 작동합니다.

셋째, 우리들의 건강을 책임지는 냉장고입니다. 인공지능 냉장고는 사용자의 건강 상태를 체크하여 건강 상태에 적합한 식사 메뉴 또는 레시피를 추천해 줍니다. 또한 냉장고에 보관하고 있는 음식이나 식자재의 유통기한을 안내하여 냉장고 내부의 상태를 항상 안전하고, 건강한 상태로 유지할 수 있도록 지원합니다.

09 심화 활동하기

햄스터 로봇은 다양한 센서를 가지고 있습니다. 이번 활동에서는 바닥 센서를 사용하여 바닥 경계선을 인식하는 활동을 했지만, 근접 센서를 활용하면 바닥이 아닌 벽을 인식하며 동작하도록 조립할 수 있습니다. 햄스터 로봇 주변에 벽을 세우고, 햄스터 로봇이 근접 센서를 이용해 벽에 부딪치지 않고 도망 다닐 수 있도록 조립해 봅니다.

왼쪽 근접 센서 ▾ 오른쪽 근접 센서 ▾

알람시계가 영어 문제만 낼 수 있는 건 아니겠죠? 다양한 블록을 활용하면, 수학 공부(덧셈, 곱셈 등)나 노래 부르기 등의 미션도 만들 수 있습니다. 잠꾸러기 친구들을 깨울 수 있는 나만의 미션을 만들어 봅니다. 우선, 힌트 블록을 참고하여 수학 문제 미션을 만들어 봅니다.

줄 없는 비접촉 줄다리기 AI 햄스터 로봇

01 오늘의 이야기 살펴보기

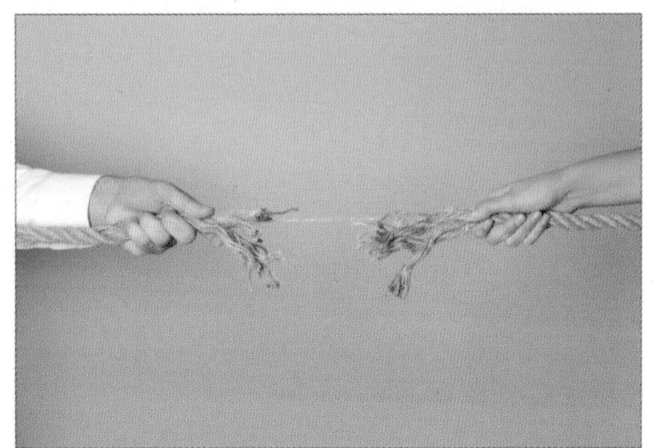

친구와 함께 줄다리기 게임을 하고 싶어요!
그런데… 줄이 없네요?
도와줘요. 햄스터 로봇!

걱정하지 마세요!
줄 없이도 나를 이용해서 줄다리기 게임을 할 수 있도록 엔트리 프로그램을 만들어 볼까요?

02 함께 만들 엔트리 작품 알아보기

학습문제

30초 동안 두 사람 중 팔을 더 많이 움직인 사람 방향으로 움직이는 햄스터 로봇을 만들어 봅니다.

03 오늘 사용할 블록 알아보기

인공지능 블록

사람 인식
카메라를 이용하여 사람의 신체를 인식하는 블록들의 모음입니다.

컴퓨터에 연결된 카메라가 촬영하는 화면을 실행화면에서 보이게 하거나 숨깁니다.

자신▼ 에서 감지한 움직임▼ 값

선택한 오브젝트 혹은 실행화면 위에서 감지되는 움직임값입니다(움직임: 움직임이 크고 빠를수록 값이 커집니다).

햄스터 로봇 블록

왼쪽과 오른쪽 바퀴의 속도를 입력한 값(–100~100%)으로 각각 설정합니다. 양수값을 입력하면 바퀴가 앞으로 회전하고 음수값을 입력하면 뒤로 회전합니다. 0을 입력하면 정지합니다.

04 프로그램 살펴보기

화면(장면) 구성

장면	작품 QR 코드
	http://naver.me/Fk5wB1HY

오브젝트 종류 및 해야 할 일

이동 버튼 오브젝트

해야 할 일 오브젝트 근처에서 감지된 움직임 값을 '왼쪽 움직임' 〈변수〉에 기록하기

이동 버튼 오브젝트

해야 할 일 오브젝트 근처에서 감지된 움직임 값을 '오른쪽 움직임' 〈변수〉에 기록하기

엔트리봇 오브젝트

• 카메라 화면 무대 화면에 보이기

해야 할 일 초시계를 이용하여 30초 재기

해야 할 일 햄스터 로봇을 더 많이 움직인 사람 방향으로 움직이기

05 함께 프로그래밍하기

① 줄다리기 햄스터 로봇 활동판을 준비합니다.

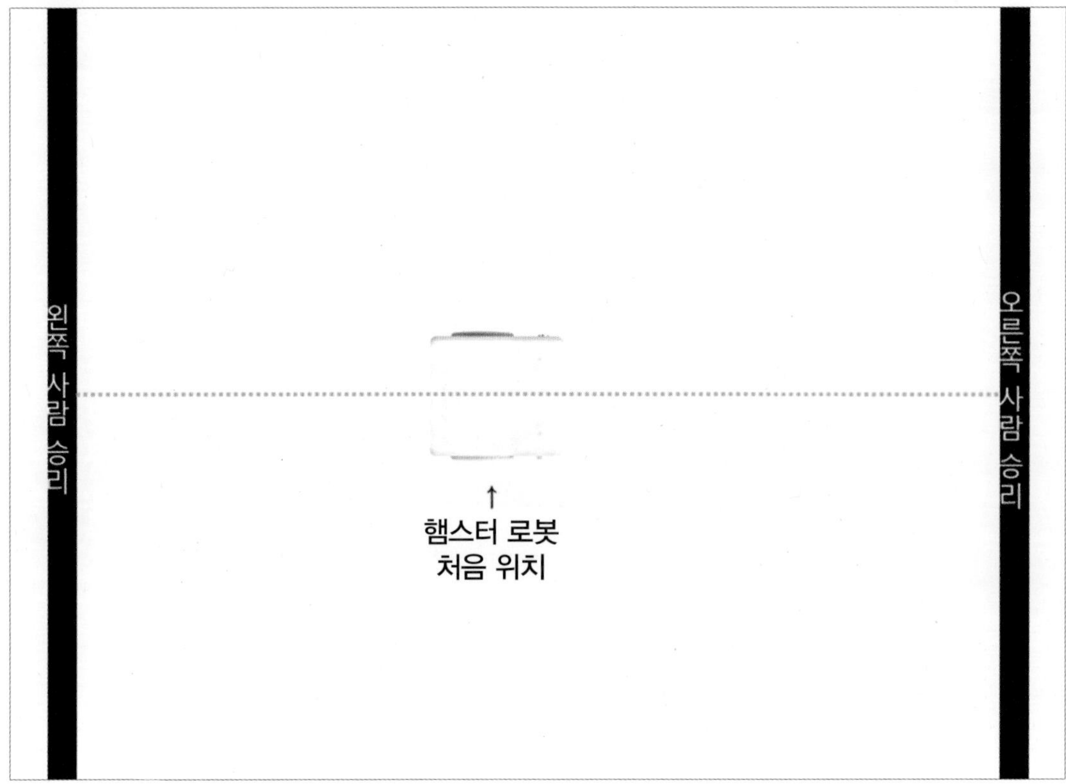

② 필요한 오브젝트를 추가합니다. **04 프로그램 살펴보기** 의 화면(장면) 구성 을 참고하며 오브젝트의 위치나 크기 등을 바꾸어 줍니다.

오브젝트 이름	이동 버튼	이동 버튼	엔트리봇
모양 (모양 이름)	(이동 버튼_다음)	(이동 버튼_이전)	
작품 속 오브젝트 이름	오른쪽	왼쪽	심판

③ [속성] 탭에서 프로그램에 필요한 〈변수〉를 추가합니다. 이번 프로그램에서는 '햄스터 이동'과 '왼쪽 움직임', '오른쪽 움직임'이라는 3개의 〈변수〉가 필요합니다.

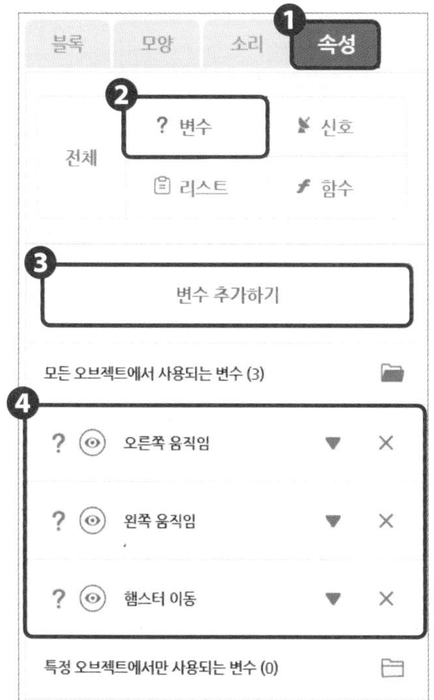

〈변수〉를 만들 때에는 이름만 보아도 어떤 자료가 저장되는 변수인지 알 수 있도록 이름을 짓는 것이 좋습니다.

④ [인공지능] 카테고리를 클릭한 후 [인공지능 블록 불러오기] 버튼을 클릭합니다.

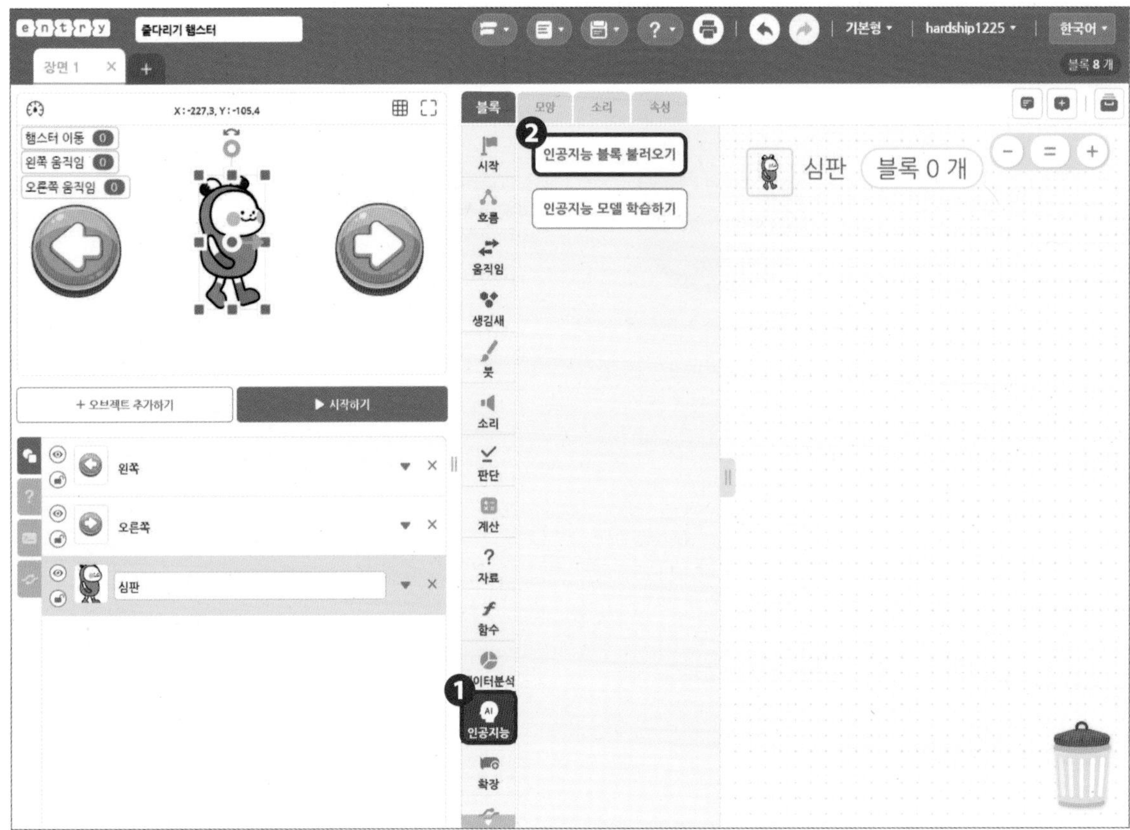

⑤ 비디오 감지 분류의 [사람 인식]을 클릭한 후 [불러오기] 버튼을 클릭합니다.

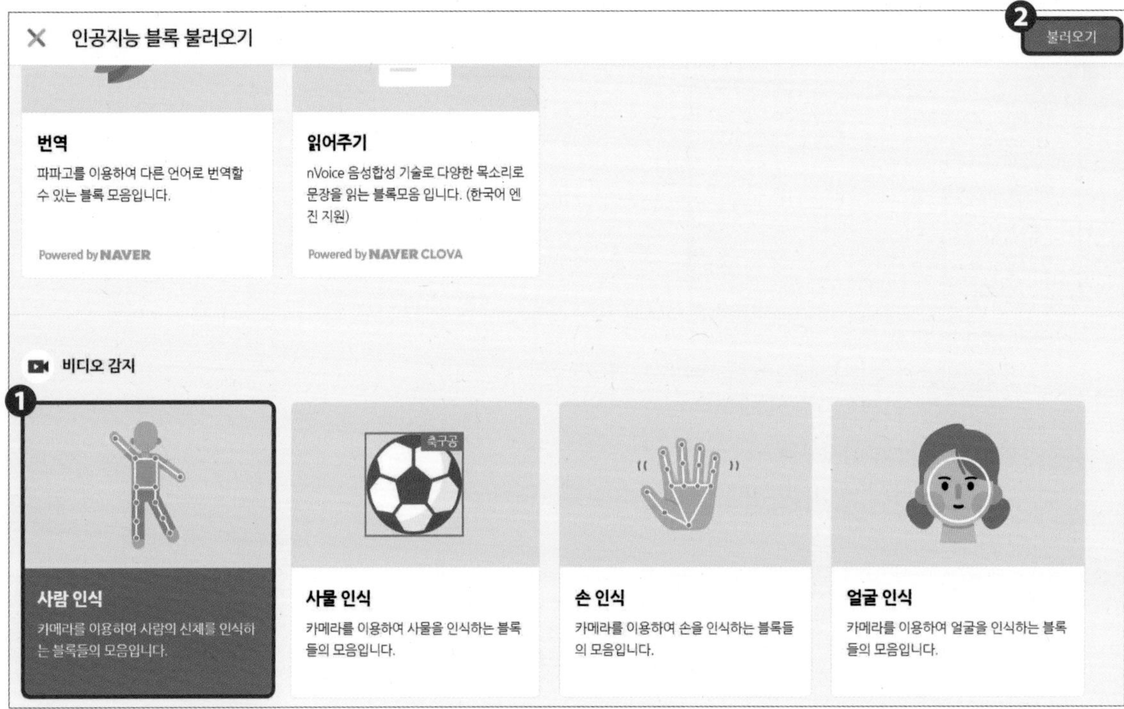

⑥ '왼쪽' 오브젝트의 명령 블록을 다음과 같이 조립합니다. '왼쪽' 오브젝트 근처에서 감지된 움직임 값을 '왼쪽 움직임' 〈변수〉로 정하는 일이 프로그램이 실행되는 내내 반복됩니다.

⑦ '오른쪽' 오브젝트의 명령 블록을 다음과 같이 조립합니다. '오른쪽' 오브젝트 근처에서 감지된 움직임 값을 '오른쪽 움직임' 〈변수〉로 정하는 일이 프로그램이 실행되는 내내 반복됩니다.

⑧ '심판' 오브젝트의 명령 블록을 조립합니다. [인공지능] 카테고리와 [계산] 카테고리에서 아래의 명령 블록을 가져와 프로그램이 시작되면 카메라의 화면이 나타나고 초시계가 시작되도록 합니다.

⑨ 아래와 같이 초시계 값이 30이 넘거나 햄스터 로봇이 검은 선에 닿을 때까지 반복하는 명령 블록을 이어서 조립합니다.

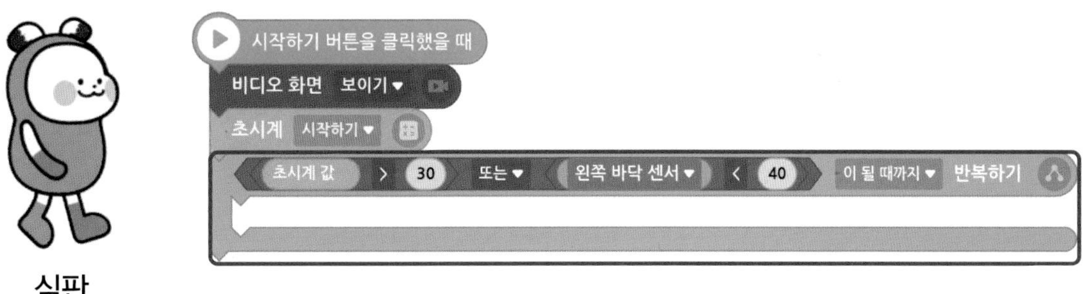

⑩ 30초가 지나거나 검은선에 닿기 전까지 반복할 명령 블록을 조립합니다. '햄스터 이동' 〈변수〉를 오른쪽 움직임값과 왼쪽 움직임값의 차를 5로 나눈 값으로 정하고 이를 햄스터 로봇의 속도로 정합니다.

⑪ 반복이 종료되었을 때 햄스터 로봇을 정지하고 심판이 '경기 끝!'이라고 말하도록 명령 블록을 조립합니다.

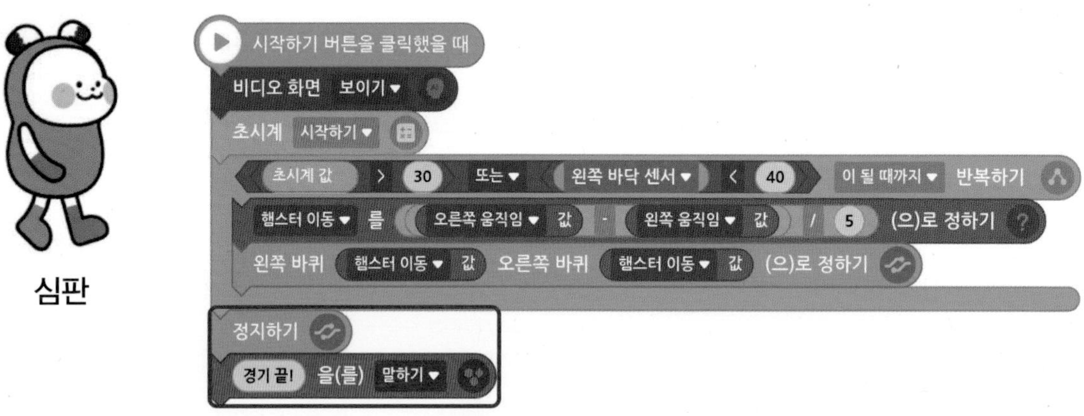

⑫ 프로그램이 완성되었습니다. 프로그램을 실행하고 친구와 함께 '왼쪽' 또는 '오른쪽' 오브젝트 근처에서 손을 흔들며 움직여 보세요. 햄스터 로봇이 올바르게 움직이는지 확인합니다.

06 프로그램이 잘 실행되는지 확인해 보기

카메라 화면이 무대에 잘 나타나나요?

– 비디오 화면 보이기▾ 명령 블록을 사용했는지 확인해 보세요.

더 많이 움직인 사람 방향으로 햄스터 로봇이 이동하였나요?

– 양쪽 바퀴의 속도를 '햄스터 이동' 변숫값으로 정하였는지 확인해 보세요.

– '이동 버튼' 오브젝트에서 올바른 변수로 움직임값을 저장하고 있는지 확인해 보세요.

30초가 지나거나 햄스터 로봇이 경기장 위 양 끝 선에 닿으면 프로그램이 종료되었나요?

– 초시계를 시작했는지 확인해 보세요.

– 

블록 안에 조건을 틀리진 않았는지 확인해 보세요.

07 오늘 배운 내용 정리하기

줄다리기 AI 햄스터 로봇 프로그래밍 활동을 하고 알게 된 점을 적어 봅니다.

줄다리기 AI 햄스터 로봇 프로그램 중 바꾸고 싶은 부분이 있다면 적어 봅니다.

08 더 알아보기

동작 인식과 인공지능

인공지능 기술의 발달로 컴퓨터가 사람의 동작을 실시간으로 인식할 수 있게 되었습니다. 이러한 동작 인식 기술은 우리 생활에서 어떻게 쓰이고 있을까요?

한국전자통신연구원(ETRI)에서는 동작 인식 기술을 이용하여 사용자의 스포츠 활동 모습을 분석하고 잘못된 자세를 찾아내 알려 주는 프로그램을 만들었습니다. 야구, 축구, 체조, 태권도 등 많은 스포츠에서 자세는 매우 중요합니다. 잘못된 자세로 운동하게 되면 실력도 잘 늘지 않을 뿐만 아니라 부상을 당할 위험도 높아집니다. 인공지능을 활용한다면 비싼 돈을 주고 개인 스포츠 코치를 고용하지 않더라도, 잘못된 운동 자세를 쉽게 고칠 수 있답니다.

그뿐만 아니라 불법 쓰레기 투기를 막기 위해 동작 인식 인공지능을 적용한 CCTV로 쓰레기를 버리는 행동을 감지하여 경고음을 울리거나 해당 장면을 촬영하여 기록하기도 합니다. 덕분에 하루 종일 CCTV 앞에서 감시하지 않고도 쓰레기를 불법으로 버리는 사람들을 단속할 수 있게 되었습니다.

이러한 동작 인식 기술의 발전은 VR과도 관련이 있습니다. VR에 장착된 카메라를 통해 여러분의 손동작을 인식하고 가상 세계 속에서 여러분이 물건을 집거나, 만지고, 던질 수 있도록 하는 것이지요.

인공지능 기술을 통해 동작 인식의 정확도가 대단히 높아졌고 관련된 서비스, 프로그램들이 계속해서 개발되고 있습니다. 여러분도 이러한 동작 인식 기술을 이용해 우리 삶을 편리하게 하는 프로그램을 생각해 보는 것은 어떨까요?

09 심화 활동하기

햄스터 로봇은 움직임뿐만 아니라 소리를 내거나 빛을 낼 수 있습니다. 결승점에 도달하면 이긴 쪽 햄스터 로봇이 승리의 노래를 부르거나, 화려한 파티 조명을 켜는 등의 동작을 하도록 명령해 봅니다.

LED 색 바꾸기

소리 내기

도 4 음을 0.5 박자 연주하기

응원 소리에 힘을 내는 육상 선수 AI 햄스터 로봇

16강

01 오늘의 이야기 살펴보기

다 왔어요 햄스터!! 결승점이 눈앞이에요!!
조금만 힘을 내요!!!

헉헉..
조금만 더 가면 되는데…
제가 힘을 내서 결승점에 도착할 수 있도록 응원을 해 주실 수 있나요?
여러분이 응원해 준다면 더 빠르게 움직일 수 있을 거예요!

02 함께 만들 엔트리 작품 알아보기

학습문제

입력한 글이 응원의 말인지 비난의 말인지 구분하여
움직이는 속도가 달라지는 햄스터 로봇을 만들어 봅니다.

03 오늘 사용할 블록 알아보기

인공지능 모델 학습 블록

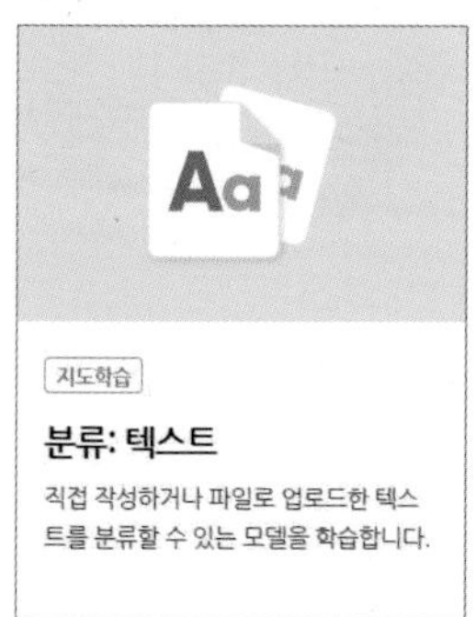

블록	설명
엔트리 을(를) 학습한 모델로 분류하기	데이터를 입력하고 학습한 모델로 인식합니다.
분류 결과가 응원 ▾ 인가?	입력한 데이터의 인식 결과가 선택한 클래스인 경우 '참'으로 판단합니다.

햄스터 로봇 블록

블록	설명
왼쪽 바닥 센서 ▾	왼쪽 바닥 센서의 값(값의 범위 0~100, 초깃값 0)
오른쪽 바닥 센서 ▾	오른쪽 바닥 센서의 값(값의 범위 0~100, 초깃값 0)

04 프로그램 살펴보기

화면(장면) 구성

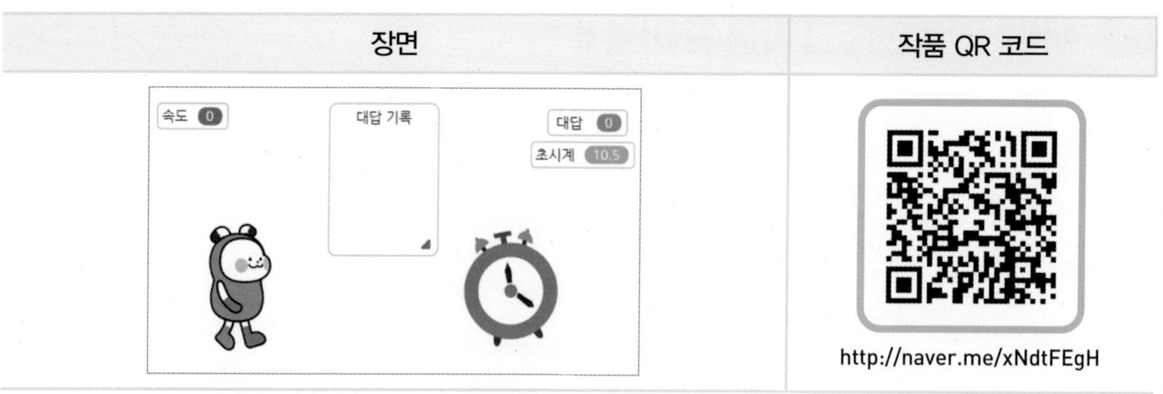

장면	작품 QR 코드
	http://naver.me/xNdtFEgH

오브젝트 종류 및 해야 할 일

엔트리봇 오브젝트

해야할일 '시작!'이라고 말하기

해야할일 '응원의 말을 해줘!'라고 말하고 대답 기다리기

해야할일 이미 했던 말이면 '다른 말을 해줘!'라고 말하기

해야할일 대답이 응원의 말이면 햄스터 로봇의 속도를 10 증가시키기

해야할일 대답이 비난의 말이면 햄스터 로봇의 속도를 10 감소시키기

시계 오브젝트

해야할일 초시계를 시작하기

해야할일 햄스터 로봇이 결승선에 도착할 때까지 기다리기

해야할일 결승선에 도착하면 햄스터 로봇과 '엔트리봇' 오브젝트의 동작을 멈추기

해야할일 도착하기까지의 초시계 기록을 말하기

05 함께 프로그래밍하기

① 달려라 햄스터 로봇 활동판을 준비합니다. 필요한 오브젝트를 추가합니다. **04 프로그램 살펴보기**의 화면(장면) 구성 을 참고하여 오브젝트의 위치나 크기 등을 바꾸어 줍니다.

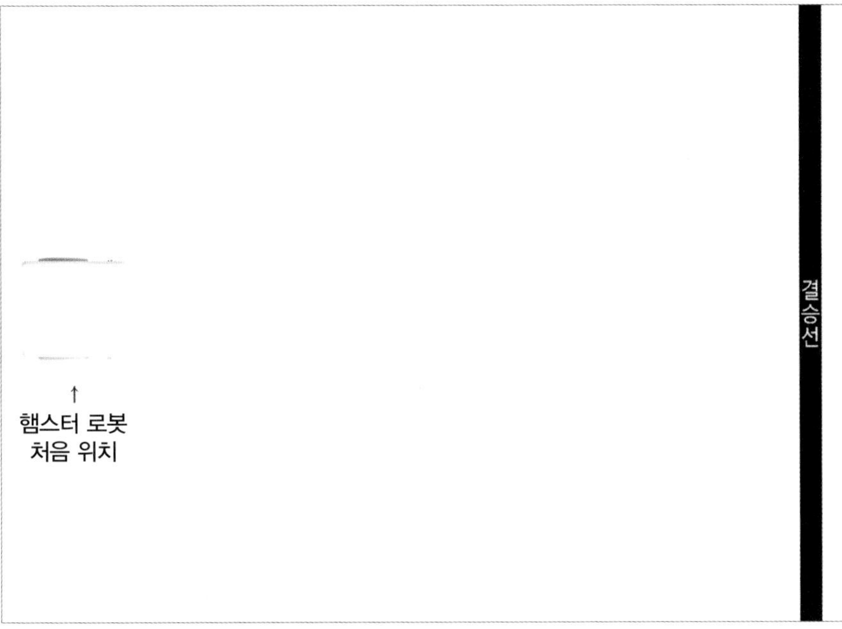

Tip

이 책에서 햄스터 로봇 실습을 위해 사용하는 활동판은 영진닷컴 홈페이지(https://www.youngjin.com)에서 내려받을 수 있습니다.

오브젝트 이름	엔트리봇	시계
모양 (모양 이름)	(엔트리봇_걷기1)	(시계_1)
작품 속 오브젝트 이름	엔트리봇	시계

② [속성] 탭에서 프로그램에 필요한 〈변수〉를 추가합니다. 이번 프로그램에서는 '속도'라는 1개의 〈변수〉가 필요합니다.

③ [속성] 탭에서 프로그램에 필요한 '대답 기록' 〈리스트〉를 추가합니다.

④ [인공지능] 카테고리를 클릭한 후 [인공지능 모델 학습하기] 버튼을 클릭합니다.

⑤ [새로 만들기]를 클릭한 후 [분류: 텍스트]를 선택합니다. 화면 오른쪽 상단의 [학습하기] 버튼을 클릭합니다.

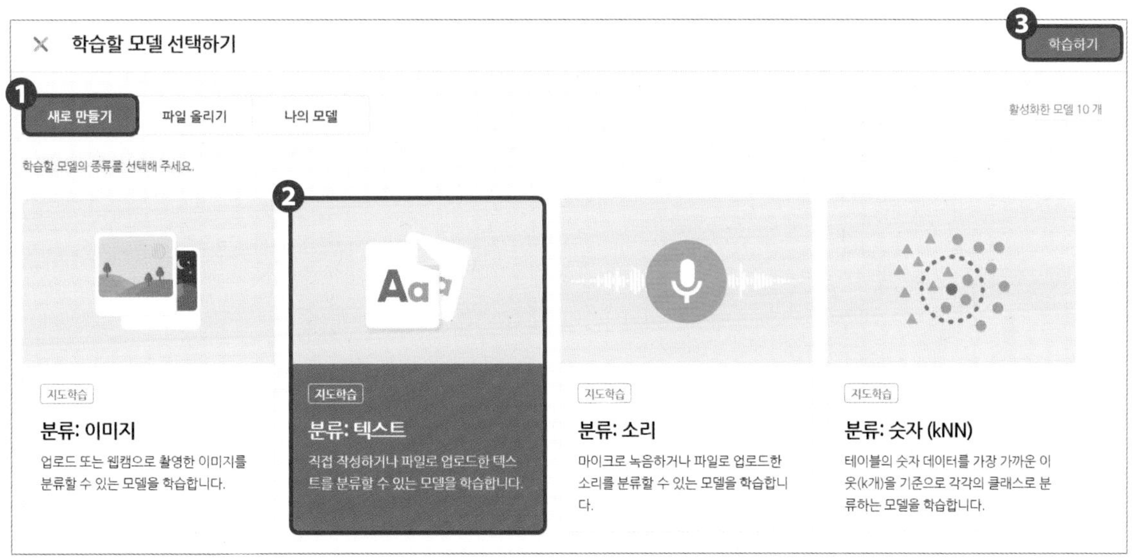

⑥ 이름을 '응원 분류'로 바꾼 다음, 2개의 클래스(응원, 비난)로 구분하여 모델 학습을 완료 및 적용합니다.

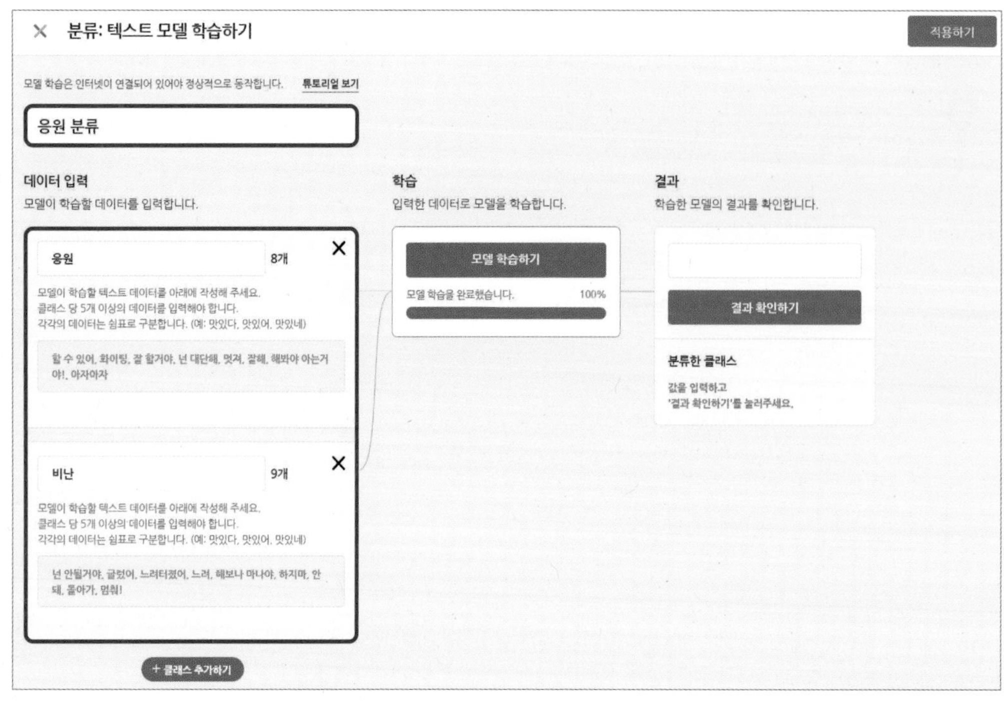

⑦ '시계' 오브젝트의 명령 블록을 다음과 같이 조립합니다. 시작하기 버튼을 클릭하면 기록을 재기 위한 초시계를 시작하고, 햄스터 로봇이 결승점에 도착할 때까지(왼쪽 바닥 센서의 값이 50 이하가 될 때까지) 기다립니다.

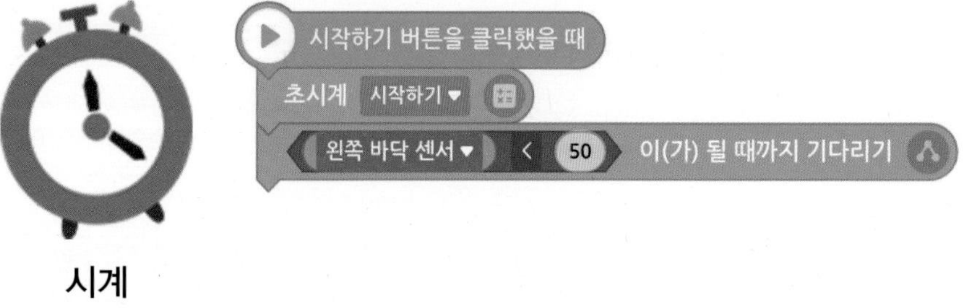

⑧ 햄스터 로봇이 결승점에 도착하였다면 다른 오브젝트와 햄스터 로봇의 움직임을 멈추고, 기록(초시계의 값)을 말하도록 명령 블록을 조립합니다.

⑨ '엔트리봇' 오브젝트 명령 블록을 조립합니다. '속도' 〈변수〉의 값을 초깃값인 10으로 정하고 시작을 말합니다. 그 후 햄스터 로봇의 왼쪽과 오른쪽 바퀴의 속도를 '속도' 〈변수〉 값으로 정하고, '응원의 말을 해줘!'라고 묻고 대답을 기다립니다. 햄스터 로봇의 속도를 정하는 것과 묻고 대답을 기다리는 명령을 계속 반복하여 실행합니다.

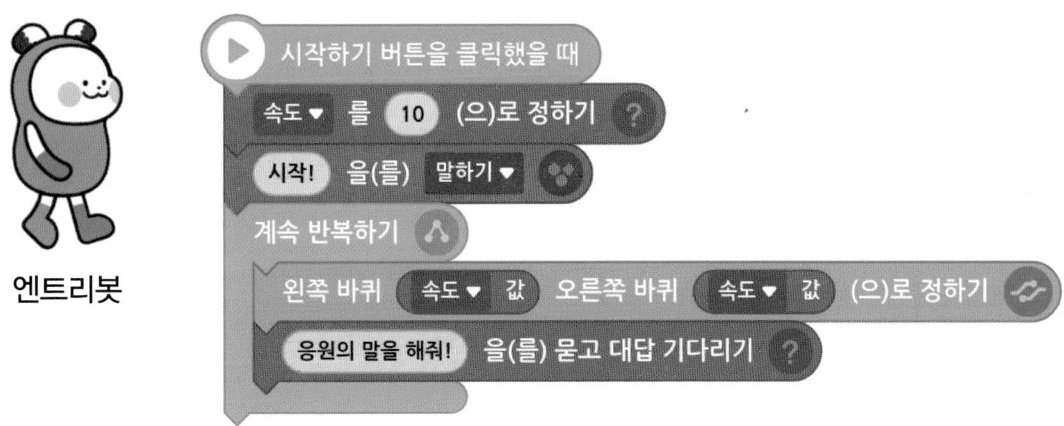

⑩ 입력한 대답이 '대답 기록' 〈리스트〉에 들어 있는 이미 했던 대답이라면 '다른 말을 해줘!'라고 1초 동안 말합니다.

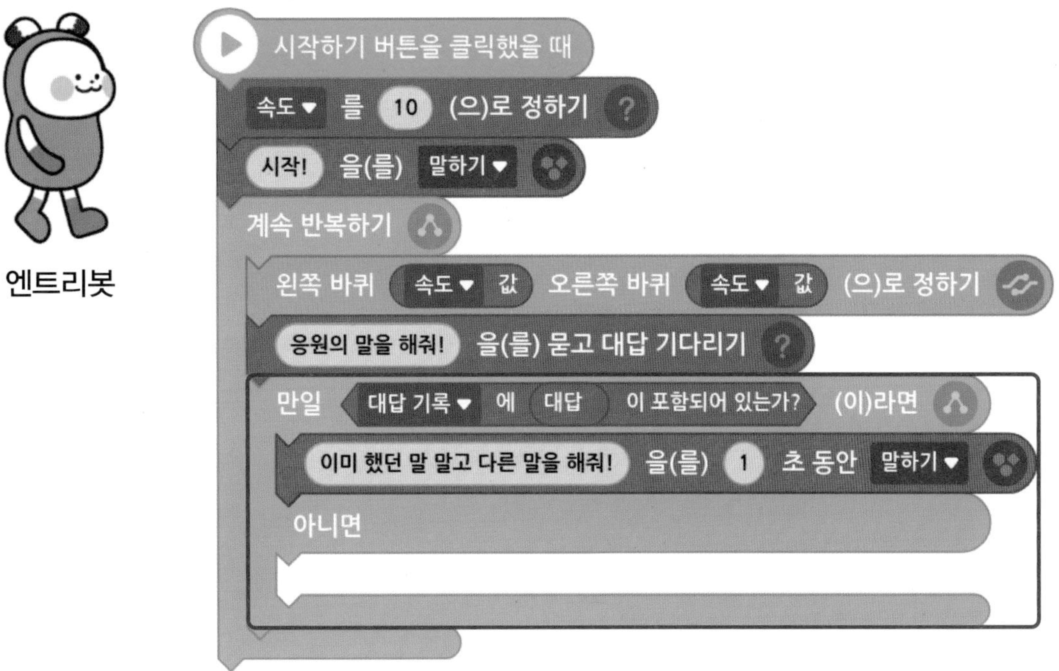

⑪ 이미 했던 대답이 아니라면 대답을 '대답 기록' 〈리스트〉에 추가하고, 인공지능 모델을 통해 분류합니다. 분류 결과가 응원이면 '속도' 〈변수〉에 10을 더하고 비난이면 '속도' 〈변수〉에 10을 뺍니다.

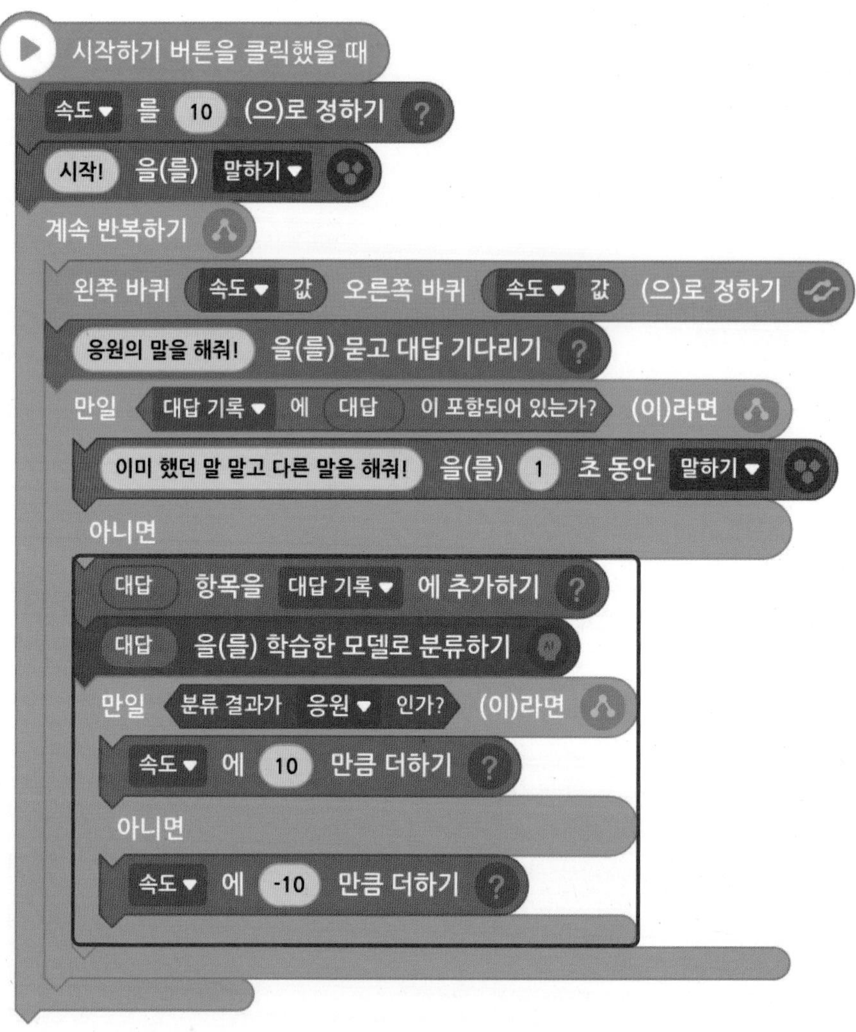

⑫ 프로그램이 완성되었습니다. 프로그램을 실행하고 응원의 말/비난의 말을 입력하여 햄스터 로봇의 속도가 바르게 변하는지 확인해 봅니다.

06 프로그램이 잘 실행되는지 확인해 보기

응원의 말과 비난의 말을 잘 구분하나요?

– 혹시 잘 분류하지 못한다면 더 많은 응원의 말과 비난의 말을 이용해 인공지능 모델을 학습시켜 보세요.

응원의 말과 비난의 말을 할 때 햄스터 로봇의 속도가 올바르게 변하였나요?

– 양쪽 바퀴의 속도를 〈변수〉 값으로 정하였는지 확인해 보세요(바꾸기가 아닌 정하기인지 확인해 보세요).
– 응원/비난의 말을 할 때마다 '엔트리봇' 오브젝트에서 '속도' 〈변수〉의 값을 올바르게 바꾸고 있는지 확인해 보세요.

햄스터 로봇이 결승점에 닿으면 기록을 이야기한 후 프로그램이 종료되었나요?

– '시계' 오브젝트에서 다른 오브젝트의 동작을 멈추었는지 확인해 보세요.
– 왼쪽 바닥 센서값 블록을 이용하여 조건을 올바르게 만들었는지 확인해 보세요.

07 오늘 배운 내용 정리하기

육상선수 AI 햄스터 로봇 프로그래밍 활동을 하고 알게 된 점을 적어 봅니다.

육상선수 AI 햄스터 로봇 프로그램 중 바꾸고 싶은 부분이 있다면 적어 봅니다.

08 더 알아보기

인공지능 챗봇

인공지능 연구원들은 인공지능을 이용하여 마치 사람처럼 대화를 이해하고 대답하는 챗봇을 만들고자 노력하고 있습니다. 이미 인공지능 챗봇은 쇼핑몰 상담센터, 음식점의 주문 접수 등 우리 주변에서 많이 쓰이고 있습니다. 사람들은 더더욱 사람과 비슷한 인공지능 챗봇을 만들려고 노력하지만, 이러한 노력이 전혀 예상치 못한 윤리적인 문제에 부딪히기도 합니다. 과연 어떤 문제일까요?

ChatGPT의 언어 모델인 GPT 모델이 큰 구설에 올랐던 적이 있습니다. GPT-3 버전으로 만든 인공지능 서비스가 특정 나라를 쓸모가 없는 나라라고 비하하고, 인종과 성차별적인 발언을 하는 등 다양한 혐오 표현을 쏟아냈기 때문입니다. 왜 이런 일이 발생했을까요?

인공지능은 기존의 데이터를 이용해 학습하고 그것을 바탕으로 예측합니다. GPT-3도 마찬가지로 인터넷에 존재하는 다양한 사람들의 대화와 문서를 이용해 학습한 인공지능이지요. 인터넷 상에는 좋은 글도 많지만, 차별/혐오 표현을 담고 있는 글도 많기 때문에 그러한 글을 통해 인공지능이 나쁜 생각과 말을 학습한 것입니다.

인공지능 연구자들은 이러한 문제를 해결하기 위해 윤리적으로 부적절한 데이터를 제외하고 학습하는 방법에 대해 연구하고 있습니다. 하지만 이러한 방법은 결국 한계가 있어서, 사람들이 인종 차별/성차별 등의 생각과 말을 계속하는 한 이 문제를 해결하기 어려울 수도 있습니다. 결국, 인공지능도 사람들이 살아가는 모습을 따라간다는 사실! 놀랍기도 하고 무섭기도 하지 않나요?

09 심화 활동하기

비난의 말을 계속해서 '속도' 〈변수〉가 0 이하로 떨어진다면 햄스터 로봇은 뒤로 이동하기 시작합니다. '속도' 〈변수〉가 0 이하라면 햄스터 로봇이 더 이상 움직이지 않고 빨간 불빛을 내도록 만들어 봅니다.

LED 색 바꾸기

조건 블록

배고픈 동물을 돌보는 사육사 AI 햄스터 로봇

01 오늘의 이야기 살펴보기

안녕 친구들!
난 영진동물원에서 사육사로 일하고 있는 햄스터 로봇이에요!
엇? 근데 무슨 소리가 들리지 않나요?

아! 배고픈 동물들이 울고 있군요!
어서 가서 동물들에게 먹이를 주고 와야겠어요!
내가 동물이 있는 곳까지 잘 도착할 수 있도록 날 도와주세요!

02 함께 만들 엔트리 작품 알아보기

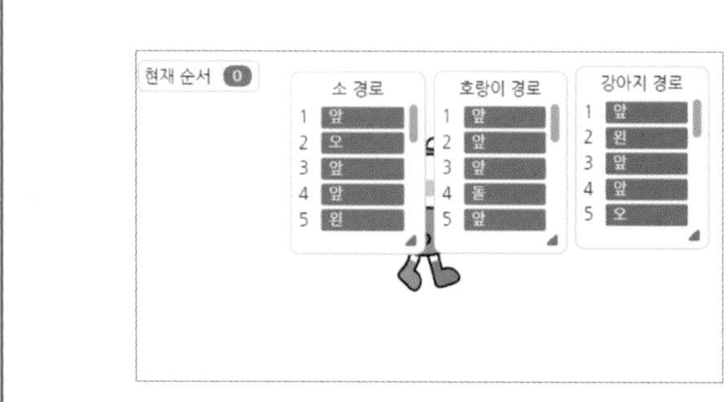

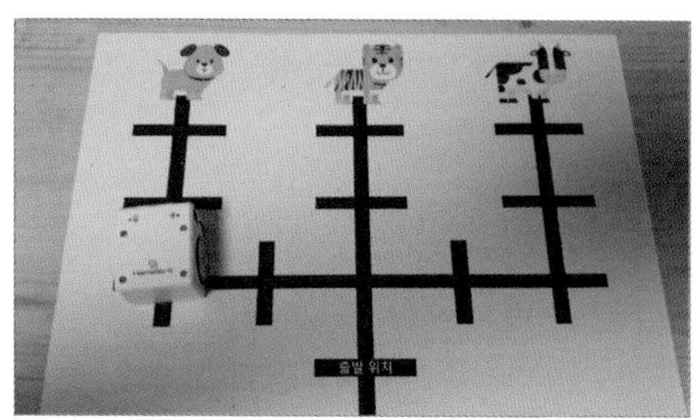

학습문제

어떤 동물 울음 소리인지 구분하여 해당 동물이 있는 위치로 이동한 후 돌아오는 햄스터 로봇을 만들어 봅니다.

03 오늘 사용할 블록 알아보기

인공지능 모델 학습 블록

블록	설명
학습한 모델로 분류하기	데이터를 입력하고 학습한 모델로 인식합니다.
분류 결과가 강아지▾ 인가?	입력한 데이터의 인식 결과가 선택한 클래스인 경우 '참'으로 판단합니다.

햄스터 로봇 블록

블록	설명
말판 앞으로 한 칸 이동하기	말판 위에서 한 칸 앞으로 이동합니다.
말판 왼쪽▾ 으로 한 번 돌기	말판 위에서 왼쪽/오른쪽 방향으로 제자리에서 90도 회전합니다.

04 프로그램 살펴보기

화면(장면) 구성

장면	작품 QR 코드
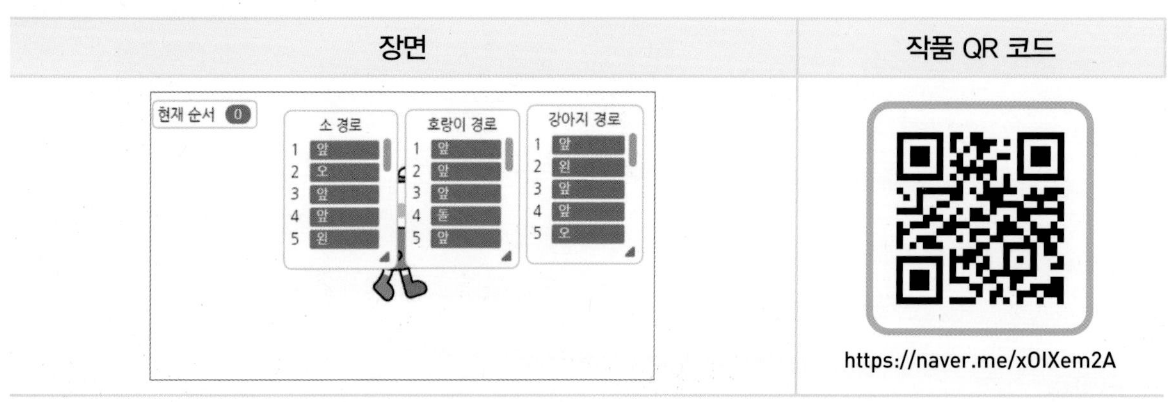	https://naver.me/x0IXem2A

오브젝트 종류 및 해야 할 일

엔트리봇 오브젝트

해야 할 일 음성 데이터를 입력받아 학습한 모델로 분류하기

해야 할 일 만약 분류한 결과가 강아지로 나온다면
→ 강아지 돌보러 다녀오기

해야 할 일 만약 분류한 결과가 호랑이로 나온다면
→ 호랑이 돌보러 다녀오기

해야 할 일 만약 분류한 결과가 소로 나온다면
→ 소 돌보러 다녀오기

05 함께 프로그래밍하기

① 사육사 AI 햄스터 로봇 활동판을 준비합니다.

이 책에서 햄스터 로봇 실습을 위해 사용하는 활동판은 영진닷컴 홈페이지(https://www.youngjin.com)에서 내려받을 수 있습니다.

② 필요한 오브젝트를 추가합니다. **04 프로그램 살펴보기** 의 화면(장면) 구성 을 참고하며 오브젝트의 위치나 크기 등을 바꾸어 줍니다.

오브젝트 이름	엔트리봇
모양 (모양 이름)	 (엔트리봇_걷기1)
작품 속 오브젝트 이름	엔트리봇

③ [속성] 탭에서 프로그램에 필요한 〈변수〉를 추가합니다. 이번 프로그램에서는 '현재 순서'라는 1개의 〈변수〉가 필요합니다.

④ [속성] 탭에서 프로그램에 필요한 〈리스트〉를 추가합니다. 이번 프로그램에서는 '소 경로', '호랑이 경로', '강아지 경로'라는 3개의 〈리스트〉가 필요합니다.

⑤ '소 경로' 리스트 항목 옆의 화살표를 클릭한 뒤 [리스트 불러오기] 버튼을 클릭합니다.

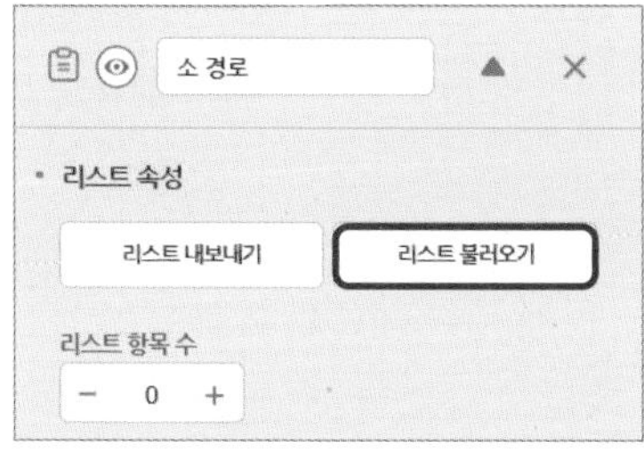

⑥ 활동지를 보며 소까지 이동하기 위한 명령 앞 글자(앞: 앞으로 이동, 오: 오른쪽으로 한 칸 돌기, 왼: 왼쪽으로 한 칸 돌기, 돌: 제자리에서 180도 돌기)들을 입력 후 [저장하기] 버튼을 클릭합니다. '호랑이 경로'와 '강아지 경로' 〈리스트〉에도 명령 앞 글자들을 추가합니다.

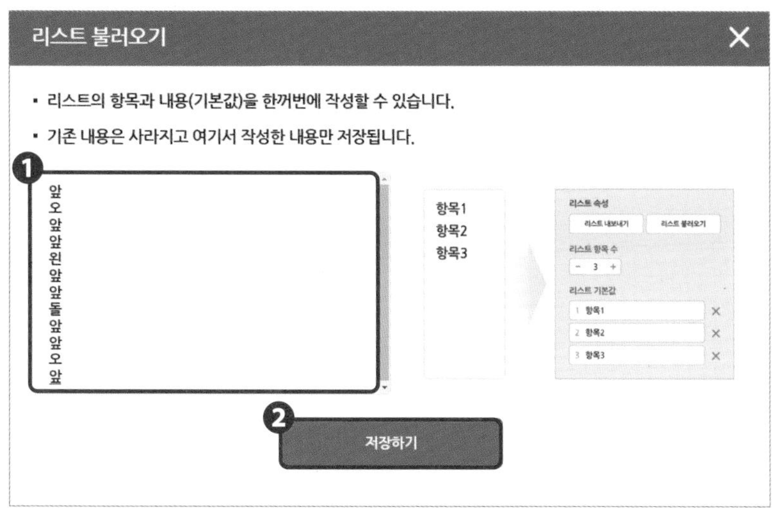

⑦ [인공지능] 카테고리를 클릭한 후 [인공지능 모델 학습하기] 버튼을 클릭합니다.

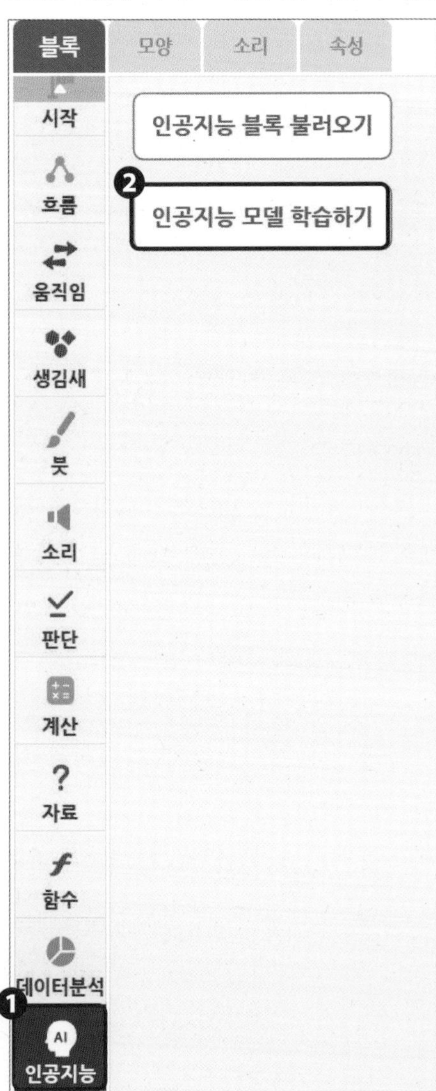

⑧ [새로 만들기]를 클릭한 후 [분류: 소리]를 클릭합니다. 화면 오른쪽 상단의 [학습하기] 버튼을 클릭합니다.

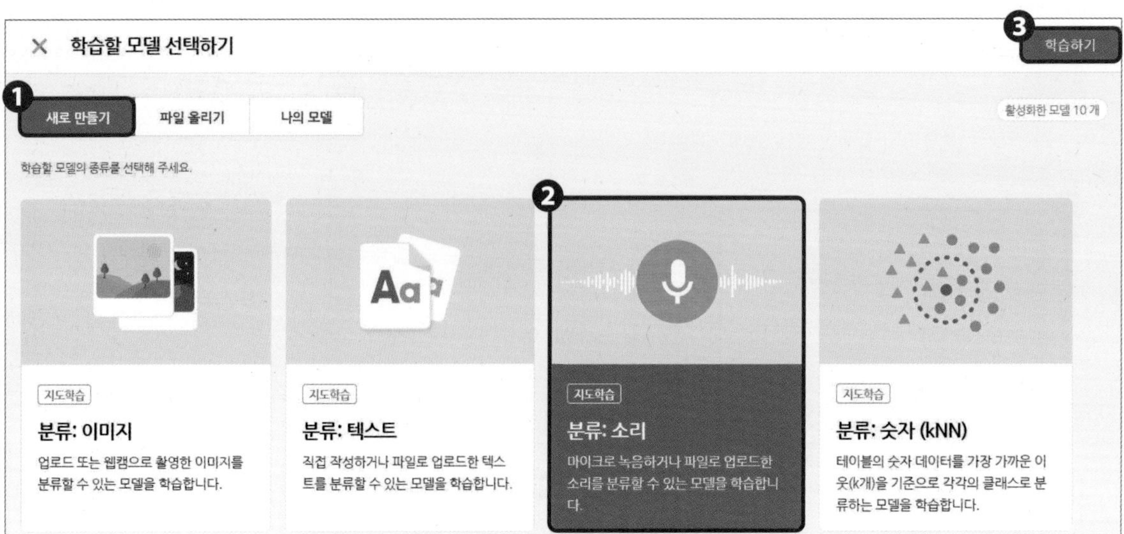

⑨ 이름을 '동물 울음 분류'로 변경한 후, 4개의 클래스(울음 소리 안남, 강아지, 호랑이, 소)로 구분하여 모델 학습을 완료 및 적용합니다. 울음 소리는 멍멍/어흥/음메 등 여러분의 목소리로 동물 울음 소리를 흉내내어 입력합니다.

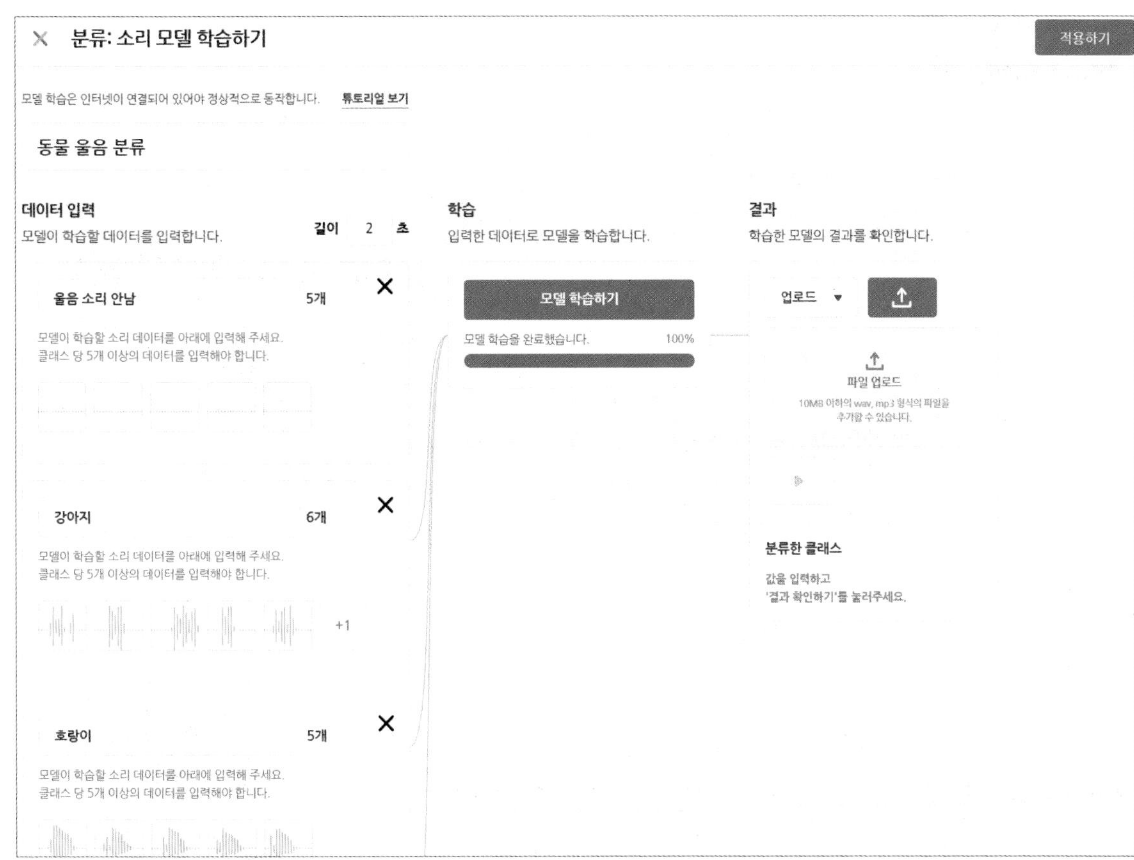

⑩ [함수] 카테고리로 들어가 [함수 만들기] 버튼을 클릭합니다.

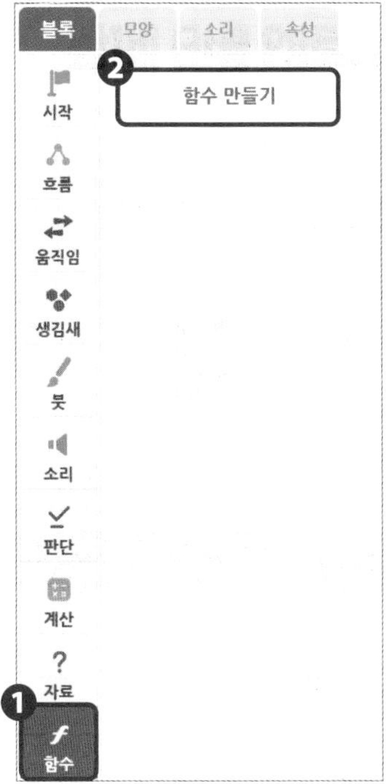

⑪ '소 돌보러 다녀오기' 〈함수〉를 정의해 봅니다. 먼저 '현재 순서' 〈변수〉를 1로 정합니다. '소 경로' 〈리스트〉의 첫 번째(현재 순서가 1이므로) 항목이 앞이면 말판 햄스터 로봇을 앞으로 한 칸 움직입니다. 명령을 실행한 후에는 '현재 순서' 〈변수〉에 1을 더하고 이 명령을 '소 경로' 〈리스트〉의 항목 수만큼 반복하여 '소 경로' 〈리스트〉의 첫 번째 항목부터 차근차근 명령이 실행되도록 합니다.

함수 정의하기 소 돌보러 다녀오기
현재 순서 ▾ 를 1 (으)로 정하기
소 경로 ▾ 항목 수 번 반복하기
만일 소 경로 ▾ 의 현재 순서 ▾ 값 번째 항목 = 앞 (이)라면
말판 앞으로 한 칸 이동하기
현재 순서 ▾ 에 1 만큼 더하기

⑫ 항목의 내용이 '앞' 외에도 '오', '왼', '돌' 3가지가 더 있으므로 해당 내용을 명령 블록으로 만들어 조립합니다. 혹시 명령의 내용이 잘 이해되지 않는다면 명령 블록의 실행 순서를 차근차근 살펴보도록 합니다.

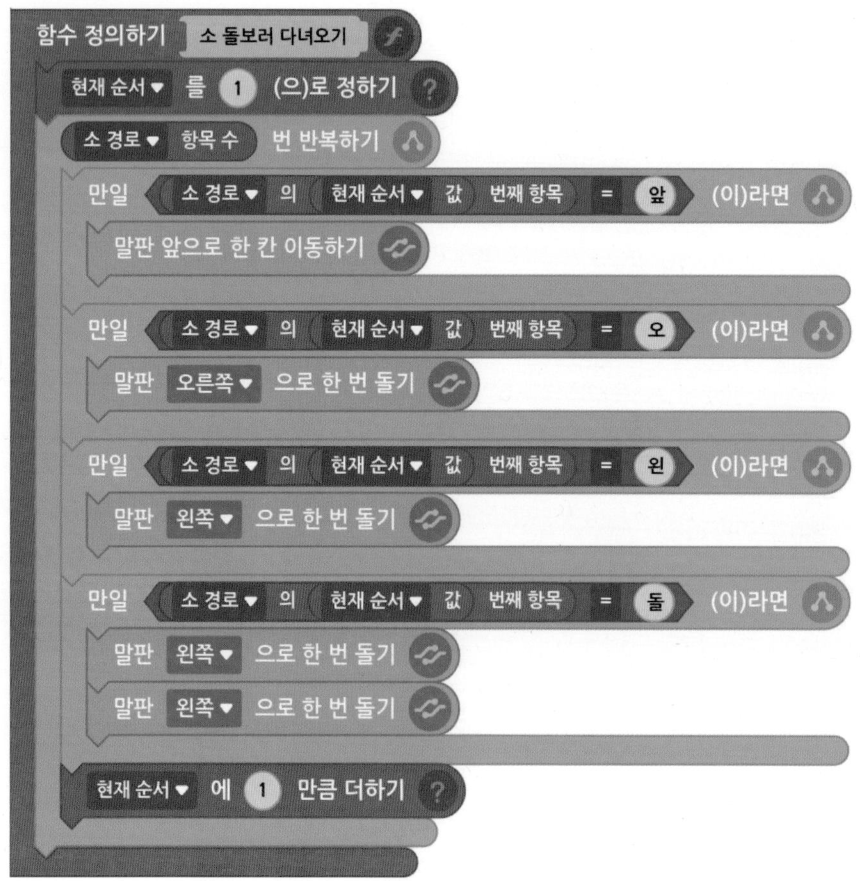

⑬ 같은 방법으로 '호랑이 돌보러 다녀오기', '강아지 돌보러 다녀오기' 명령 블록을 함수로 정의합니다.

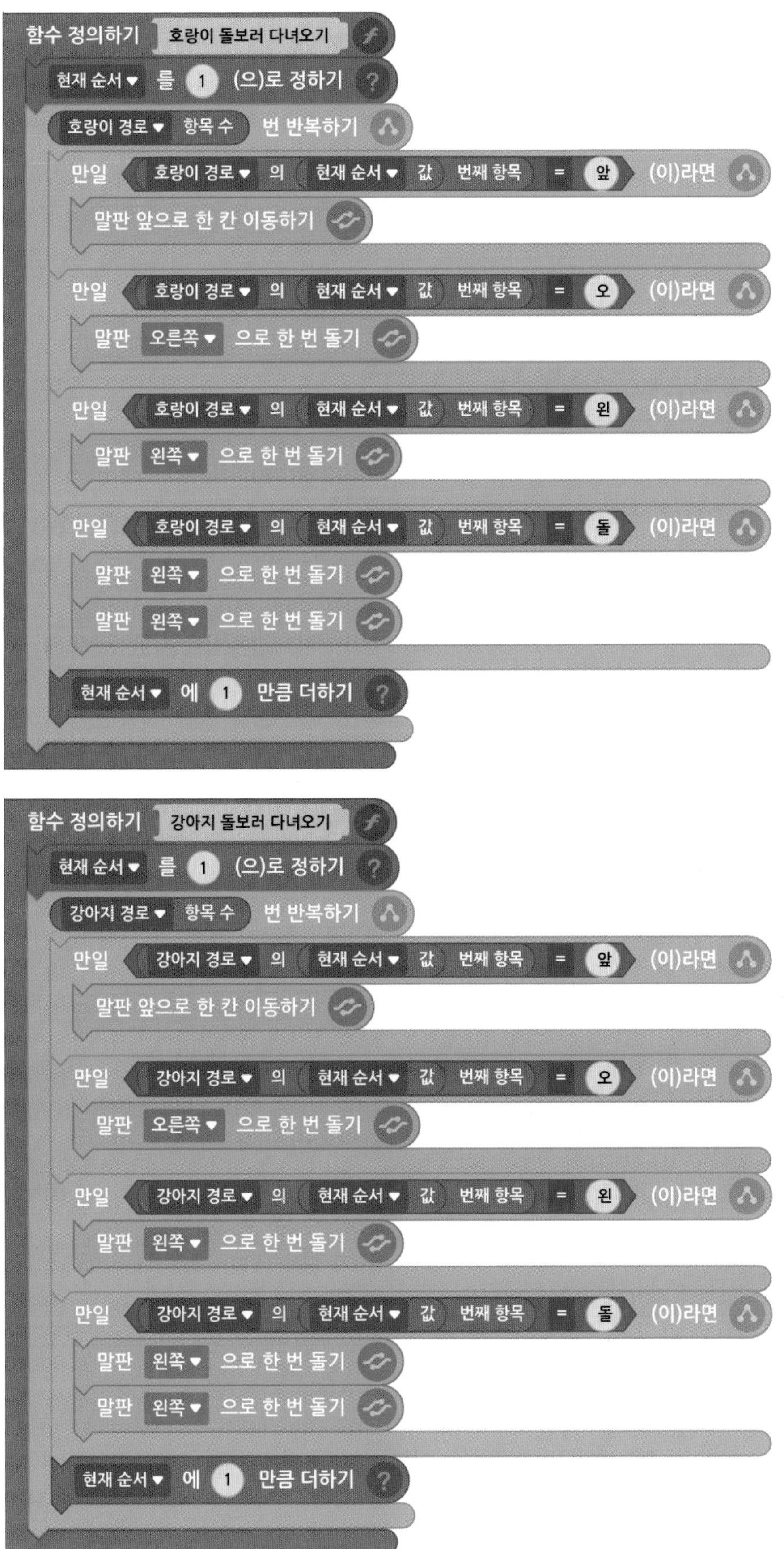

⑭ '엔트리봇' 오브젝트 명령 블록을 아래와 같이 조립합니다. 음성 데이터를 입력받아 분류한 결과가 강아지면 '강아지 돌보러 다녀오기' 〈함수〉를 호출하고, 호랑이면 '호랑이 돌보러 다녀오기' 〈함수〉를, 소면 '소 돌보러 다녀오기' 〈함수〉를 호출하는 명령 블록입니다.

엔트리봇
시작하기 버튼을 클릭했을 때
계속 반복하기
학습한 모델로 분류하기
만일 분류 결과가 강아지 인가? (이)라면
강아지 돌보러 다녀오기
만일 분류 결과가 호랑이 인가? (이)라면
호랑이 돌보러 다녀오기
만일 분류 결과가 소 인가? (이)라면
소 돌보러 다녀오기

⑮ 프로그램이 완성되었습니다. 프로그램을 실행하고 동물 울음 소리를 흉내내 햄스터 로봇이 올바른 동물의 위치로 이동하는지 확인합니다.

06 프로그램이 잘 실행되는지 확인해 보기

동물의 울음소리를 잘 구분하나요?

- 혹시 잘 분류하지 못한다면 더 많은 동물의 울음을 흉내내는 소리를 이용해 인공지능 모델을 학습시켜 보세요.
- 소음이 많은 장소에서는 음성 인식이 어려울 수 있습니다. 주변이 너무 시끄럽지는 않은지 확인해 보세요.
- 마이크가 잘 작동하고 있는지 확인해 보세요.

동물 울음소리에 맞게 햄스터 로봇이 올바르게 이동했나요?

- 리스트에 명령값이 올바르게 입력되었는지 확인해 보세요.
- 소/강아지/호랑이 돌보러 다녀오기 함수가 바르게 정의되었는지 확인해 보세요.
- '소 경로' / '강아지 경로' / '호랑이 경로' 〈리스트〉의 값을 한 개씩 가져올 때마다 '현재 순서' 〈변수〉가 1씩 증가하는지 확인해 보세요.

07 오늘 배운 내용 정리하기

사육사 AI 햄스터 로봇 프로그래밍 활동을 하고 알게 된 점을 적어 봅니다.

사육사 AI 햄스터 로봇 프로그램 중 바꾸고 싶은 부분이 있다면 적어 봅니다.

08 더 알아보기

음성 인식

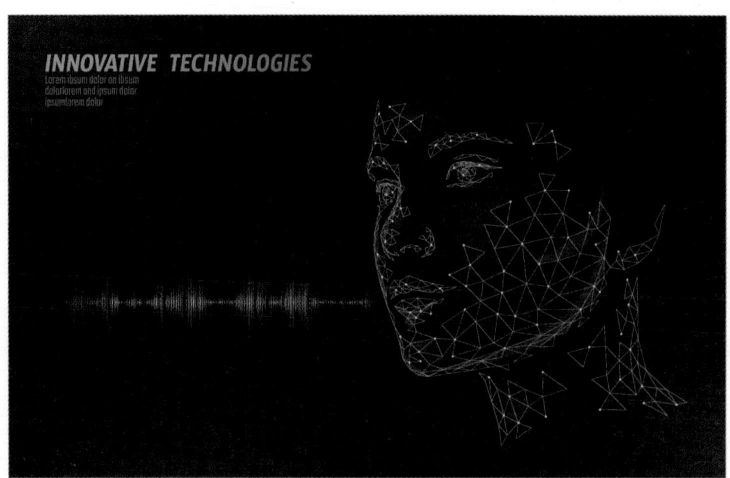

과거에는 음성을 통해 명령하고 컴퓨터가 그 음성을 이해해 명령을 수행하는 일은 영화에서만 가능했습니다. 그러나 인공지능 기술의 발전으로 인해 이제는 가정에서도 인공지능 스피커를 통해 날씨, 해야 할 일, 음식 배송 등을 묻고 답하는 일을 흔하게 볼 수 있게 되었습니다. 이러한 음성 인식 기술은 어떤 곳에서 쓰이고 있는지 함께 알아볼까요?

자동차 업계에서는 음성 인식 기술을 적용한 차량을 제작하고 있습니다. 운전 중에는 사고 예방을 위해 전방을 주시하고 집중해야 하므로 내비게이션을 조작하거나 실내 온도, 라디오 등을 손으로 조작하는 일이 어렵습니다. 그러나 음성을 통해 자동차의 다양한 기능을 조작할 수 있다면 사고의 위험은 대단히 낮아지겠지요?

또한 통역 부분에서도 이러한 음성 인식 기술이 많이 사용되고 있습니다. 다른 사람의 말을 이해하고 이를 텍스트로 바꾸어 번역한 뒤 다시 사람의 목소리로 변환하여 재생하는 기술을 개발하여 거의 동시통역에 가까운 인공지능 통역사를 만들고자 많은 연구원이 노력하고 있답니다.

09 심화 활동하기

햄스터 로봇이 이동할 때마다 서로 다른 소리가 나도록 햄스터 로봇 프로그램을 바꾸어 봅니다.

햄스터 로봇 소리내기

AI 햄스터 로봇의 음성 인식률 높이기

01 오늘의 이야기 살펴보기

드디어 햄스터 로봇을 말로 움직일 수 있게 되었어요!! 그런데 명령어를 이야기하면 움직이는데 정확하게 단어가 인식되지 않으면 안 움직이네요. 예를 들어 '앞으로' 하면 가지만 '앞으로 가자'라고 하면 움직이지 않아요. 햄스터 로봇이 말을 더 잘 알아듣게 할 수 없을까요?

내가 말을 더 잘 알아들을 수 있게 블록을 조금 더 고쳐 봐요!
블록을 조금 고치면 분명 내가 더 잘 움직일 수 있는 방법이 있을 거예요!

02 함께 만들 엔트리 작품 알아보기

학습문제

특정 단어가 들어간 명령을 인식할 수 있도록 햄스터 로봇의 음성 인식률을 향상시켜 봅니다.

03 오늘 사용할 블록 알아보기

인공지능 블록

음성 인식
마이크를 이용하여 음성을 인식하는 블록들의 모음입니다.
Powered by NAVER CLOVA

[한국어▾ 음성 인식하기] 마이크를 통해 녹음된 음성을 인식합니다.

[음성을 문자로 바꾼 값] 사람의 목소리를 문자로 변환한 값입니다. 목소리가 입력되지 않거나 음성 인식 도중 오류가 발생한 경우 null 값을 반환합니다.

[안녕 엔트리! 에서 엔트리 의 시작 위치] 입력한 값에서 지정한 값이 처음으로 등장하는 위치값입니다.

[10 > 10] 입력한 두 값을 비교합니다. 왼쪽에 위치한 값이 오른쪽에 위치한 값보다 큰 경우 '참'으로 판단합니다.

햄스터 로봇 블록

[앞으로 5 cm▾ 이동하기] 입력한 거리(cm)/시간(초)/펄스만큼 앞으로 이동합니다.

[왼쪽▾ 으로 90 도▾ 제자리 돌기] 입력한 각도(도)/시간(초)/펄스만큼 왼쪽/오른쪽 방향으로 제자리에서 회전합니다.

04 프로그램 살펴보기

화면(장면) 구성

음성 인식:한국어
듣고 있어요

장면	작품 QR 코드
	https://naver.me/GHV9OXM1

햄스터 로봇

오브젝트 종류 및 해야 할 일

엔트리봇 오브젝트

해야 할 일 음성 인식하기

해야 할 일 음성을 문자로 바꾼 값 말하기

해야 할 일 문자로 바꾼 단어가 포함되어 있으면 약속된 명령대로 햄스터 로봇 움직이기

05 함께 프로그래밍하기

① [인공지능] 카테고리를 클릭한 후 [인공지능 블록 불러오기] 버튼을 클릭합니다.

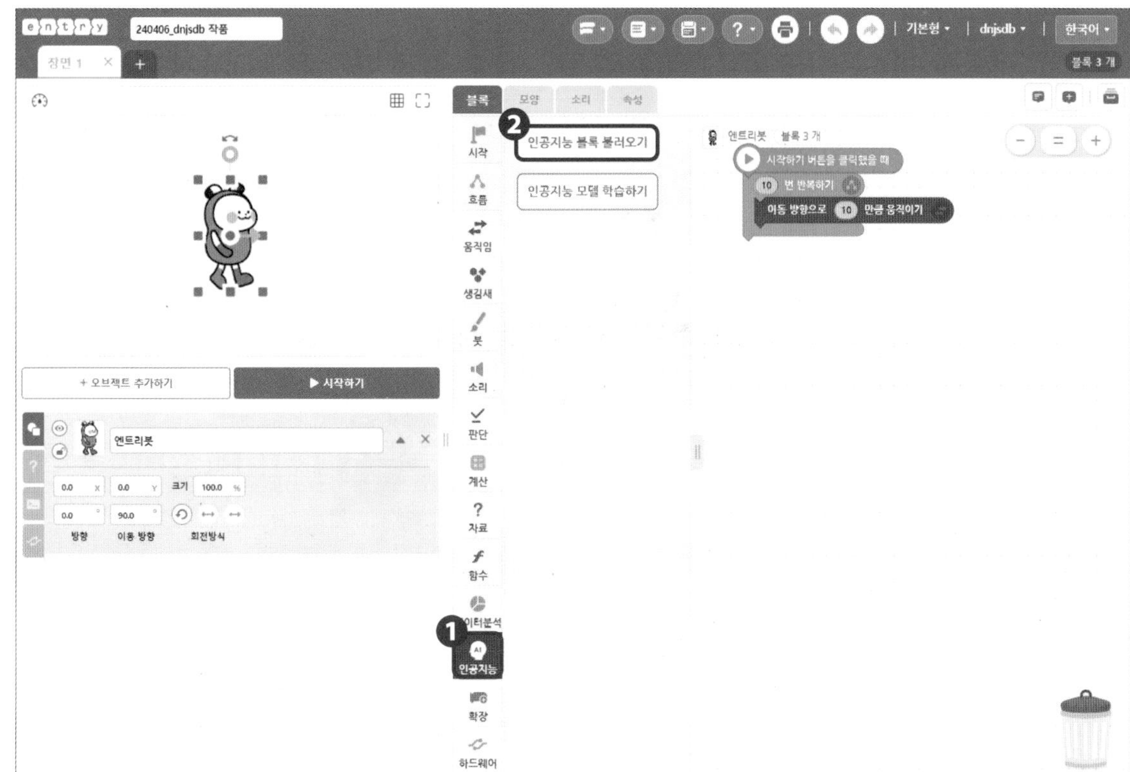

② [음성 인식]을 클릭한 후 [불러오기] 버튼을 클릭합니다.

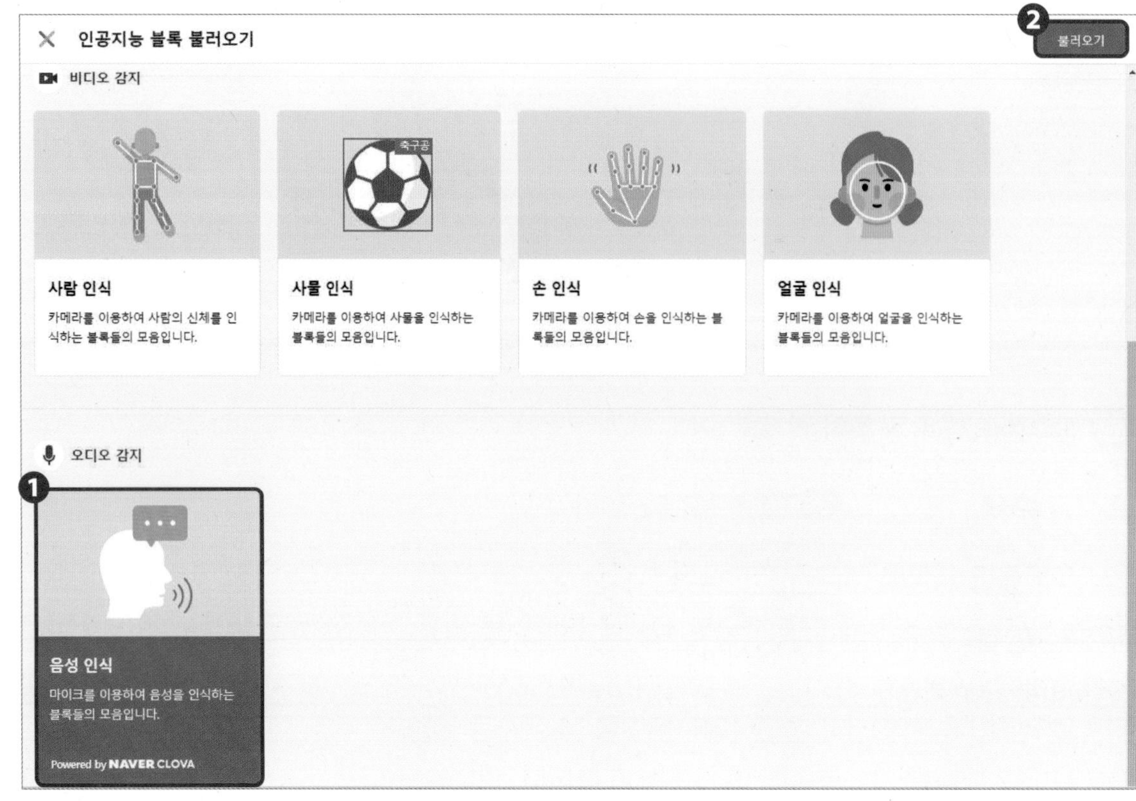
인공지능 블록 불러오기
불러오기
비디오 감지
사람 인식
카메라를 이용하여 사람의 신체를 인식하는 블록들의 모음입니다.
사물 인식
카메라를 이용하여 사물을 인식하는 블록들의 모음입니다.
손 인식
카메라를 이용하여 손을 인식하는 블록들의 모음입니다.
얼굴 인식
카메라를 이용하여 얼굴을 인식하는 블록들의 모음입니다.
오디오 감지
음성 인식
마이크를 이용하여 음성을 인식하는 블록들의 모음입니다.
Powered by NAVER CLOVA

③ 다음과 같이 약속된 명령어로 움직이도록 햄스터 로봇의 명령 블록을 조립합니다.

엔트리봇
시작하기 버튼을 클릭했을 때
계속 반복하기
한국어 음성 인식하기
만일 음성을 문자로 바꾼 값 = 앞으로 (이)라면
앞으로 5 cm 이동하기
만일 음성을 문자로 바꾼 값 = 뒤로 (이)라면
뒤로 5 cm 이동하기
만일 음성을 문자로 바꾼 값 = 왼쪽 (이)라면
왼쪽 으로 90 도 제자리 돌기
만일 음성을 문자로 바꾼 값 = 오른쪽 (이)라면
오른쪽 으로 90 도 제자리 돌기

④ 블록을 찾아 조립한 후 명령어 '앞으로'와 맨 뒤의 숫자를 '0'으로 바꾸는 작업을 해 봅니다.

⑤ 만든 블록을 앞에서 만든 블록의 음성을 문자로 바꾼 값 = 앞으로 위치에 넣습니다.

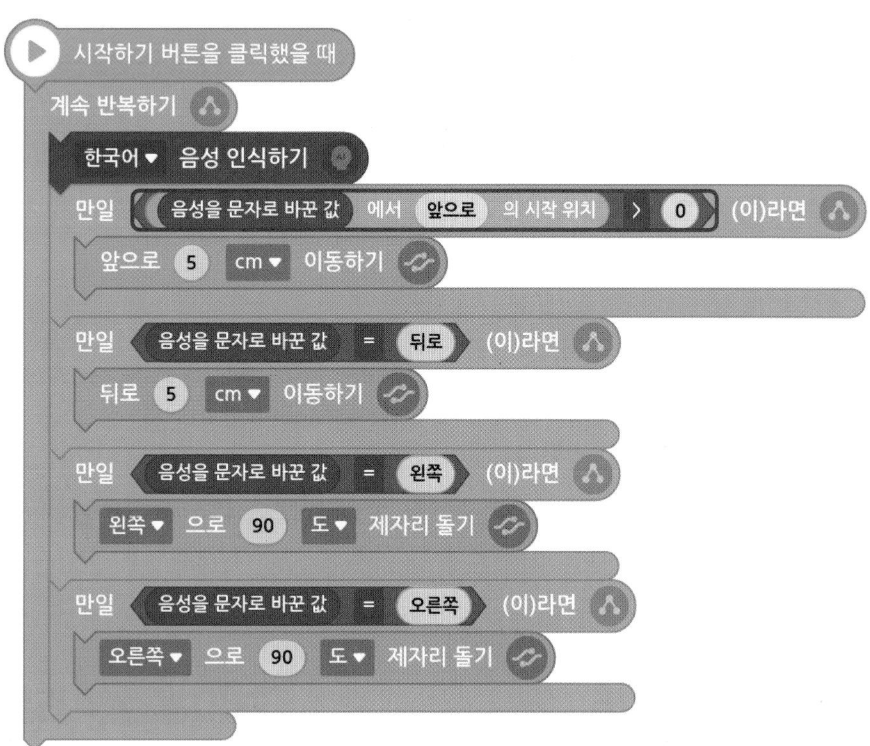

⑥ 프로그램을 실행하고 '앞으로 가자', '앞으로' 등의 명령어를 테스트해 봅니다. 햄스터 로봇이 앞으로 움직이는 것을 볼 수 있습니다.

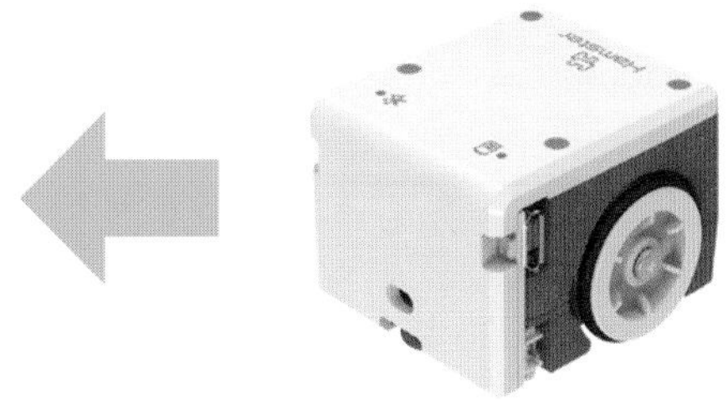

⑦ 아래쪽에 있는 명령 블록의 명령어도 교체해 봅니다. 앞서 만들었던 블록을 코드 복사 & 붙여넣기한 후 '앞으로' 명령어를 '뒤로', '왼쪽', '오른쪽' 등으로 교체하면 반복 작업을 줄일 수 있습니다.

엔트리봇

⑧ 아래쪽에 위치한 명령 블록들의 명령도 교체하면 됩니다.

엔트리봇

⑨ 프로그램을 실행하고 '뒤로 가자', '왼쪽으로 돌아 봐' 등의 명령어를 테스트해 봅니다. 햄스터 로봇이 명령에 따라 움직이는 것을 볼 수 있습니다.

Tip

이전에는 '앞으로', '뒤로'와 같은 정확한 단어 인식에만 반응을 하고 명령어에 다른 단어가 조금이라도 붙으면 인식이 되지 않았다면, 현재는 명령어의 위치에 상관없이 햄스터 로봇이 명령을 인식하여 음성 인식률이 향상 되었습니다.

06 프로그램이 잘 실행되는지 확인해 보기

음성 인식이 잘 되나요?

– 컴퓨터에 마이크가 있는지, 인터넷 브라우저에서 마이크 접근을 허용했는지 확인해 보세요.

– 한국어▾ 음성 인식하기 명령 블록을 사용했는지 확인해 보세요.

명령어를 잘 인식하나요?

– 명령어 자체의 인식률이 떨어질 때가 있어요. 예를 들어 '앞으로'에 대한 인식보다 '전진'이라는 명령어를 더 잘 인식할 때도 있습니다.

– 나의 발음이나 주변환경에 따라 인식률이 좋지 않은 명령어는 명령어 자체를 변경해 보세요.

다른 동작을 음성 인식으로 명령할 수 없나요?

– 새로운 명령을 만드는 것은 여러분의 자유! 마음껏 원하는 명령어를 만들어 보세요.

– '애교'라는 명령어로 햄스터 로봇이 LED를 깜빡이게 하거나 소리를 내게 만들 수도 있습니다.

07 오늘 배운 내용 정리하기

AI 햄스터 로봇의 음성 인식률 향상 프로그래밍 활동을 하고 알게 된 점을 적어 봅니다.

AI 햄스터 로봇의 음성 인식률 향상 프로그램 중 바꾸고 싶은 부분이 있다면 적어 봅니다.

08 더 알아보기

어떻게 기계가 사람의 말을 알아들을까?

사람은 귀로 들어온 소리를 고막의 진동으로 느끼고 뇌가 소리를 인식합니다. 그렇다면 귀가 없는 기계는 어떻게 사람의 말을 알아들을까요? 기계는 사람의 귀와 같은 역할을 하는 스피커를 가지고 있습니다. 스피커에 연결된 코일에 전기적 신호가 발생하고 그 전기적 신호를 컴퓨터나 기계가 인식합니다.

그다음부터는 인공지능 기술이 활동할 순서입니다. 전기적 신호의 파형을 분석하여 자신이 가진 데이터 중 가능성 있는 데이터를 골라냅니다. 그리고 최종적으로 문맥에 맞는 문장을 골라 소리를 인식합니다. 현재까지는 60% 정도의 정확도로 사람의 소리를 인식하지만, 점차 데이터도 더 많이 쌓이고 기술도 발전하고 있으니 미래에는 더욱 정확도가 높아질 것입니다.

09 심화 활동하기

엔트리의 텍스트 모델 학습을 이용하면 햄스터 로봇의 음성 인식률을 더욱 향상할 수 있는 방법이 있습니다. 명령어가 완전히 똑같지 않고 비슷하더라도 학습을 통해서 인식한 단어를 분석하여 햄스터 로봇이 움직이게 됩니다.

텍스트 모델 학습에서 원하는 행동을 클래스에 입력하고 관련된 데이터를 5개 이상 입력하여 모델 학습을 시킨 다음 블록을 바꿔 음성 인식률이 더 향상된 햄스터 로봇을 만들어 봅니다.

텍스트 모델 학습 이용

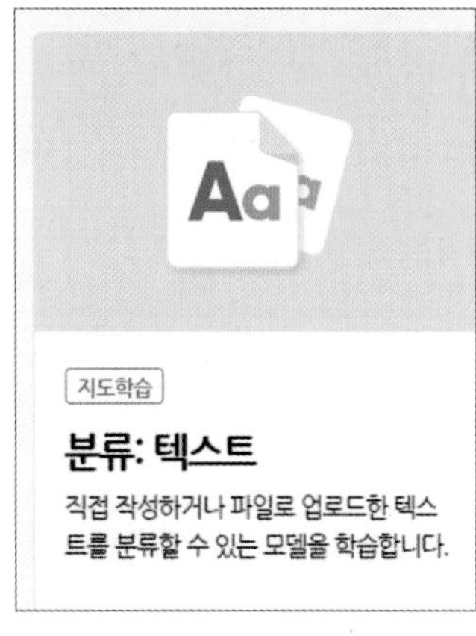

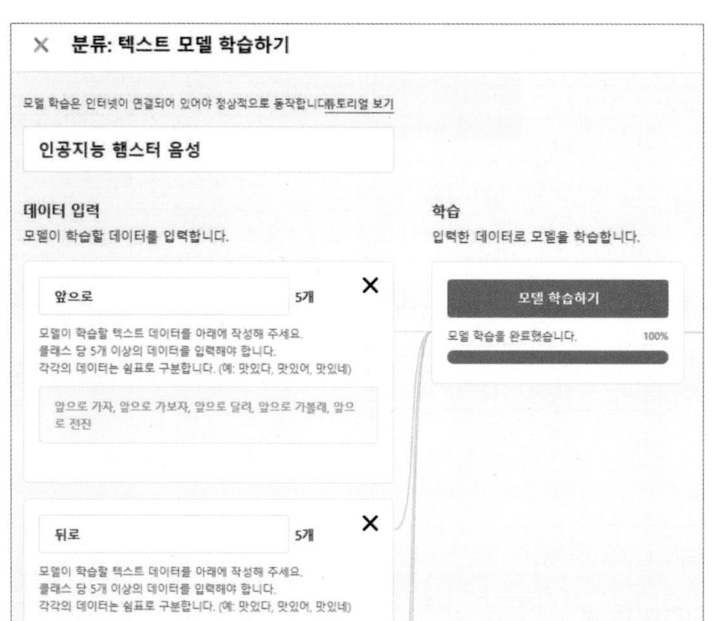

블록 앞부분 힌트

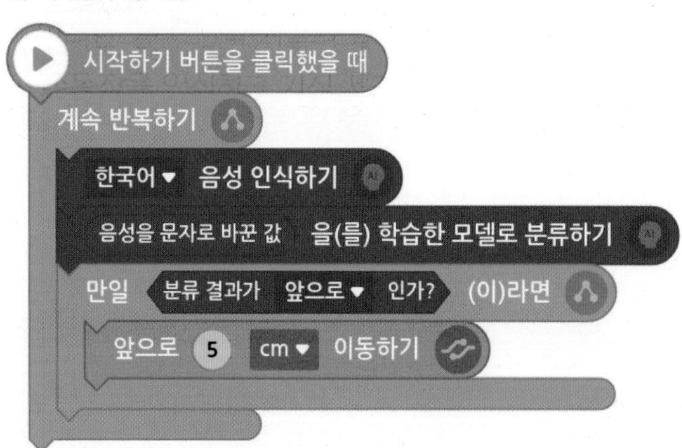

졸음운전을 막고 주인을 인식하는 AI 햄스터 로봇

01 오늘의 이야기 살펴보기

함께 여행을 떠난 우리 가족!
운전대를 잡은 아버지가 졸려 보여요. 하품을 하고 눈을 자주 깜빡이시는 게 졸리신 것 같아요.
졸음을 감지하면 차가 움직이지 않게 할 수는 없을까요?
도와줘요, 햄스터 로봇!

걱정하지 마세요!
아버지의 평소 모습과 눈이 감긴 모습을 감지해서 움직이지 못하는 자동차를 만들어 볼게요!

02 함께 만들 엔트리 작품 알아보기

졸음 운전은 위험합니다.
쉬어 주세요. 삐~

학습문제

운전자를 인식하여 졸음운전을 막는 햄스터 로봇을 만들어 봅니다.

03 오늘 사용할 블록 알아보기

인공지능 블록

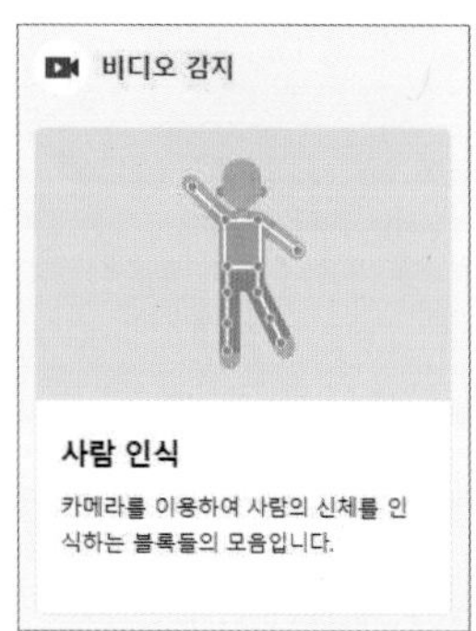

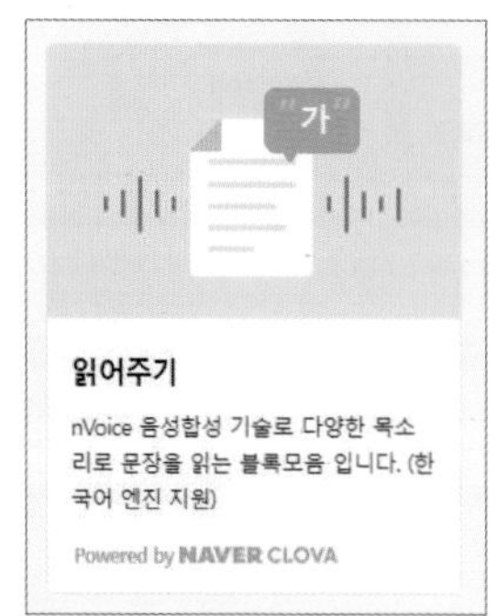

nVoice 음성합성 기술로 다양한 목소리로 문장을 읽는 블록모음 입니다. (한국어 엔진 지원)

블록	설명
비디오 화면 보이기▼	컴퓨터에 연결된 카메라가 촬영하는 화면을 실행화면에서 보이게 하거나 숨깁니다.
엔트리 읽어주고 기다리기	입력한 문자값을 읽어 준 후 다음 블록을 실행합니다.

인공지능 모델 학습 블록

블록	설명
학습한 모델로 분류하기	데이터를 입력하고 학습한 모델로 인식합니다.
분류 결과가 좋음▼ 인가?	입력한 데이터의 인식 결과가 선택한 클래스인 경우 '참'으로 판단합니다.

햄스터 로봇 블록

블록	설명
삐▼ 소리 1 번 재생하기	선택한 소리를 입력한 횟수만큼 재생합니다.

04 프로그램 살펴보기

화면(장면) 구성

장면
작품 QR 코드
https://naver.me/GsPt5C3g

프로그램 실행화면

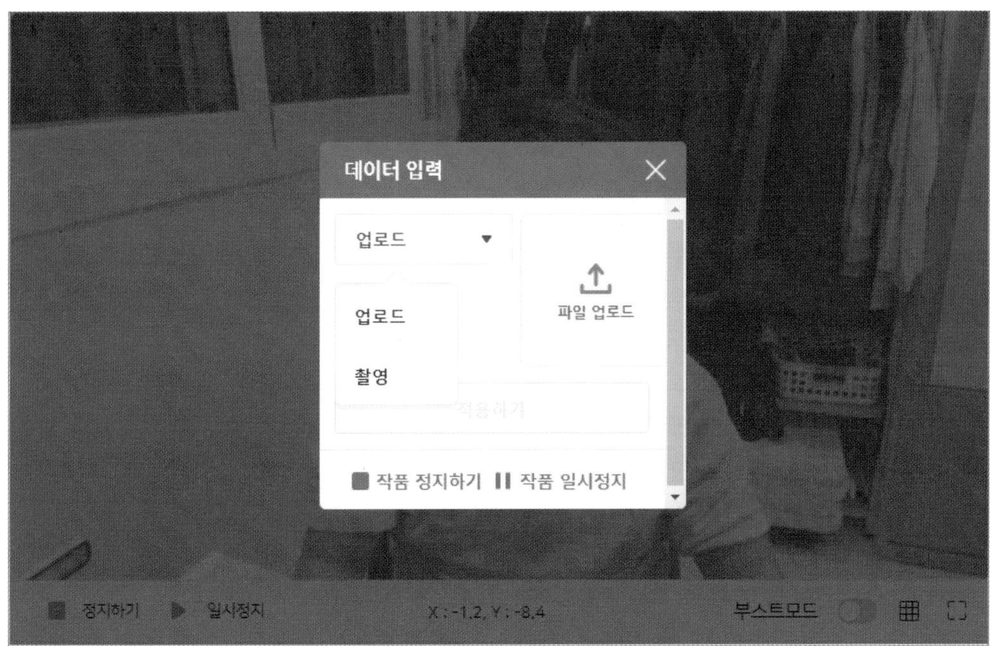

오브젝트 종류 및 해야 할 일

엔트리봇 오브젝트

해야 할 일 비디오 화면 보이기로 상태 확인

해야 할 일 인식한 이미지에 등장한 사람의 고개가 아래쪽을 향하거나 카메라 화면 가장자리에 부딪히는지 판단

해야 할 일 졸음운전으로 판단될 시 경고음을 실행

05 함께 프로그래밍하기

① [인공지능] 카테고리를 클릭한 후 [인공지능 블록 불러오기] 버튼을 클릭합니다.

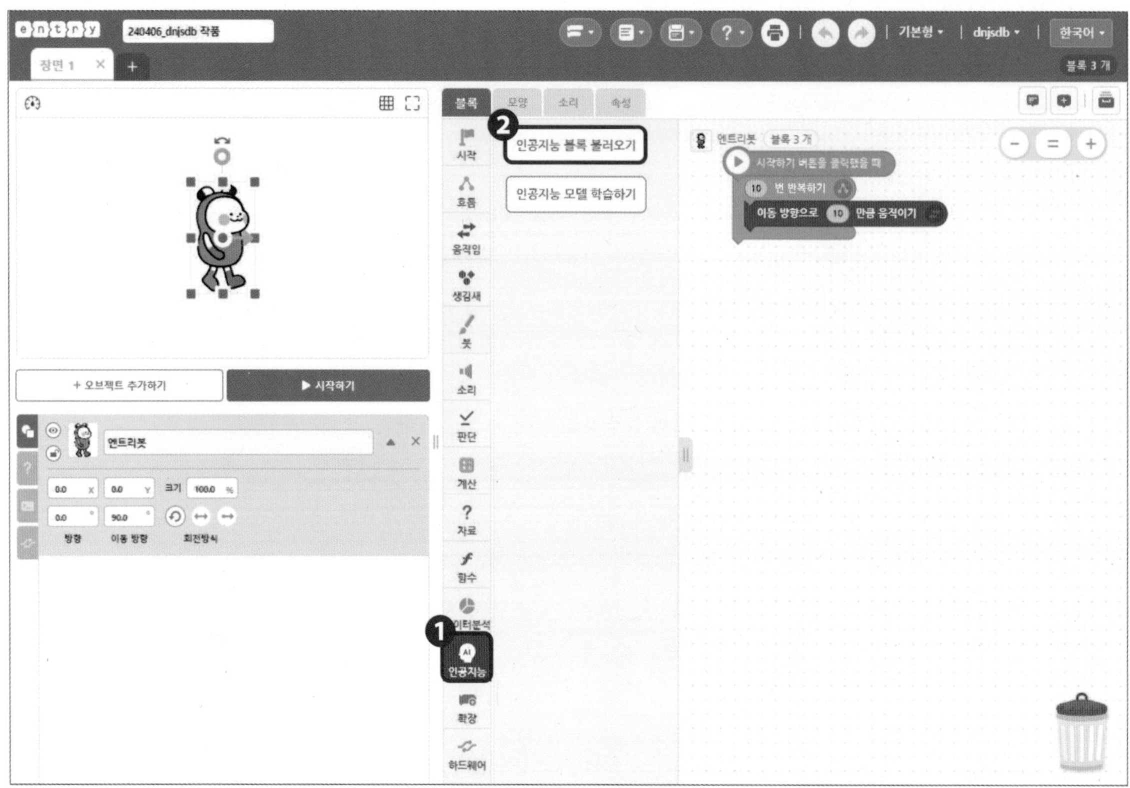

② [읽어주기]와 [사람 인식]을 클릭한 후 [불러오기] 버튼을 클릭합니다.

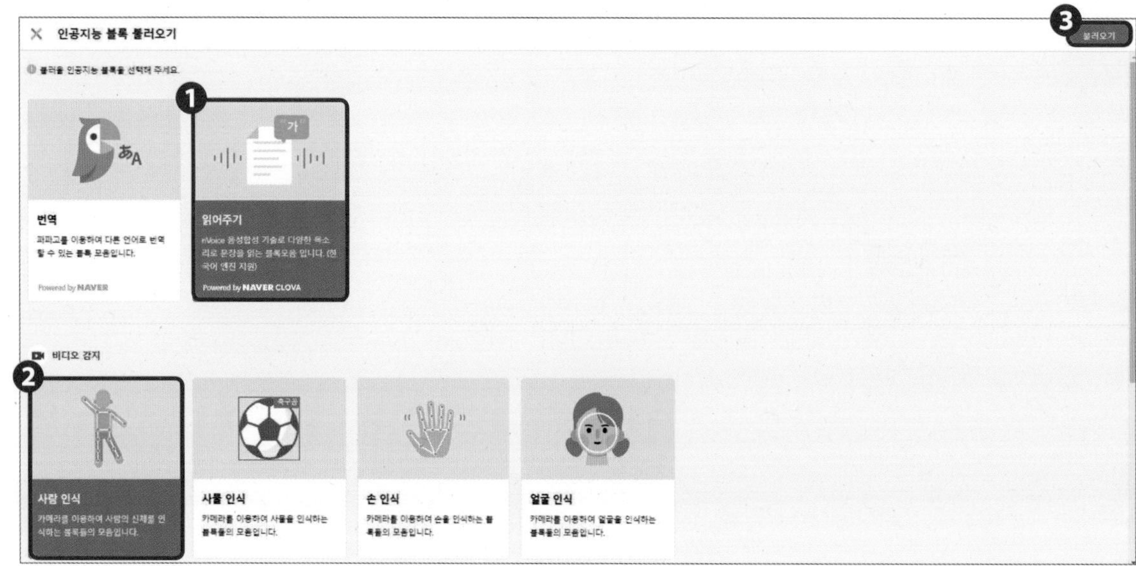

③ 블록들이 추가된 것을 볼 수 있습니다. 이번에는 [인공지능 모델 학습하기] 버튼을 클릭합니다.

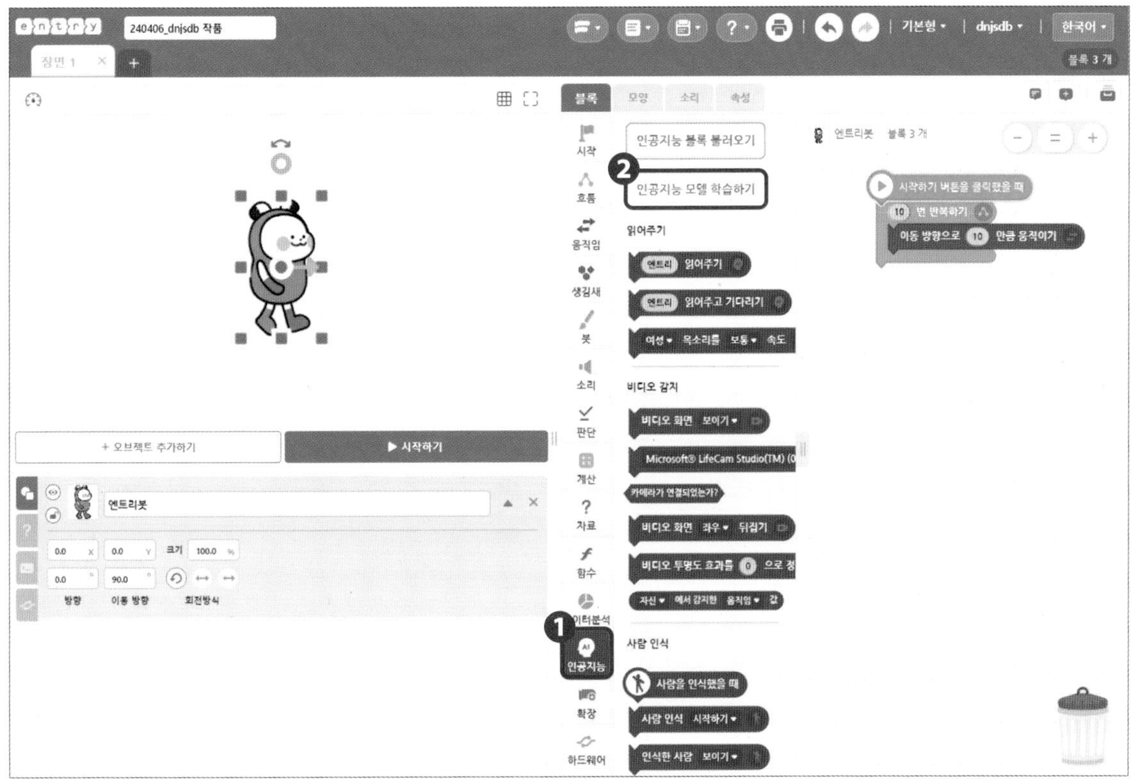

④ [분류: 이미지]를 선택한 다음 [학습하기] 버튼을 클릭합니다.

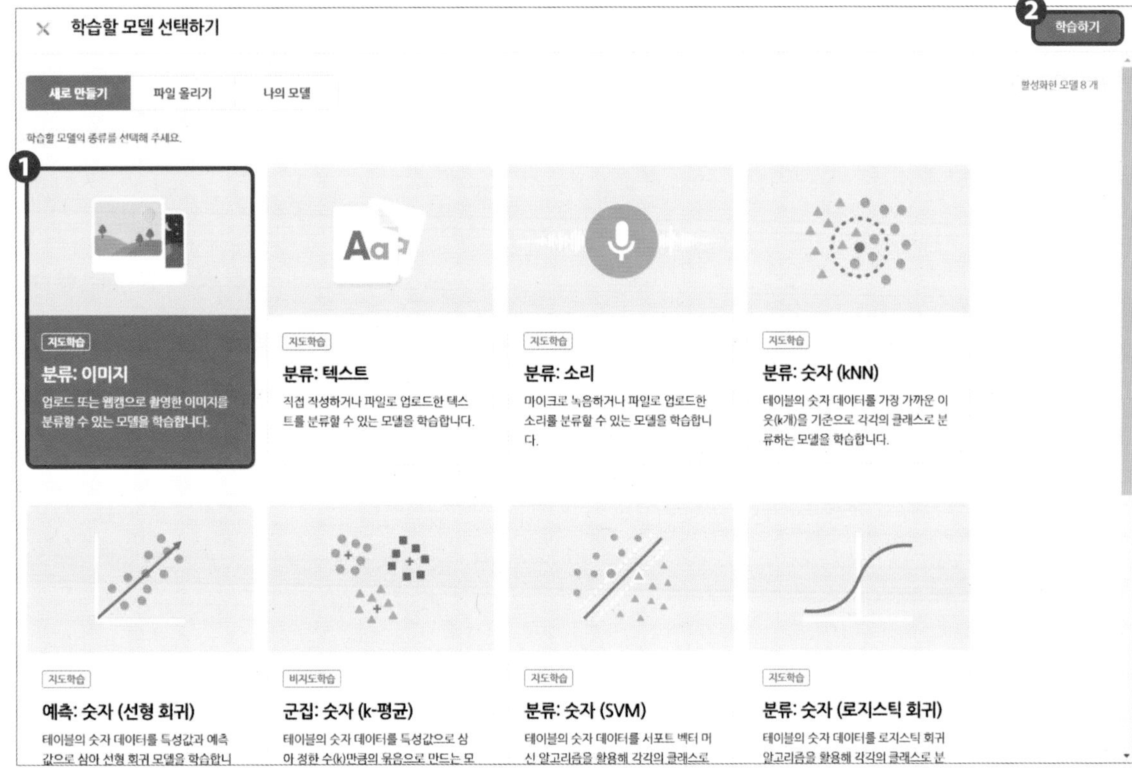

⑤ '졸음운전 방지'라는 제목의 모델을 만들고, '졸음'과 '정상'이라는 클래스를 만듭니다.

⑥ '졸음' 클래스에서 [업로드] 메뉴를 [촬영]으로 전환한 다음 눈을 감고 고개를 숙인 상태로 얼굴이 카메라를 조금 벗어난 사진을 최소 5번 이상 촬영합니다.

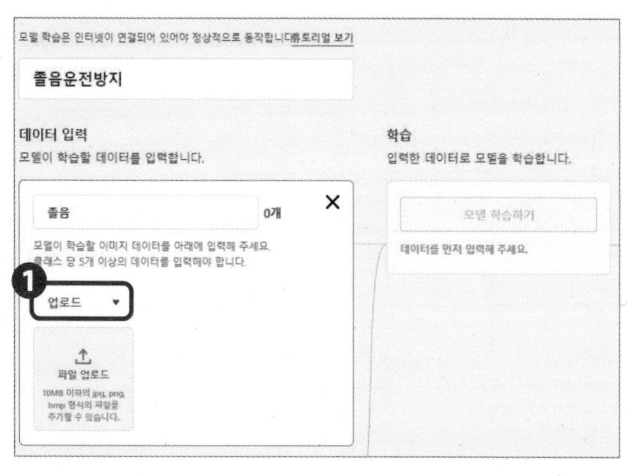

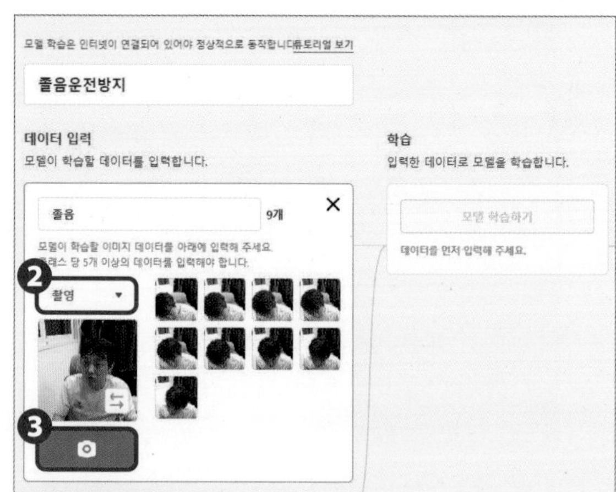

Tip

이미지 모델 학습에 나오는 졸음과 정상 이미지의 숫자가 많으면 많을수록 졸음과 정상의 상태를 구별하는 능력이 높아집니다. 학습을 통해서 졸음을 인식하는 프로그램을 더 정확하게 만들 수 있는 것이지요. 대부분의 인공지능 프로그램도 이처럼 사례가 많을수록 똑똑하고 정확해집니다.

⑦ 같은 방법으로 '정상' 클래스에 눈을 똑바로 뜨고 고개를 든 사진들을 촬영합니다.

⑧ [모델 학습하기]를 클릭해서 학습시킨 후, 사진을 촬영하여 컴퓨터가 '졸음'과 '정상'을 정확하게 인식하는지 확인해 봅니다. 잘 구별된다면 [적용하기] 버튼을 클릭합니다.

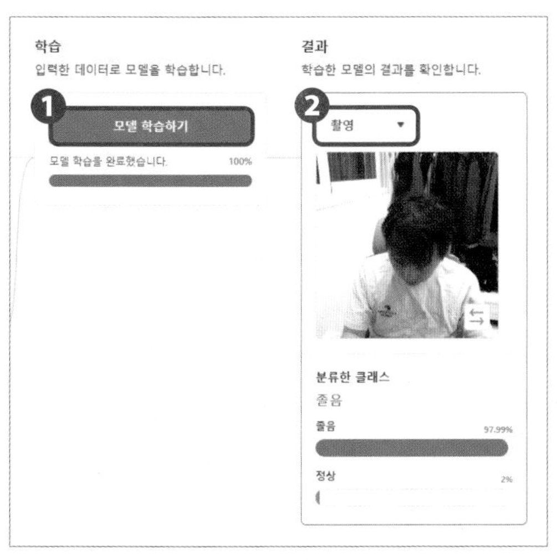

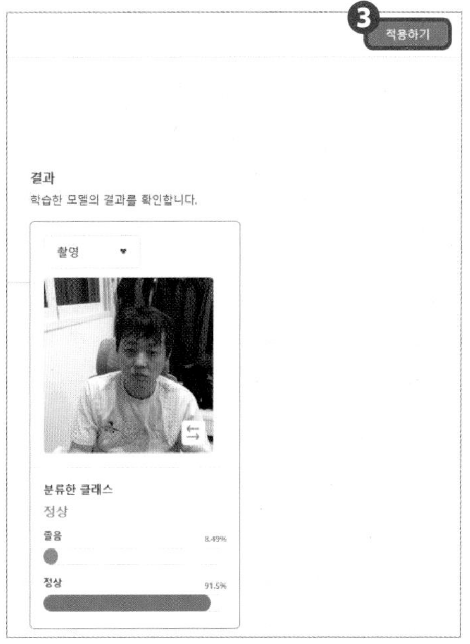

⑨ 다음과 같이 블록을 조립합니다.

엔트리봇

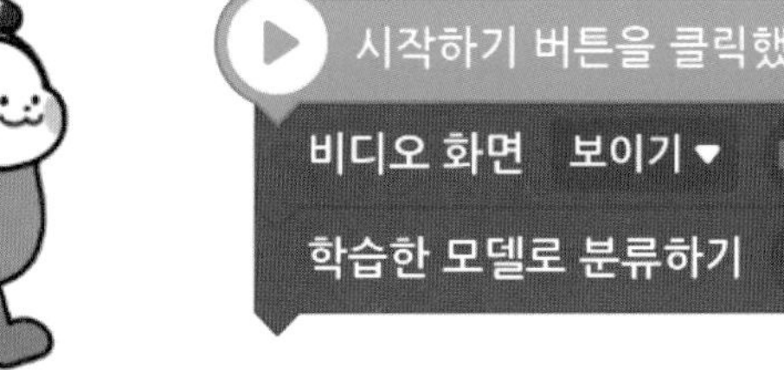

⑩ 분류 결과를 졸음으로 판단하는 블록을 가져옵니다. 만약 졸음이라면 '졸음운전은 위험합니다', '쉬어 주세요'라는 메시지가 나온 후 '삐' 소리가 나도록 블록을 연결합니다. 만약 정상이면 햄스터 로봇이 앞으로 5cm 이동하는 명령을 입력합니다.

엔트리봇

```
시작하기 버튼을 클릭했을 때
비디오 화면 보이기▾
학습한 모델로 분류하기
만일 분류 결과가 졸음▾ 인가? (이)라면
    졸음운전은 위험합니다. 읽어주고 기다리기
    쉬어 주세요. 읽어주고 기다리기
    삐▾ 소리 1 번 재생하기
아니면
```

```
시작하기 버튼을 클릭했을 때
비디오 화면 보이기▾
학습한 모델로 분류하기
만일 분류 결과가 졸음▾ 인가? (이)라면
    졸음운전은 위험합니다. 읽어주고 기다리기
    쉬어 주세요. 읽어주고 기다리기
    삐▾ 소리 1 번 재생하기
아니면
    만일 분류 결과가 정상▾ 인가? (이)라면
        앞으로 5 cm▾ 이동하기
```

⑪ 프로그램이 완성되었습니다. 프로그램을 실행하고 자신의 얼굴을 촬영해 보세요. 졸음으로 인식되면 경고 메시지와 경고음이 나오고 정상으로 인식되면 햄스터 로봇이 앞으로 전진합니다.

06 프로그램이 잘 실행되는지 확인해 보기

졸음과 정상인 상태의 구분이 잘 되나요?

- 모델 학습의 사례가 너무 적거나 두 사진의 차이가 드러나지 않는지 확인해 보세요.
- 이전에 찍은 이미지의 옷이나 머리스타일이 바뀌진 않았는지 확인하고 다양한 사례를 학습해 주세요.

경고 메시지가 햄스터 로봇이 아니라 컴퓨터에서 나오는데 정상인가요?

- 경고 메시지는 컴퓨터의 스피커를 통해 나오는 게 정상입니다.
- 엔트리에서 읽어 주는 기능이기 때문에 컴퓨터 스피커를 통해 나오고, 햄스터 로봇으로 전송되어 소리가 나진 않아요.

분류 결과를 추가하거나 이름을 바꿀 수는 없나요?

- 분류 결과를 추가하거나 이름을 바꾸는 것은 여러분이 생각하는 대로 가능해요.
- 화난 표정일 때 조용한 음악을 틀어 주는 기능은 얼마든지 추가할 수 있어요.

07 오늘 배운 내용 정리하기

졸음운전 방지 프로그래밍 활동을 하고 알게 된 점을 적어 봅니다.

졸음운전 방지 프로그램 중 바꾸고 싶은 부분이 있다면 적어 봅니다.

08 더 알아보기

자동차와 이미지 센서

인간은 눈을 통해 세상을 바라보지만 자동차에는 눈이 없습니다. 대신 이미지 센서가 탑재되어 있어 주변의 물체를 파악하고 지나가는 보행자를 인식합니다. 처음에는 차량 외부의 물체를 인식하기 위해 이미지 센서를 활용했지만, 점차 내부에도 이미지 센서를 설치하여 도난 방지, 운전자의 졸음이나 건강 상태 분석에도 활용합니다.

현재 대표적인 전기차인 테슬라 모델3에는 14개의 이미지 센서가 들어갑니다. 차량에 들어가는 이미지 센서가 오류를 일으키면 사람이 다치는 사고가 일어날 수 있으므로 상당히 엄격한 테스트를 통해서 제품을 생산한다고 합니다. 관련 기술이 발전함에 따라 앞으로도 더 많은 이미지 센서가 탑재될 것으로 예상됩니다.

현재 차량도 인터넷 기술이 보급됨에 따라 이미지 센서 기술과 접목하여 발전하면 주인이 아닌 다른 사람이 억지로 운전을 시도할 경우 경찰에 바로 알람이 가는 시스템 등을 장착할 수도 있을 것입니다.

09 심화 활동하기

도난 방지를 위한 프로그램으로 주인에 대한 이미지를 모델 학습시킨 후 주인으로 인식될 때만 시동이 걸리게 하도록 프로그래밍해 봅니다. 음성 메시지 뒤편에 햄스터 로봇 LED 등이 깜빡이는 등 반응을 추가하여 주인일 때에는 반가움을, 주인이 아닐 때는 경고 행동을 하는 햄스터 로봇을 만들어 봅니다.

주인일 때의 음성 반응

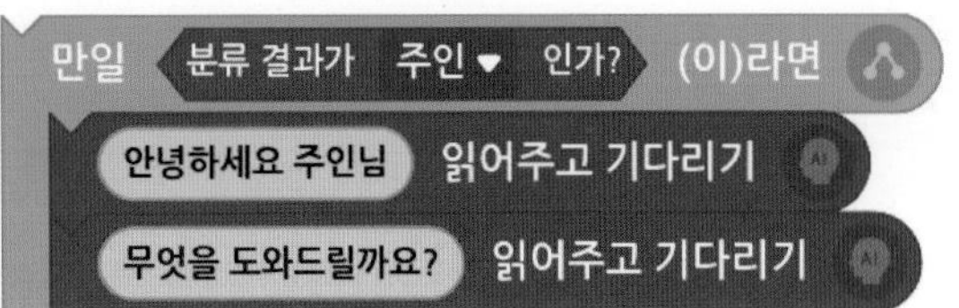

주인이 아닐 때의 음성 반응

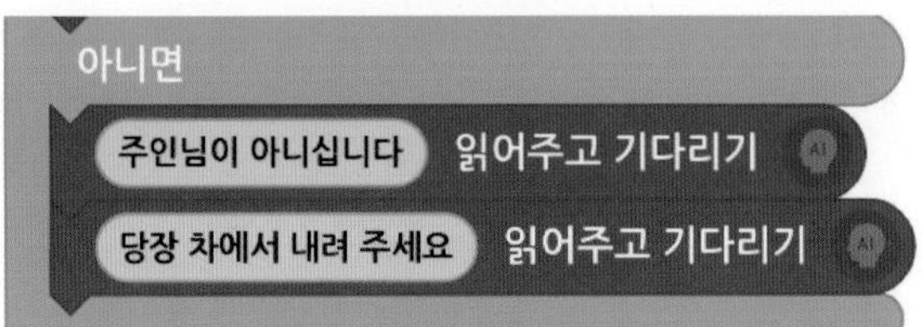

장애인 도우미(동작을 인식하는 AI 햄스터 로봇)

01 오늘의 이야기 살펴보기

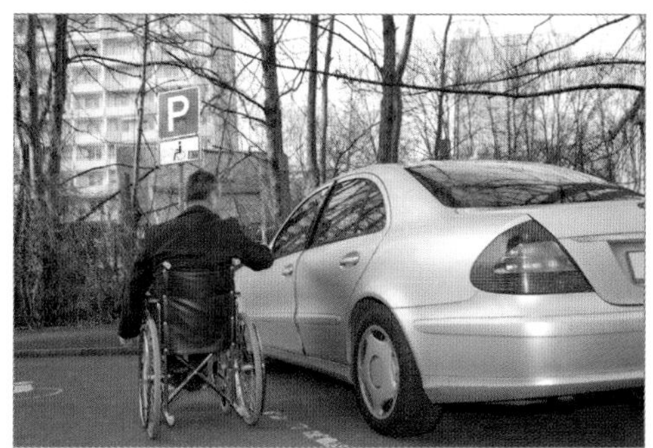

다리가 불편한 사람이 주차된 차에 타려고 하는데 옆 차와의 공간이 상당히 좁아서 불편해요!
주차된 차를 손동작 등으로 나오게 할 수 있다면 좋을 텐데.. 어떤 방법이 없을까요? 햄스터 로봇!

걱정하지 마세요!
카메라를 이용하여 동작을 인식하면 거기에 따라 움직이도록 나를 바꿔 봐요! 그럼 도움이 될 거예요!

02 함께 만들 엔트리 작품 알아보기

학습문제

손목의 위치를 인식하여 움직이는 햄스터 로봇을 만들어 봅니다.

03 오늘 사용할 블록 알아보기

인공지능 블록

사람 인식
카메라를 이용하여 사람의 신체를 인식하는 블록들의 모음입니다.

사람 인식 시작하기▾ — 사람 인식을 시작하거나 중지합니다(사람 인식: 사람의 몸을 인식하여 각 신체 부위의 위치 등을 좌표로 반환할 수 있습니다).

인식한 사람 보이기▾ — 인식한 사람의 형태를 실행화면에 보이게 하거나 숨깁니다.

1▾ 번째 사람의 코▾ 의 x▾ 좌표 — 입력한 순서의 사람의 선택한 신체 부위의 위치 값입니다. 인식이 되지 않은 경우 0을 반환합니다.

햄스터 로봇 블록

앞으로 5 cm▾ 이동하기 — 입력한 거리(cm)/시간(초)/펄스만큼 앞으로 이동합니다.

왼쪽▾ 으로 90 도▾ 제자리 돌기 — 입력한 각도(도)/시간(초)/펄스만큼 왼쪽/오른쪽 방향으로 제자리에서 회전합니다.

04 프로그램 살펴보기

화면(장면) 구성

장면	작품 QR 코드
	https://naver.me/F5CUqN0m

햄스터 로봇

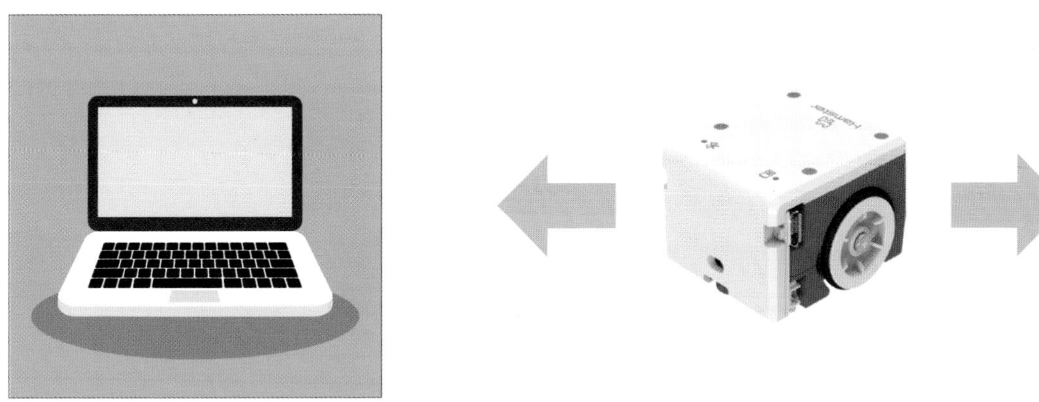

오브젝트 종류 및 해야 할 일

엔트리봇 오브젝트

해야 할 일 사람을 인식하고 인식한 사람의 모습 보이기

해야 할 일 화면에서 특정 신체 부위의 위치 파악하기

해야 할 일 신체 부위의 위치에 따라 햄스터 로봇의 움직임과 관련된 명령 전송하기

05 함께 프로그래밍하기

① [인공지능] 카테고리를 클릭한 후 [인공지능 블록 불러오기] 버튼을 클릭합니다.

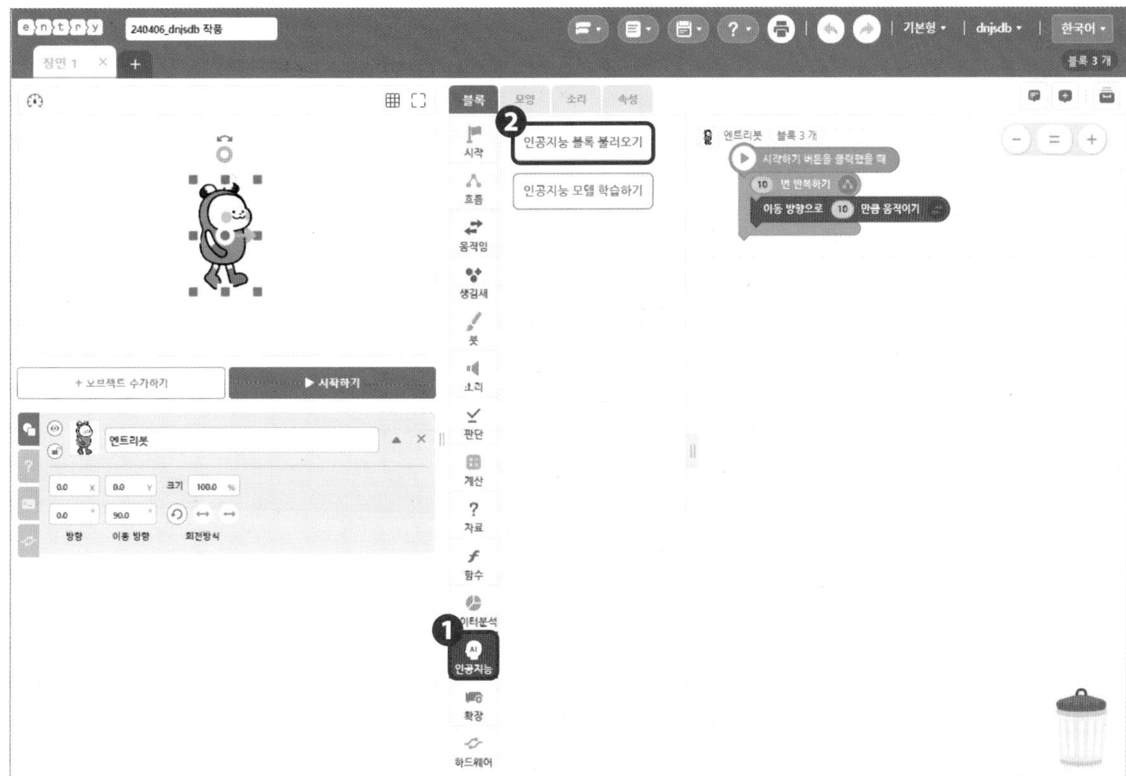

② [사람 인식]을 클릭한 후 [불러오기] 버튼을 클릭합니다.

인공지능 블록 불러오기
불러오기
비디오 감지
사람 인식
카메라를 이용하여 사람의 신체를 인식하는 블록들의 모음입니다.
사물 인식
카메라를 이용하여 사물을 인식하는 블록들의 모음입니다.
손 인식
카메라를 이용하여 손을 인식하는 블록들의 모음입니다.
얼굴 인식
카메라를 이용하여 얼굴을 인식하는 블록들의 모음입니다.

③ 시작하기 버튼을 클릭했을 때 사람 인식을 시작하고 화면에 사람의 모습을 표시한 다음, 인식한 사람의 모습을 점과 선으로 나타내도록 프로그래밍합니다.

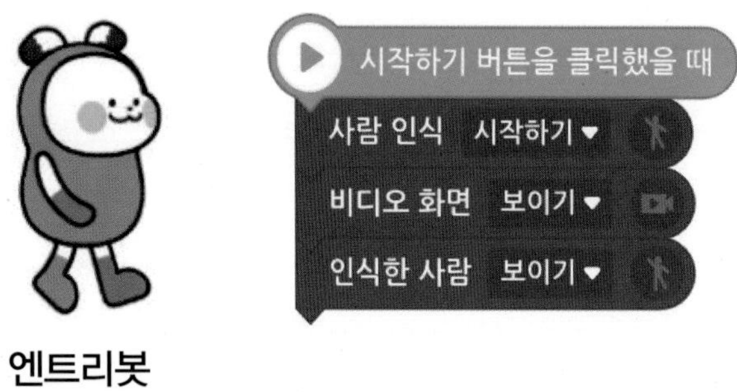

시작하기 버튼을 클릭했을 때
사람 인식 시작하기
비디오 화면 보이기
인식한 사람 보이기
엔트리봇

④ 프로그램을 실행해 보면 화면에 사람의 모습이 점과 선으로 표시되는 것을 확인할 수 있습니다.

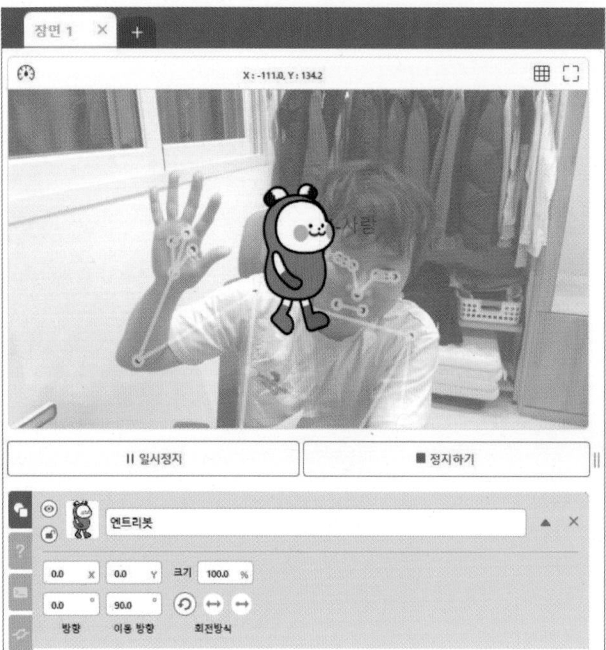

장면 1
사람
일시정지
정지하기
엔트리봇

⑤ 아래쪽에 계속 반복하기 블록을 넣고 만일 참 (이)라면 블록을 안에 넣어 줍니다.

엔트리봇
시작하기 버튼을 클릭했을 때
사람 인식 시작하기
비디오 화면 보이기
인식한 사람 보이기
계속 반복하기
만일 참 (이)라면

⑥ [인공지능]과 [판단] 카테고리에서 블록을 찾아 다음과 같이 조립하고 신체 부위를 '오른쪽 손목', 숫자를 '50'으로 바꿉니다.

1 번째 사람의 코 의 x 좌표
10 > 10
1 번째 사람의 오른쪽 손목 의 x 좌표 > 50
조립할 블록 이미지
블록을 조립한 모습

⑦ 조립한 명령 블록을 해당 위치에 넣어 줍니다.

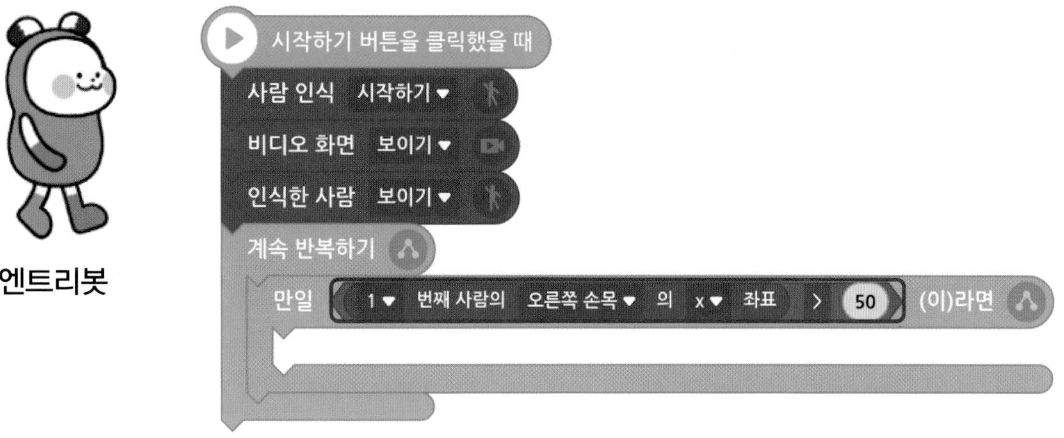
엔트리봇
시작하기 버튼을 클릭했을 때
사람 인식 시작하기
비디오 화면 보이기
인식한 사람 보이기
계속 반복하기
만일 1 번째 사람의 오른쪽 손목 의 x 좌표 > 50 (이)라면

⑧ [하드웨어] 카테고리에서 왼쪽▾ 으로 90 도▾ 제자리 돌기 블록을 찾아 넣은 뒤 '오른쪽'으로 방향을 바꿔 줍니다.

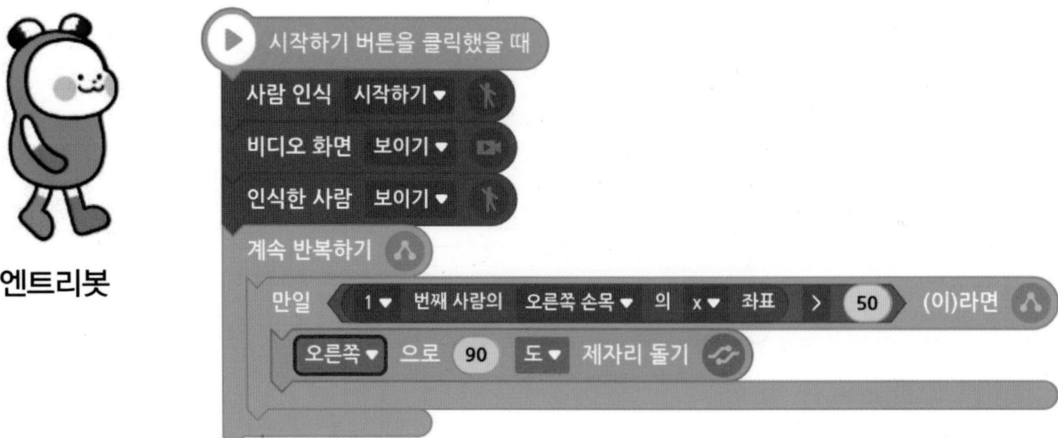
엔트리봇
시작하기 버튼을 클릭했을 때
사람 인식 시작하기▾
비디오 화면 보이기▾
인식한 사람 보이기▾
계속 반복하기
만일 1▾ 번째 사람의 오른쪽 손목▾ 의 x▾ 좌표 > 50 (이)라면
오른쪽▾ 으로 90 도▾ 제자리 돌기

⑨ 앞서 만든 블록을 복사해서 붙여넣은 뒤, 블록의 부등호 방향을 반대로 하고 숫자를 '–50'으로, 방향을 '왼쪽'으로 바꿉니다.

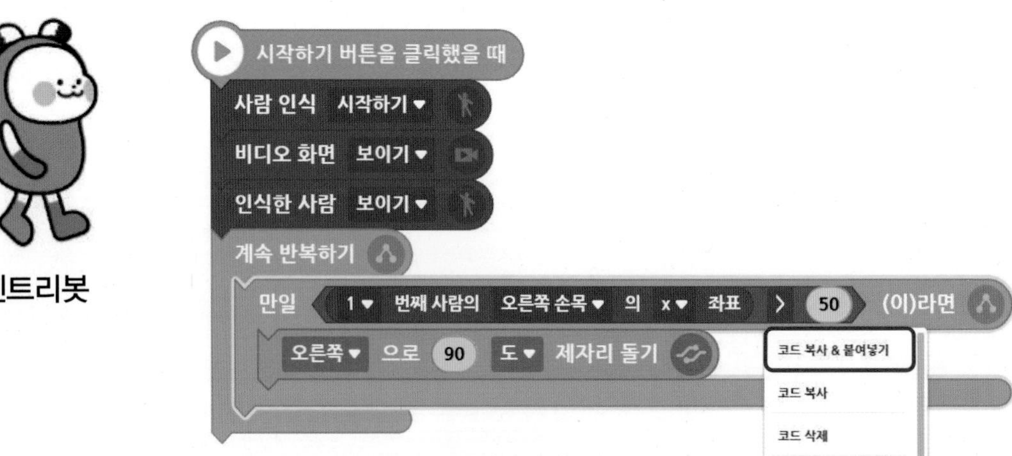
엔트리봇
시작하기 버튼을 클릭했을 때
사람 인식 시작하기▾
비디오 화면 보이기▾
인식한 사람 보이기▾
계속 반복하기
만일 1▾ 번째 사람의 오른쪽 손목▾ 의 x▾ 좌표 > 50 (이)라면
오른쪽▾ 으로 90 도▾ 제자리 돌기
코드 복사 & 붙여넣기
코드 복사
코드 삭제

엔트리봇

시작하기 버튼을 클릭했을 때
사람 인식 시작하기▾
비디오 화면 보이기▾
인식한 사람 보이기▾
계속 반복하기
만일 1▾ 번째 사람의 오른쪽 손목▾ 의 x▾ 좌표 > 50 (이)라면
오른쪽▾ 으로 90 도▾ 제자리 돌기
만일 1▾ 번째 사람의 오른쪽 손목▾ 의 x▾ 좌표 < -50 (이)라면
왼쪽▾ 으로 90 도▾ 제자리 돌기

⑩ 한 번 더 같은 자리에서 블록을 코드 복사 & 붙여넣기 한 다음 x좌표를 y좌표로 변경하고 햄스터 로봇의 [앞으로 5 cm▾ 이동하기], [뒤로 5 cm▾ 이동하기] 블록을 가져와서 2cm로 이동 거리를 변경해 줍니다.

엔트리봇

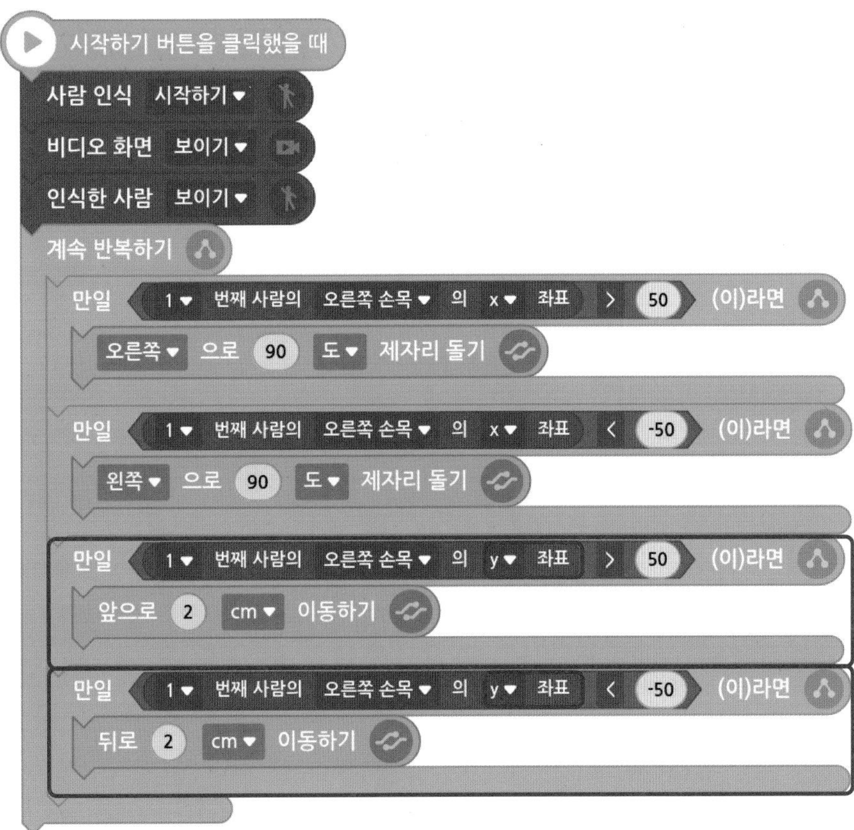

시작하기 버튼을 클릭했을 때
사람 인식 시작하기▾
비디오 화면 보이기▾
인식한 사람 보이기▾
계속 반복하기
만일 1▾ 번째 사람의 오른쪽 손목▾ 의 x▾ 좌표 > 50 (이)라면
오른쪽▾ 으로 90 도▾ 제자리 돌기
만일 1▾ 번째 사람의 오른쪽 손목▾ 의 x▾ 좌표 < -50 (이)라면
왼쪽▾ 으로 90 도▾ 제자리 돌기
만일 1▾ 번째 사람의 오른쪽 손목▾ 의 y▾ 좌표 > 50 (이)라면
앞으로 2 cm▾ 이동하기
만일 1▾ 번째 사람의 오른쪽 손목▾ 의 y▾ 좌표 < -50 (이)라면
뒤로 2 cm▾ 이동하기

⑪ 프로그램이 완성되었습니다. 프로그램을 실행하고 친구와 함께 왼쪽/오른쪽 오브젝트 근처에서 손을 흔들며 움직여 보세요. 햄스터 로봇이 올바르게 움직이는지 확인합니다.

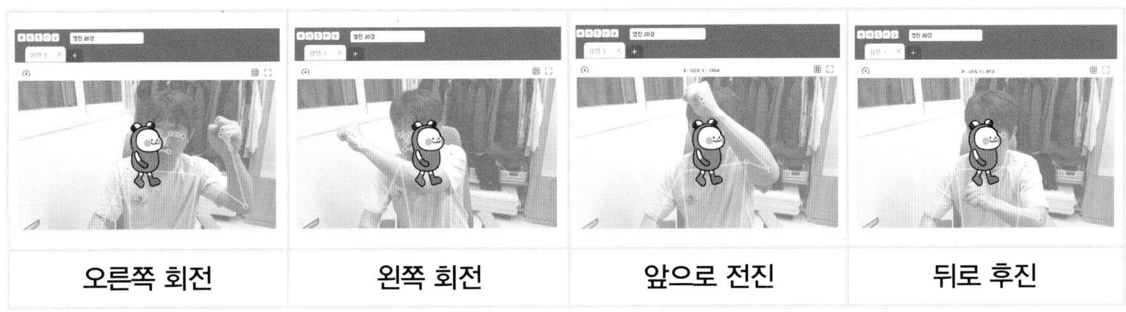

오른쪽 회전	왼쪽 회전	앞으로 전진	뒤로 후진

Tip

카메라가 나의 동작이나 신체를 잘 인식하지 못하는 경우, 의자의 위치를 조정하여 카메라와 나의 거리를 조절해 보세요. 조명이나 환경에 따라서도 조금씩 인식율이 달라질 수 있습니다.

06 프로그램이 잘 실행되는지 확인해 보기

화면에서 손목 위치에 따른 햄스터 로봇의 이동을 확인해 볼까요?

- 화면에서 손목이 햄스터 로봇을 벗어나 오른쪽에 위치하면 우회전, 왼쪽에 위치하면 좌회전해요.
- 화면에서 손목이 햄스터 로봇을 벗어나 위쪽에 위치하면 앞으로 이동, 뒤쪽에 위치하면 뒤로 이동해요.
- 햄스터 로봇이 생각대로 잘 움직이지 않는다면 블록에서 x, y 좌표값이나 부등호 방향을 확인해 보세요.

왼쪽과 오른쪽으로 회전	앞뒤로 이동

07 오늘 배운 내용 정리하기

장애인 도우미 프로그래밍 활동을 하고 알게 된 점을 적어 봅니다.

장애인 도우미 프로그램 중 바꾸고 싶은 부분이 있다면 적어 봅니다.

08 더 알아보기

가상현실 게임과 동작 인식

가상현실 게임은 현실과 다른 인터넷 세계를 현실과 유사하게 체험할 수 있도록 만든 게임입니다. 이런 가상현실 게임은 점점 세밀해져서 실제로 인터넷 세상에서 각종 재료를 사고팔고 모아서 다음 물건을 만들고 인터넷 세계의 땅까지 사고파는 일들도 일어나고 있습니다.

동작 인식은 사람의 신체 부위를 인식하여 움직임을 분석할 수 있습니다. 컴퓨터가 이미지 센서를 통해 사람의 움직임을 인식하면 조건에 따라 다른 결과를 화면에 보여 줄 수 있습니다. 예를 들어 달리기 게임에서 양손에 있는 스틱의 센서가 움직이면 이를 인식하여 화면에 캐릭터가 움직이게 하는 것입니다.

이런 가상현실 게임이 동작 인식과 결합하면 다양한 체험을 간접적으로 할 수 있습니다. 예를 들어 소방관이 되어 불을 끄는 체험을 할 수 있고, 운동선수들은 현실과 비슷한 환경에서 시뮬레이션을 하고 신체 상태를 분석할 수 있습니다.

09 심화 활동하기

동작 인식으로 프로그램을 만들다 보면 카메라에 인식하기 쉽고 움직이기 좋은 부위가 있습니다. 예를 들어, 무릎이나 엉덩이와 같은 부위는 카메라에 보이면서 움직이기가 용이한 위치는 아닙니다. 인식하고 움직이기 좋은 부위를 선택하여 해당 부위로 조종하는 프로그램을 만들어 봅니다.

다른 신체 부위 인식으로 바꾼 예시

1-얼굴

신체 부위 변경 블록 힌트

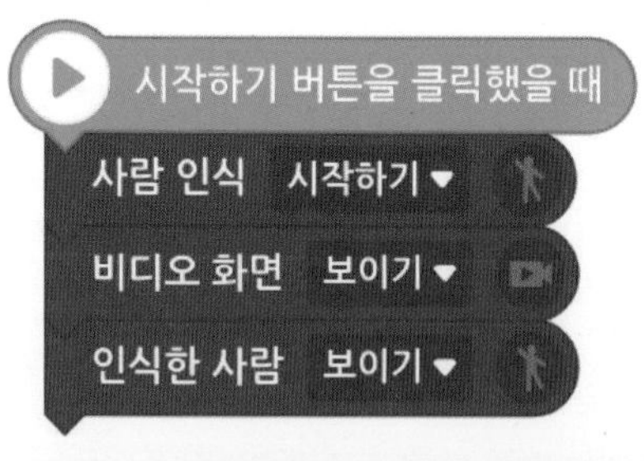
시작하기 버튼을 클릭했을 때
사람 인식 시작하기
비디오 화면 보이기
인식한 사람 보이기

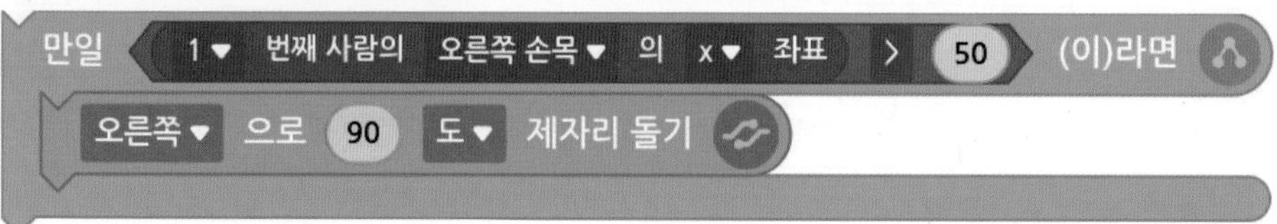
만일 1 번째 사람의 오른쪽 손목 의 x 좌표 > 50 (이)라면
오른쪽 으로 90 도 제자리 돌기

엔트리 인공지능 with 햄스터 로봇 개정판

1판 1쇄 발행 2024년 5월 31일

저　자 | 강윤지, 박찬규, 강성웅, 김원유, 심재민, 김연구, 홍성용, 김경상, 정인재
감　수 | 박광현
발행인 | 김길수
발행처 | ㈜영진닷컴
주　소 | 서울특별시 금천구 가산디지털1로 128 STX-V 타워 4층 401호
등　록 | 2007. 4. 27. 제16-4189호

ISBN 978-89-314-7666-8